PRIVATE LABEL

Keith Lincoln Lars Thomassen

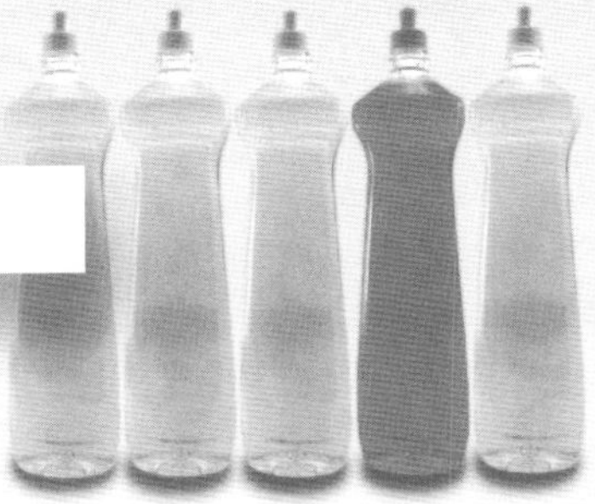

Turning the retail brand threat into your biggest opportunity

自有品牌与狼共舞

（英）基思·林肯　拉尔斯·托马森　著

李健生　译

全新演绎自有品牌的发展趋势

揭示自有品牌与制造商品牌的共赢之道

东北财经大学出版社
Dongbei University of Finance & Economics Press
大连

图书在版编目（CIP）数据

自有品牌：与狼共舞／（英）林肯（Lincoln，K.），托马森（Thomassen，L.）著；李健生译．—大连：东北财经大学出版社，2012.11
书名原文：Private Label：Turning the retail brand threat into your biggest opportunity
ISBN 978-7-5654-0997-4

Ⅰ．自…　Ⅱ．①林…　②托…　③李…　Ⅲ．零售商业-品牌战略　Ⅳ．F713.32

中国版本图书馆 CIP 数据核字（2012）第 226563 号

辽宁省版权局著作权合同登记号：图字 06-2012-08

Keith Lincoln，Lars Thomassen：Private Label：Turning the retail brand threat into your biggest opportunity

东北财经大学出版社出版
（大连市黑石礁尖山街 217 号　邮政编码　116025）
教学支持：（0411）84710309
营 销 部：（0411）84710711
总 编 室：（0411）84710523
网　　址：http：//www.dufep.cn
读者信箱：dufep@dufe.edu.cn

大连北方博信印刷包装有限公司印刷　东北财经大学出版社发行

幅面尺寸：170mm×240mm　字数：274 千字　印张：15 3/4　插页：1
2012 年 11 月第 1 版　2012 年 11 月第 1 次印刷

责任编辑：李　季　吉　扬　责任校对：王　娟
封面设计：冀贵收　版式设计：钟福建

ISBN 978-7-5654-0997-4
定价：36.00 元

译者前言

译者对自有品牌的关注，始于世纪之初，那是在我博士生专业课上，我的导师夏春玉教授给大家讲授了一个关于自有品牌的专题。好奇心加专业兴趣，使得本人对这一领域坚持了文献追踪和研究积累，直至如今。

回望一下，自有品牌在我国起步于20世纪90年代初，当时虽然在零售企业中有了实践探索，但鲜有学者关注，1999年之前，能检索到的文献可以说寥寥无几。之后，伴随着入世（WTO）的钟声以及外资零售进入中国市场的脚步声，国内探讨和研究自有品牌的文献才开始逐年增多。所以，准确地说，国内对自有品牌的研究，起步于世纪之交，和国外自有品牌实践和研究兴起于20世纪70年代相比较，晚了有30余年。30余年啊，不仅意味着经营理念的差距，还有消费市场成熟度的差距。然而，遗憾的是，除了尚且丰富的论文文献外，目前国内尚无本土专著。从国外转译过来的只有一本，就是2010年商务印书馆出版的《自有品牌：狼来了》（段纪超译，美国的库马尔和荷兰的斯丁坎普二人合著），该书的转译，不仅填补了国内空白，而且在理论上也给予了读者很大启发。历经一年多的努力，本人携团队成员完成翻译的这本书——《自有品牌：与狼共舞》，算是国内的第二本国外译著了，巧合的是，本书的两位作者（林肯和托马森）也在书中提及了上本书，认为这两本书是十分互补的，本人也深表同感，但愿这本颇具实战味道的书籍能够为国内自有品牌的实践（当然还有零供和谐）带来益处。

其实，在国外，关于自有品牌的书籍和浩渺的营销类书籍相比，也是凤毛麟角的。在这方面，贡献最大的还要首推美国的Philip Fitzell教授，在上述两本专著之前，其余有限的几本关于自有品牌的著作均出自其手，其在2003年出版的《21世纪的自有品牌营销》一书中指出：自有品牌正在成为零售和食品服务贸易的未来必由之路。而如今，在全球范围内，零售自有品牌正在给供应商带来挑战和威胁，并使得零供关系发生深刻变化。然而，自有品牌在国外起步发展时，由于其低质、低价的原因，却曾被“传统的品牌”所轻视，被认为是获得零售货架空间权力的、穿着品牌燕尾服的乡巴佬；但在其40余年仿佛不经意间地逐步成长、成熟起来后，却对制造商品牌构成了巨大威胁。再看看目前国内市场处于蹒跚起步状态的自有品牌，历史是否在重演呢？

学者们认为，自有品牌成长与成熟是引发零售商和制造商之间关系发生深刻变化的重要力量，是市场控制力量在制造商与零售商之间发生转移的重要里程碑。从某种意义上说，自有品牌的发展代表了零售商的实力与营销管理的成熟度，同时也是零售商获得渠道权力和市场势力的重要战略手段。显然，国内大多数零售商还在摸索前行，一旦它们开始像制造商一样专注而又倾心地培养自有品牌，打破各种体制、模式、观念和方法的障碍，同时引导国内消费者像国外的消费者一样逐渐接受并喜欢自有品牌产品，其发展潜力包括威胁是不容忽视的。当然，在目前国内零售商去功能化和本色消失倾向比较明显的背景下，自有品牌战略如能够被零售企业拾起或关注，则也在某种程度上代表了零售商本色或价值的回归，同时也是盈利模型的重要转变。从某种意义上讲，零售商发展自有品牌，有助于零售商从依托连锁扩张的外延式增长转变为依托价值管理的内涵式增长，是零售商创造水平差异和提高垂直能力的关键之举，也是跑马圈地之后的重要理性回归。

因此，只有国内与自有品牌相关的著作不断增多，才能够帮助厂商丰富决策，让自有品牌在国内市场的发展不再“听着炮火去决策”。本书的翻译，正是出于上述初衷。作为前期文献消化和成果积累，本人主持的以下两个国家项目为本书的翻译出版提供了支持：（1）教育部2010年青年基金项目——“自有品牌成长及跨文化比较研究”（10YJC630115）；（2）国家自然科学基金2011年项目——“自有品牌（PB）开发对零供关系的影响研究”（71172122）。

感谢我的博士生导师夏春玉教授对本人从事该领域研究的鼓励和支持，同时也感谢其指导的东北财经大学“营销与流通经济研究沙龙”成员对本人自有品牌相关选题研究的建议和支持。在本书的翻译中，我指导的硕士研究生闫传强、杨树林、武娜丹、吴惠惠、张恋恋等付出了辛勤努力。此外，对大连海事大学的郭柳晨老师、大连东博管理咨询有限公司的张天彦先生和张兴民先生、大连海权咨询有限公司的宋海先生和权英女士，以及东北财经大学出版社国际合作部的李季主任、吉扬编辑在本书翻译和出版中给予的帮助和支持表示感谢。

译者：李健生

2012年7月27日于大连

致 谢

很多人为本书的出版作出了贡献，我们要感谢他们。

要特别感谢下面这些人和部门，感谢他们在本书撰写期间提出的宝贵意见以及给予的帮助和指导。排名不分先后：

C. 米格尔·布兰德尔，欧洲工商管理学院，博士，市场营销副教授；

马丁·怀斯特，阿什当集团（Ashdown Group），首席执行官；

布鲁斯·威尔克，芝加哥，RTC 全球，策略总监；

马丁·林德斯特罗姆，品牌未来主义者，《品牌意识和子品牌》的作者；

罗伊·韦伯斯特，亚萨合莱全球（ASSA ABLOY Worldwide），集团品牌经理；

马格努斯·冯·雷蒙德，亚萨合莱全球（ASSA ABLOY Worldwide），耶鲁零售经理；

乌尔夫·厄尔兰德，斯德哥尔摩，SWE，首席执行官；

奥里·哈德，斯德哥尔摩，瑞典零售（SWERETAIL），合作伙伴；

卢·普林格尔，天联广告全球（BBDO Worldwide），前全球董事；

泽维尔·奥利弗，西班牙，天联广告（BBDO），董事长；

汤姆·沃森，天联广告全球（BBDO Worldwide），环球董事局董事；

苏珊·弗罗格加特，苏·弗罗格加特培训与咨询（公司）；

保罗·弗里曼，s4p. com；

迈克尔·科伊尔，欧洲传播，前执行副总裁；

保罗·林肯，国家中心论坛，首席执行官；

克洛伊·林肯，作者女儿，研究员和审校员；

克里斯蒂娜·埃克伦德，詹斯·朗万和孟加拉舆论的米亚·瓦尔斯特姆，斯德哥尔摩；

马赛厄斯·迪特里希，瑞典，DLF（数字图书馆联盟）；

埃吉尔·布雷斯，Movement. nu；

马赛厄斯·西格尔曼，广播电视大学；

海伦·柯岗，乔恩·芬奇以及 Kogan Page 的所有同仁；

国际终端营销协会；

BrainJuicer 互联网研究公司。

最后，还要特别感谢盛世长城（Saatchi & Saatchi X）在本书创作过程中给予的具有创造性和战略性的智力投入，特别是策划总监菲尔·怀特和总经理西蒙·哈斯韦。

感谢大家。

基思·林肯

拉尔斯·托马森

目　录

引言：新自有化

任何事物都有两面性。

日本谚语

0.1 寻找事物的另一面

在过去十多年，自有商标的增长速度至少是著名厂商品牌增长速度的两倍。实际上，目前世界上有很多关于自有商标或“零售品牌”（或者我们应该称其为自有品牌，PRIVATE BRANDS）增长的说法。传统的品牌确实到了最后的发展关头，因此在本书中，品牌问题会贯穿始终。谈论将集中在很多问题上，但最突出的一个问题还是生存问题。

如今，传统的品牌面临着生存的问题，因其面临着自有商标不可阻挡地增长，这种自有商标不但随处可见，而且在各个品类中都在日益增多。如果零售商没有为其顾客提供最好的自有商标商品，进而锁定顾客并使之忠于这个标识，那么这些零售商也将面临生存问题；而制造商如果没有足够的产能利用率来证明他们的投资，那么他们也将面临生存的问题。自有商标使得与消费者的整体沟通成本大大降低，在驱动购物者方面也许还有着更为丰富的战术营销活动，传统品牌的代理商将面临着生存问题。在快销品品牌（packaged-goods brands）似乎已经失去显著性和吸引力的时代，当营销者越来越觉得困难，并对自己的作用存有质疑的时候，他们也将面临生存问题。

让我们暂且忘记有关生存的探讨，换个角度来探讨问题的另一面，并抓住它所表现出的机遇：品牌通过引人注目的创新对自身进行重塑的机遇，零售商真正创新他们提供的商品的机遇，制造商优化其生产能力的机遇，代理商彻底加强或重筑沟通的机遇，所有我们这些购物者买到物超所值的商品的机遇，每个人致力于塑造当今和未来社会的机遇。

换个角度来思考，自有商标不是一个魔咒。实际上，它可能是一个礼物：一个促使我们大家重新审视社会现状的礼物；一个促使我们积极参与塑造当今社会的主要动力；一个促使我们共同进步、更加有效地工作、团结协作的礼物。

也就是说，生存的另一面即机遇。

在机遇降临之前抓住它

不论我们在英国、美国、中国或是斯堪的那维亚半岛，这个礼物（自有商标）与我们的关系都日益密切。不管我们是否喜欢，在世界范围内，每种快销品很快就会贴上自有商标。在过去的十年里，自有商标至少是以知名快销品（CPG）品牌增速的两倍来增长。自有商标何以极速增长？在更广义的快销品（FMCG）市场中，这将为人们带来怎样的启示？我们往往认为这种情况仅会发生在食品行业，而实际上，这种情况越来越多地发生在整个消费品市场中。零售经营、人类活动及其品味的全球化，已经使自有商标成为一个全球性的现实。今天的零售商面对的是日益增多的自有商标，我们不但不能逃避，而且要对其进行了解和探讨。

也许从现在起，我们应称自有商标为自有品牌。如果开始将它看成品牌而不是商标，我们就可以建立不同的竞争策略，这是因为品牌商要与最接近其品牌的品牌竞争者竞争。而制造商品牌会把自有品牌当成其最接近的品牌竞争者吗？也许它们会这样做；或许它们已经做了，但也可能在实践中采取了不同的方式。

品牌还在继续发展。实质上，随着自有商标凭一己之力有了品牌力量，品牌就已经变得自有化。它不能再被视为一个纯粹的标签，而应被赋予更多的含义。

0.2 为什么传统品牌不够好？

我不想讨论市场份额的问题，也不希望与任何人分享我的市场。

拉里·莱特，麦当劳首席执行官

尽管有点断章取义，但正是由于这个原因（也许比其他任何原因更具说服力），自有品牌才会引起分裂，使品牌商处于防护地位，而将零售商置于攻击地位。任何一方似乎都特别不愿意公开讨论这个问题，或在除了生产以外的任何其他方面进行合作。品牌自有化使零售商以剽窃为由被告上法庭，而零售商也将厂商品牌从货架中拿掉——这几乎没有让步的余地。沃尔玛（Wal-Mart）自有品牌的总销售份额为40%，乐购（Tesco）为50%（目标是增加到70%），阿尔迪（Aldi）为95%（有趣的是，随着一些著名的品牌（如Haribo）被公认为是必不可少的，阿尔迪自有品牌的总销售份额反而从100%下降到95%），所有的目光均聚焦于未来。实际上正如围墙有两侧，由于某种原因，“生存”和“自有品牌”这两个词经常出现在同一句话中。

正如我们将继续阐述的一样，自有品牌是品牌制造商面临的最大挑战。它不仅代表制造商品牌最大的、唯一的品牌竞争者，而且还会在分销渠道（可能会使你的业务处于第一位的因素）上给制造商品牌带来影响。进一步说，它越来越多地扭曲了普遍接受的购物行为和消费模式，它是一个有时可能会占据2/3以上顾客实际购买力的品牌，一个质量和价值越来越被视为（至少）均等的品牌，一个通过平衡公司权力和零售商预算来超越任何传统品牌的品牌，一个可能把制造商带入业务下降的恶性循环的品牌。这个万亿美元级的产业，一定是被分析和了解最少的产业，我们不得不考虑到它的庞大规模和潜在影响。一个在未来若干年内会不断壮大的产业，每年数千亿美元的潜在收入会从品牌商那里转移到自有品牌上。你确定已经制订好计划和方案了吗？

那人们会推荐什么样的方案呢？降低价格，提高质量，变得更为创新。来吧！这不仅仅是一个方案，你应该将其作为业务开发的一个常规组成部分。但这还不够，这是一次需要打破常规、创造非凡的挑战，要么接受挑战，要么无法生存。

自有品牌是品牌制造商的**唤醒者**：唤醒商业现实，唤醒顾客，唤醒贵公司的潜力，唤醒真正的积极主动性，唤醒让贵公司与世界接轨的机遇。自有品牌已经从传统秉持的信念中挣脱出来，即公司可以通过“以较高的成本（制造商品牌）为它们的顾客（购物者）创造更多的价值或以较低的成本（零售商品牌）创造合理的价值”来获胜。换言之，这是在差异化（或创新）与低成本之间进行选择。公平地说，零售商在前者上下功夫，只是为了能够把后者始终如一地传递给购物者。正如可口可乐（和乐购）向你讲述的一样，把你的品牌放在每个街角均可以增加效益。尽管如此，我们的一些研究结论表明：自有品牌和已建立起来的制造商品牌之间仍然存在着很大的质量/价值感知差距。尽管事实上一些自有品牌商品确实比制造商品牌要昂贵（如Tesco Finest），但是在瑞典、英国和美国，分别只有4%，8%和10%的人认为应该这样。至少在购物者看来，两者缺一不可，而且一般而言，制造商品牌能够最好地实现“创新”，而零售商品牌能够最好地实现“价值”。在所有购物者里，只有16%的人真的相信将来会有一家商店只经营其自有品牌产品。因此，我们相信机遇就在那里：通过购物者的洞察力、更深的品牌涉入和创新使品牌不断重塑，使零售商不断增加价值，使生产商优化他们的生产能力，使代理商彻底改变品牌沟通，最重要的是，为购物者带来不断的、远远超出其预想的惊喜。

首先，一个可供选择的应对方案是创造属于自己的自有品牌。不过，自有品牌会迫使你检验所从事业务的最根本性质，并审视它是不是足够好以使你进步，审视你的产品、你的销售方式以及销售对象，审视你是不是真正地发掘出了代理商的变化，审视你的企业使命，以及你是否具备应付这个根本性挑战的恰当人选和组织结构。

其次，自有品牌对于零售商来说同样也是一个挑战，零售商要知道如何在不打破所从事业务的最根本性质的情况下对自有品牌和合作供应商进行有效的控制。你可能会认为，没有供应商你一样可以生存，**但是我们要说，一定要非常、非常地谨慎**。如果你要成为一个向购物者销售的真正高效的销售机构，那么你们彼此就都需要对方。此外，我们生活在一个大型跨国零售连锁运用媒体大肆宣传的时代，这是很多新成立的公司都不愿意看到的。你们又怎样来避免这件事呢？你们将自有品牌作为信使并向人们表明：你们不但提供了优厚的价值和价格，还会真正地关心购物者及其长期社会需求，并真诚地在做能够帮助他们的每一件事情，而以后会做更多这样的事——更多更多。

再次，在很大程度上，自有品牌是一种隐藏的力量，而相关文献在这个问题上的保守性往往淡化了自有品牌的真正作用。但是，在实践中远非如此保守，其能够对我们今天的业务和品牌产生巨大的影响作用。品牌顾问、营销顾问和学者们难免系统地低估了自有品牌的这种作用，我们需要进一步改进对其研究的不足。

我们不会再保守地对待这个问题，而是在各种意义上均加以激进地对待：从它对当今社会的影响到其对今后社会的影响。并且，像所有激进的问题一样，它也需要激进的解决方案。这些战略性解决方案包括接受自有品牌的存在事实和发展趋向，并利用自有品牌来确保组织能够解决当今的重大问题。要在店铺内外开展创造性沟通，而产品是关键，我们真正的愿望是“合作竞争”（合作与竞争的混合体），而不仅仅是单纯的竞争。

最后，我们希望把自己想象成大使——帮助将威胁转化成机遇的大使。关于这个使命，我们既是智囊团，也是行动团，用思想和行动解决面临的困境。

本书中有很多分析、事实和研究。但最重要的是要有行动——品牌的伺机性行动、零售商的伺机性行动，以及在一起工作中每个人的伺机性行动。

并不一定就是威胁，有时也会是挑战和机遇。

盛世长城的瑞典营销总监

0.3 如何定义自有品牌?

我们将自有品牌定义为零售商品牌，即零售商拥有并出售的品牌，或者说被零售商所分销的品牌，其中也包括我们通常所指的自有品牌，如大批量快销品分销商的品牌，即类似沃尔玛、乐购和家乐福（Carrefour）等。但是，它还包括世界流行的单品牌零售商品牌，包括 Gap（美国时尚服装品牌），宜家（IKEA，瑞典家居连锁零售商）和 H&M（Hennes & Mauritz，瑞典连锁服饰品牌），我们将分别予以讨论，并主要讨论自有品牌在大规模零售商中的作用。自有品牌包括所有零售商生产的产品，或代表某一零售商在其商店出售的商品。其他常用的词汇包括“店铺品牌（store brand）”和“自拥品牌（own label）”。如想要简化该定义，可以把自有品牌理解为零售商品牌，该零售商品牌可以是大规模快销品零售商的一个主要构成部分，或者也可以是类似 H&M 的一个独立专业零售商。

0.4 本书的内容

本书特别开发了一个计划，帮助企业识别机遇，并将自有品牌问题转化为真正的商业机遇。本方法适用于这些企业，即想要有效地应对企业高级管理中出现的各种问题。我们的经验表明，高级管理在该领域有着宽阔的探索空间，因为其包括了最关键的战略问题，这是一个越来越重要并需要指导的问题。高级管理者们，包括品牌制造商和零售商，都需要更好地理解自有品牌开发的含义。同时，我们也不能忽视通信产业，它已经逐渐在该领域成为主导力量。

该计划包括五个部分：

1. **理解机遇**。这里我们反复探讨与自有品牌相关的事实和理论，以确定其发展方向和对您未来业务可能的影响。

2. **识别机遇**。通过使用盛世长城的研究报告，我们将聚焦与您的业务直接相关的问题，并帮助您从顾客、品牌和零售商的视角全面理解这一形势。

3. **品牌商的机遇**。我们依据 10 条法则创建了一个机遇轮（如图 0—1 所示）。围绕这 10 条法则的计划可帮助你为了你的品牌和零售努力寻求可行动的机遇，并实现品牌的全部潜力。我们相信这 10 条法则（实际上是 10 个承诺）可引导有关自有品牌的思维和行为，并把它们归纳如下（见下面所列 10 条法则）。我们并不能保证这些原则就是确保成功的潘多拉盒子，实际上，它可能不会给您带来惊喜，也不会提出根本的解决方案。然而，我们认为通过观察这 10 条法则，可以使问题更加明朗，更趋于成功。

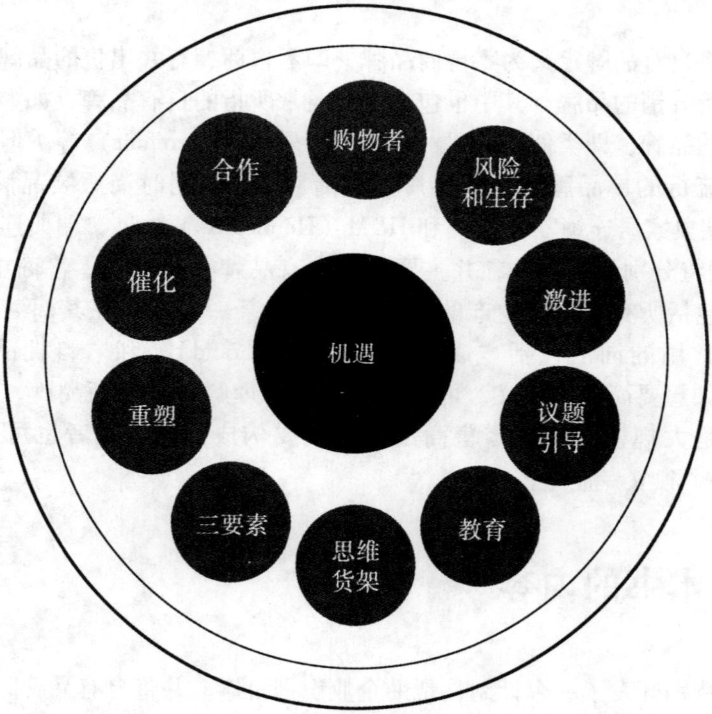

图 0—1　自有化的机遇轮

4. **零售商的机遇**。这里我们将 10 条法则应用到这些机遇中，以寻求对零售商敞开的更多机遇——以取得当前更进一步的成功。

5. **结论**。最后查看其所展现的全部内容，以及怎样通过真诚的合作实现共赢。

0.4.1 10 条法则

1. *直面风险，接受现实*。各组织有必要认真对待自有品牌及其现象，而不再是逃避。只有那样它们才能在一些情况下提出具有前瞻性的策略，以确保其生存。世界正在变得越来越自有化……而非品牌化。自有是一个必然趋势，如果你不能逃避，就加入吧。

2. *零售化并保持激进*。公司被要求运用其品牌力量来完全实现其零售潜力，即实现自己的“零售化”，该品牌力量只能通过激进化来实现，为了明天，公司需要激进的思维，激进的解决方案和激进的措施。

3. *明天的全球问题、社会问题和环境问题正是你今天的机遇*。我们期盼未来——很多关键性的全球问题都将成为今天塑造社会的激进因素，将平等激进地塑造零售商的角色，并将产生新的沟通方式、产品展示和销售方式。品牌商和零售商必须完全接纳这些变化以避免产品的停滞。这些变化永久存在，具有很强的影响力，并与人们的习惯做法相违背。如果不主动应变，也会面临被迫应变。

4. *教育、导航和启发*。我们着眼于品牌化的新角色，品牌化的角色正在发生改变，教育的作用越来越凸显，并促进了品牌化的社会需求。品牌商和零售商必须承担新的更大的责任，负责任地教育顾客是主要经营前提。同时，企业必须以对社会负责任的方式行事，进而满足社会需求。

5. *赢取“思维货架”*。昔日争取货架的游戏将会发生演变，今后争取的非思维空间，亦非货架空间，而是思维货架空间。品牌已经从思维空间的创造者发展成为精神意象的创造者（与其货架空间不成比例），一定要确保已经拿到了应有的思维货架空间份额。

6. *创新、想象和涉入*。我们来看一下如何将这三者发挥到极致。创新要登峰造极，有目的性、前瞻性；恢复品牌意象的力量；让顾客涉入。企业要充分利用这三者，并汇聚其全部力量。

7. *重塑并彻底改造店铺*。我们应该着眼于店铺革命。今天的店铺概念大多数都是基于昨天的被动消费者而设计的，还需要根据明天主动并拥有知情权的消费者重新进行设计，需要在每况愈下的生产领域重新设计以实现“精益（lean）”革命，需要重新设计以适应不断变化的、越来越凸显本地化特征的分销趋势。

8. *沟通催化，让品牌摆脱对电视媒体的依赖*。我们来看一下如何重新定向和再次催化沟通的力量，不是大众传播，而是催化沟通，是促使事情发生以促进行动产生，是采取必要的行动来驱动购物者产生消费行为。

9. *通过竞合实现协同合作*。我们应该着眼于未来更多的合作机会。现在我们所要面对的是，大多数自有商标的品牌战略和实施都已扎根。品牌制造商之间必须相互合作，或与零售商合作，或二者兼而有之。与你的竞争者竞合，与你的供应商竞合，要么竞合，要么死亡。

10. *购物者解决方案——攫取钱包份额*。我们需要回到钱的话题。的确，我们每个人都想赚钱——想获得更多的钱包份额。本书提供的顾客解决方案可以帮助我们攫取钱包份额。我们的终极目标是三方共赢，即零售商、顾客和品牌商三方实现共赢。当然，在三方共赢的同时，也要提防适得其反。

在掌握上述法则后，这本书会帮助你认清自有品牌的真面目，自有品牌并非威胁，**而是机遇**。这是一个要求超凡脱俗的挑战，我们将把零售轮回的机遇作为系统方式促使前瞻性行动发生并抓住这一机遇。我们必须认清自有品牌的发展，并把它提上公司最重要的日程。在采用这些方法时必须彻底且具有创意。到目前为止所推荐的方法，基本上都是纸上谈兵，有些甚至在研究界也不敢恭维。我们的观点也并非是最前沿的，但仅仅改变定价策略，作一些创新和提升并不会改变其现状。彻底改造我们走近自有品牌的方式、相关组织看待自有品牌的方式，以及我们对待自有品牌的方式，这是我们向前发展所必需的动态密钥。让我们充分认识这个问题并抓住带来的机遇，这样我们就会实现**三方共赢**！

0.5 怎样使用这本书？

本书所选素材广泛：包括学术、商业、原创性研究和理性思维。我们不能保证我们所说的是可以保证获得成功的金玉良言，实际上也根本不存在保证成功的万能公式。

但是，这本书将帮助我们尽力挖掘成功的途径。如果你找到了，请告诉我们，其他多数人也会想知道。

第 1 部分

理解机遇

这里我们围绕自有品牌对事实和理论进行检验，用以正本清源，识别导向并澄清其对未来业务的可能影响。

预计自有品牌在全世界的业务收入将超过一万亿美元。

这仅仅是一些商标！

1 自有化的事实

"危机"一词在中文中由两个汉字组成，一个代表危险，另一个代表机遇。在危机中，要认识到危险性，但是也要发现机遇。

约翰·F. 肯尼迪（1917—1963），1959 年 4 月 12 日

在印第安纳波利斯的演讲

1.1 自有品牌的野兽本性

为了确认我们所真正理解的自有品牌的野兽本性，让我们先来看一些有先见之明的事实，这些事实主要选自三个已发表的来源（Nielsen，IGD，Datamonitor）。自有品牌最显而易见的战场发生在大规模零售食品品牌市场，在这一市场，自有品牌的范围和影响还未被完全划定。零售商品牌的胜利并非是自然法则。它根据不同的国家，不同的顾客和消费者类型而大相迥异，让我们举出一些事实来说明这一现象。

1.2 全球事实

从全球范围来看，自有品牌正在占领整个世界，特别是在快销品世界：

- 当你把目光转向快销品，自有品牌在所有主要欧洲国家每年实际的家庭覆盖率都达到了100%，并整体覆盖了所有发达经济体。简言之，现在几乎所有人都购买自有品牌产品。

- 零售商自有品牌现已出现在95%以上的快销品品类中。
- 全世界每100美元中就有17美元是花在自有品牌商品上的，包括欧洲、北美、亚太地区、新兴市场和拉丁美洲。换言之，相当于我们辛苦赚来的英镑、欧元或美元的1/5。
- 快销品仅是自有品牌侵占游戏的一部分，事实上自有品牌已经无处不在，充斥着人们的眼球。据估计，自有品牌已经出现在全世界各个国家和大约2 600个品类的商品中。也就是说，目前如果自有品牌还未进入到某一品类……很快，它就会来了。
- 自有品牌较易集中在大规模快销品零售商手中。从价值上来衡量，自有品牌占快销品购买量的一半以上。换言之，我们平时购买的两件商品中就有一件是自有品牌。在一些国家，自有品牌占市场上快销品的1/3以上。但在数量和使用上，比例则更高。平均而言，零售商品牌的价格低于制造商品牌的33%，一些零售商的使用份额则高于50%，且达到实际购买量的2/3。

1.3 本地事实

很显然，这一影响是多变的，自有品牌在不同国家的影响方式是不同的。

- 总的来说，欧洲居于主导，自有品牌销售占23%的市场份额，其次是北美，占17%。欧洲国家（瑞士、德国、英国、西班牙和比利时）排在榜首，占25%或更高的份额。
- 瑞典和意大利是自有品牌渗透率较低的国家。在意大利，由于不同地域间的显著差异，没有零售商能够覆盖全国，因此，创建有利于规模经济的自有品牌的空间范围较小。

从规模经济上看，瑞典是一个小国，规模经济也是个问题，而且瑞典的消费者十分信赖品牌的功能和质量。西班牙和德国在2001年至2006年期间自有品牌成两位数增长，而意大利的自有品牌增长很缓慢，增长率低于2%。欧洲的其他国家每年的增长率都达到了5%。

- 自有品牌的增长继续赶超制造商品牌。唯一例外的是拉丁美洲，尽管自有品牌销售增速达到了5%，但是制造商品牌的增速还是超过了自有品牌，达到了7%。有趣的是，2005年拉丁美洲是全世界制造商品牌增长最快的国家。总体来说，拉丁美洲自有品牌市场的相对发展速度比世界上其他国家要慢很多（如图1—1所示）。

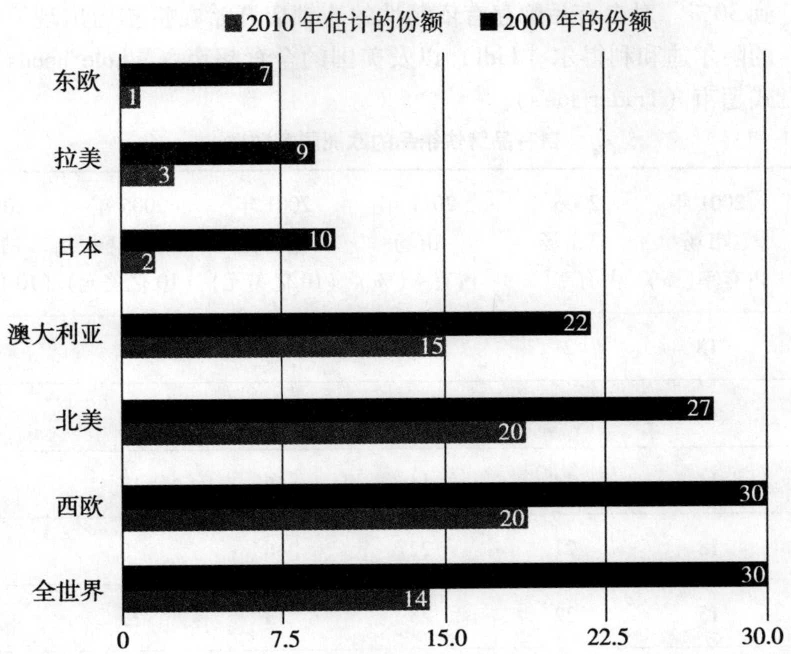

图 1—1　自有品牌快销品地区销售份额（%）

资料来源：M+M planet retail，2005

- 尽管起点较低，2005 年，自有品牌在新兴市场经历了最快的增长，速度达到了11%，现在自有品牌在新兴市场的市场占有率为 6%。这一增长的主要驱动因素是现代贸易的强劲增势（自有品牌商品开始变得流行），同时自有品牌陆续进入新品类的大门已经打开。
- 有趣的是，拥有最发达自有品牌的地区在份额上获得了最大的增长。2005 年，欧洲自有品牌销售的增长速度为 4%，而制造商品牌的总销售量则成绩平平。强者愈强，自有品牌增获了 0.7 个百分点的份额，这一增长说明了自有品牌销售还未达到顶峰……即便是在最大的自有品牌市场（如表 1—1 所示）。
- 自有品牌在瑞士最流行，仅仅通过销售额来看，其份额几乎占到了快销品总量的一半。瑞士的目标不仅仅是在国内，而是要做世界自有品牌的领袖。
- 在过去 30 年内，自有品牌仅在德国占据的份额就从 12% 增长到了 34%。在过去 10 年内，自有品牌在美国的增长比制造商品牌高出 9 个百分点，而且继续保持增长势头。科莱斯（Coles，澳大利亚大规模零售商）已经公开声称，近期将努力把自有品牌的市场份额从 13% 提高到30%。对自有品牌存有依赖性的连锁店开始在折扣店出现，如欧洲的阿尔迪和利得尔（Lidl）以及美国的全食超市（Whole Foods）和乔式超市（Trader Joe's）。

表1—1 **自有品牌快销品的欧洲国家数据**

	2001年市场占有率(%)	2006年市场占有率(%)	2011年市场占有率(%)	2001年销售额(10亿美元)	2006年销售额(10亿美元)	2011年销售额(10亿美元)
法国	18	21	22	30	38	45
德国	17	26	31	38	62	79
意大利	14	14	14	16	17	19
荷兰	18	21	22	6	8	9
西班牙	15	22	25	13	23	31
瑞典	12	14	15	4	5	6
英国	30	37	40	54	77	95
欧洲	19	24	18	186	263	324

资料来源：Datamonitor提供的快销品自有品牌数据

1.4 品牌事实

从被认为是"非品牌"发展至今，自有品牌经历了一段漫长的旅程：

- 自有品牌作为一个整体，是**世界上最大的品牌**，并且比任何单一的零售商品牌（包括沃尔玛）都要大。当然，它是所有单独的零售商品牌中最大的一个，沃尔玛的自有品牌销售额比任意一个制造商全部品牌的销售总额还要多50%，阿尔迪和乐购的自有品牌在快销品品牌中分别排名第六和第七。乐购单独作为一个品牌，其销售额比可口可乐多50%。（如图1—2、图1—3所示）签于上述，如我们仍要坚持称自有品牌为"标签"，的确有些自欺欺人了！

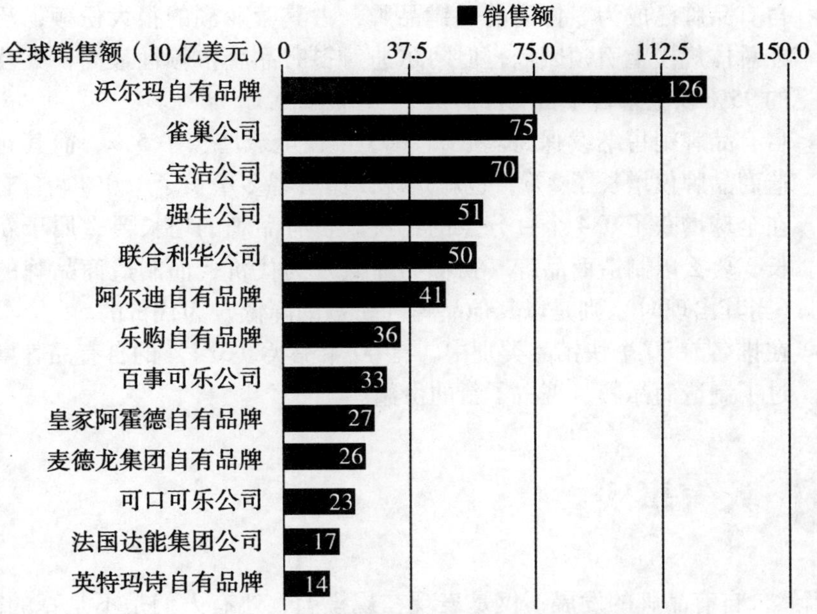

图 1—2　世界知名品牌和自有品牌销售额

资料来源：《财富》全球 500 强/M + M planet retail，2005

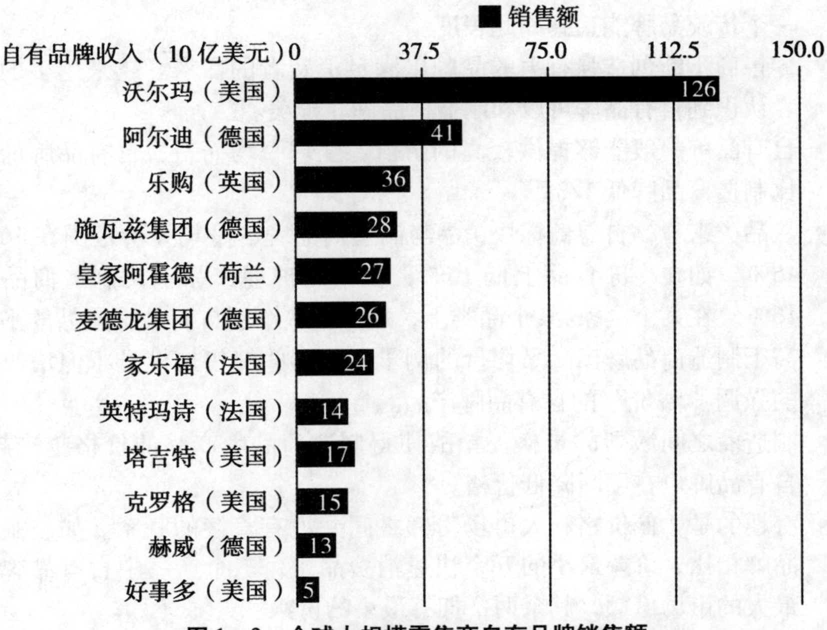

图 1—3　全球大规模零售商自有品牌销售额

资料来源：《财富》全球 500 强/M + M planet retail，2005

- 自有品牌已成为零售商的关键品牌，占其营业额的很大份额，沃尔玛在总体规模上引领风范，但阿尔迪对自有品牌依赖性最高，其营业额的95%以上来自于自有品牌。
- 自有品牌销售继续保持增长，2005年在全球增长了5%，而其对手制造商品牌仅增长了2%，也就是说，比后者多增长了150%。自有品牌在全球增获了0.4个百分点的份额。自有品牌的增长要么属于新的增长，要么以制造商品牌（份额的降低）为代价；而制造商品牌的增长（当其出现时）则是以其他品牌（份额的降低）为代价的。
- 在排名前80个快销品类别中，有60个品类（3/4）的自有品牌增长超过了制造商品牌，挤占了新的份额。

1.5 人气事实

当然，自有品牌的发展不仅是表现在规模上，还有人们是不是真的需要，以及他们购买自有品牌的目的：

- 自有品牌能**吸引所有人的眼球**，不分老少、贫富、个人或家庭。**没有一个传统品牌能达到如此程度**。
- 零售商不断创造强有力的品牌以满足消费者的需求。越来越多的消费者**认识到自有品牌可以和制造商品牌相媲美**。
- 自有品牌一般能够提供较高的价值，全球平均而言，自有品牌的价格比制造商品牌低1/3。
- 从品类来看，自有商标快销品与制造商品牌的平均差价范围在16%～46%，如在冷冻食品上低16%，在个人护理产品上比制造商品牌低46%。在某个国家/某个品类上，也有一些个别自有品牌产品的平均价高于制造商品牌产品平均价的例子，如那些销售规模虽小但增长快速的强调"溢价"的自有品牌产品。
- 制造商之间激烈的价格促销战使得制造商品牌产品的价格越来越低，自有品牌也在不断降低价格。
- 有趣的是，低价格和大市场份额之间并没有直接的联系。如与制造商品牌相比，价差最小的五个快速消费品中，三个产品中自有品牌拥有最大的市场份额，其余两个拥有最小的份额。
- 自有品牌已是**购物体验的一个组成部分**，例如，在英国82%的购物行程中包括购买自有品牌产品，大多数人在购物时至少购买一次自有品牌产品。

1.6 依赖事实

在自有品牌吸引全世界的眼球的同时，零售商和制造商之间的传统力量平衡必将被打破。

- 自有品牌对零售商是很重要的，而值得注意的是，零售商对制造商正在变得越来越重要。如图1—4所示，单单就在沃尔玛实现的销售额而言，如今平均约占了快销品大亨企业销售收入的20%。排名前十位的零售商，实现的销售额一般占一个快销品公司在全世界销售量的45%。

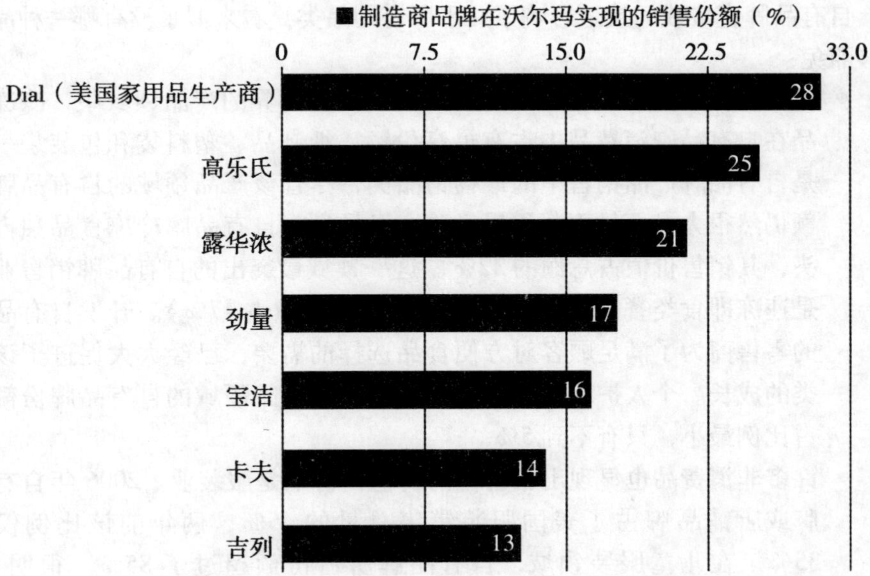

图1—4　制造商品牌对沃尔玛的销售依赖

资料来源：公司账户估算

- 这一依赖程度从未达到过如此之高。当然，从国别来看，这种依赖更是走向极端。如在芬兰，四个大规模零售商占了快销品市场的92%，这意味着大多数制造商品牌都有四个主顾！在瑞典，ICA（零售连锁集团）占有大规模零售市场50%以上的份额，大多数制造商要依赖该分销商完成一半销售额！当然，没人敢于尝试去冒犯这个大主顾。瑞典的文明程度非常高……但令人难以置信的是，零供之间的讨论（或讨价还价）可以是无限制的或平等的。就像踢一场足球，一方只有一名球员而另一方则有十一名球员。那么猜一下，谁会进球更多呢?!

- 零售商集中度是自有品牌发展的一个关键因素，尽管有一些明显的例外存在，如北欧地区到目前为止，自有品牌的发展还比较滞后。
- 折扣商店仍然扮演着很重要的角色。主要归因于德国折扣店的影响继续席卷欧洲。一个比较引人注目的失败案例是英国的阿斯达（ASDA），近期在英国又有些消减。阿尔迪，自有品牌占了95%的份额，是世界上第二大自有品牌的持有人，也是世界上第六大快销品品牌的持有人。

1.7 品类事实

自有品牌直接或间接地影响了几乎所有的品类，看来似乎没有哪一种品类能够豁免：

- 发展最快的品类不总是最小的品类。在全世界的产品领域中，冷冻食品在自有品牌消费品中占有最高份额。纸制品、塑料袋和包装袋一直是自有品牌产品销售中的最畅销品类，尽管该产品领域的自有品牌份额仍然很大，而且不断积累经验，但是目前自有品牌冷冻食品独占鳌头，其销售价值占总额的32%。这一领域最突出的自有品牌销售业绩是速冻即食类餐品（2005年自有品牌销售额占47%）。开发自有品牌的零售商为了满足顾客对方便食品选择的需要，已经大大促进了该品类的成长。个人护理产品、化妆品和婴儿食品领域的自有品牌份额所占比例最小，只有不到5%。
- 许多非消费品也显现出驱动性的价值，特别是服装业。2006年自有品牌或店铺品牌占了美国服装销售总量的45%，两年前该比例仅为35%。在儿童服装领域，自有品牌所占份额超过了85%。很明显，Gap、H&M和Zara等零售商的崛起，促进了自有品牌在该领域异军突起。在英国，阿斯达在五年之内，其潜在顾客份额从8%增加到了33%。
- 没有任何品类是无懈可击的。Barnes和Noble声称，截止到2008年，其图书的10%至12%将为自有品牌图书，甚至包括使用商店信用卡的金融服务，也是该现象的一部分。最后看一下迪卡侬（Decathalon），一个拥有300多家门店的法国运动品牌零售商，其销售额为35亿美元。它将其自有品牌比例提高到了50%，甚至还为热衷运动的顾客开发了所谓的“激情品牌”（仅在法国境内）。

换言之，自有品牌无处不在，所有人都在选购，几乎所有人都喜欢，并且将继续成长。

这听上去像是垂死的挣扎么???

2 自有化的论调

真理的大敌通常不是谎言——深思熟虑的、勉强做作的和欺诈不实的，而是神话——固执己见的、极力劝诱的和不切实际的。对神话的盲目信仰只会让我们安于对现有观点的接受而不愿意去作新的思考。

约翰·F. 肯尼迪，美国第35任总统，1961—1963

过去，有许多关于自有品牌的论调被谈论，这些论调致使有些人畏惧，有些人忽视，也让有些人信奉。让我们透过这些论调，发现自有品牌的本质。

2.1 论调1：自有品牌是为购买自有品牌的人准备的

人们一般认为只有业内人士才会购买自有品牌产品。然而，数据（ACNielsen | Homescan）清楚地表明，在所有主要的欧洲国家以及所有发达国家中，自有品牌产品在家庭中的渗透率为100%。简而言之，现在所有的人都在购买自有品牌产品。**我们自己就是那些购买自有品牌产品的人！**过去那些日子已经不复存在了，现在，自有品牌已经成为生活中不可或缺的一部分。（如图2—1所示）

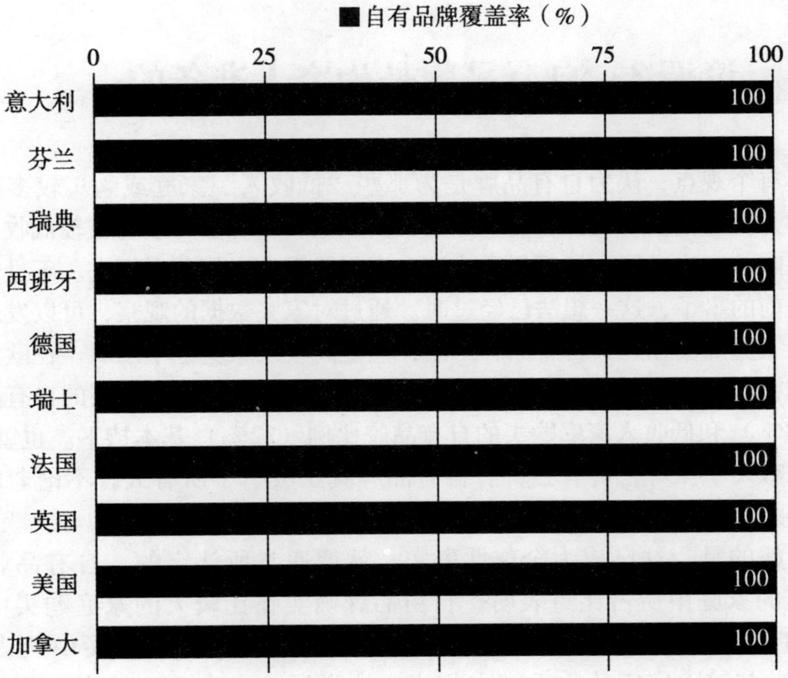

图 2—1 自有品牌家庭覆盖率

资料来源：ACNielsen

2.2 论调 2：我们偶尔购买自有品牌产品

还有一种观点是，自有品牌产品的购买行为很少发生，并没有深刻影响我们的购买习惯。这种观点是经不起现实检验的。以法国为例（欧洲自有品牌市场的代表），自有品牌的覆盖率就很高，几乎占了消费品类的一半——这表明，它们以后不再是利基市场。[①] 随着自有品牌越来越多地进入各种产品品类，选择自有品牌开始成为我们的初步购买习惯。

① 译者注：利基市场是指那些被市场中的统治者/有绝对优势的企业忽略的某些细分市场，在国内有的被翻译为缝隙市场、壁龛市场、针尖市场等。

2.3 论调3：自有品牌是为穷人准备的

还有个观点，认为自有品牌是为那些“低收入”家庭或购买较多商品需要节省开支的消费者而准备的。然而，实际上，自有品牌最初在较低收入家庭和较高收入家庭之间一样都很受欢迎，也都能帮助它们节省开支。不过这已是很久以前的事了，这一想法已经过时。通过对家庭数据的观察，可以发现更多低收入家庭确实在购买自有品牌产品，但是高收入家庭也不示弱。在欧洲，自有品牌在不同收入群体中所占的市场份额表明，高收入家庭购买的自有品牌比例（28%）和低收入家庭购买的自有品牌比例（32%）基本持平。也就是说，富人和穷人一样对它情有独钟。自有品牌真正吸引了所有人，不论老幼、贫富、个人或家庭。

有趣的是，这已成为全球性事实。就像通常所认定的，自有品牌在不同规模的家庭中所占比重表明，自由品牌确实在比较大的家庭购买中占有较大的市场份额（33%）。然而，自有品牌在小型家庭购买中所占比例（30%）与较大家庭的比重基本相当，这说明，自有品牌的家庭覆盖范围正在不断扩张。

2.4 论调4：它不会再发展壮大

或者自有品牌已经发展到了一定规模，马上就该走下坡路了。几乎没有证据可以证明自有品牌的发展已经达到了顶峰。实际上，在成熟市场，它的发展速度是前所未有的，每年都有新的品种纳入。盛世长城的研究表明，如果从顾客的角度考虑，那么不管是在英国还是在美国，自有品牌商品的吸引力仍在高速增长。

2.5 论调5：自有品牌不能促进业务增长

另一个观点认为自有品牌并不能真正提高商店的营业量，它们仅仅是为穷人准备的，并且仅限于商品。ACNielsen | Homescan年度数码购物研究有关实际购买行为的数据提供了更为详尽的评估：自有品牌占了英国市场的82%，

占了法国市场的73%，占了瑞士市场的70%——在这些国家中，自有品牌努力进入所有家庭、所有人种和所有购物活动中。与此相反，自有品牌仅占芬兰和意大利市场购买商品的34%和26%，远远低于上述国家。这是因为市场总份额较少，也是因为购买习惯的差异，如传统店铺占了上风（意大利），或注重更频繁的购买习惯和较小的购物篮子（芬兰）。这也证明了自有品牌的发展不仅仅受质量、价格和定位等因素的影响，还受到零售结构的功能和某个既定国家根深蒂固的购买习惯所影响（如图2—2所示）。

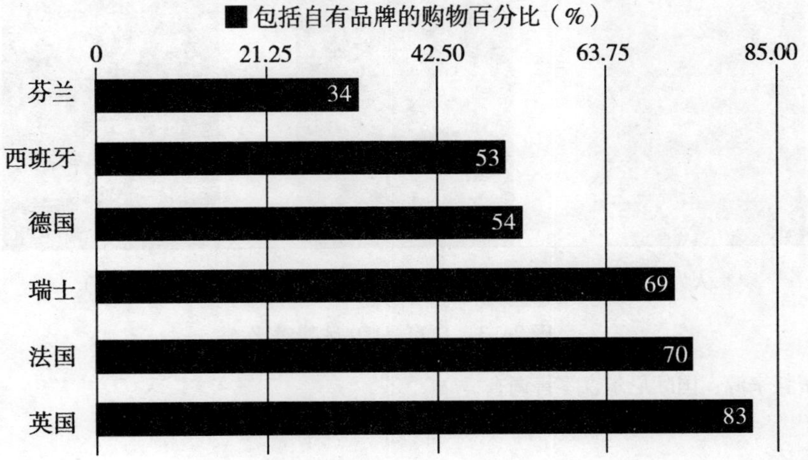

图2—2　自有品牌购买渗透率

资料来源：ACNielsen

所以，了解人们的购买习惯是确定他们对自有品牌喜好的最重要的前提。这些事实是品牌商需要的判断标准，从而可以更好地了解家庭的购买类型和购买动机，进而培养客户忠诚度，并预防对自有品牌的威胁。在本文中，以超越传统的市场营销方法和先入为主的观念来理解消费者和"购物者"将成为成功的关键。

2.6 论调6：人们不喜欢自有品牌

这可能是倾向性最明显的一种认知。我们在2005年下半年与ACNielsen合作进行的零售研究清楚地表明：人们越来越喜欢自有品牌。事实并未改变，与传说中描述的情景大相径庭（如图2—3所示）。

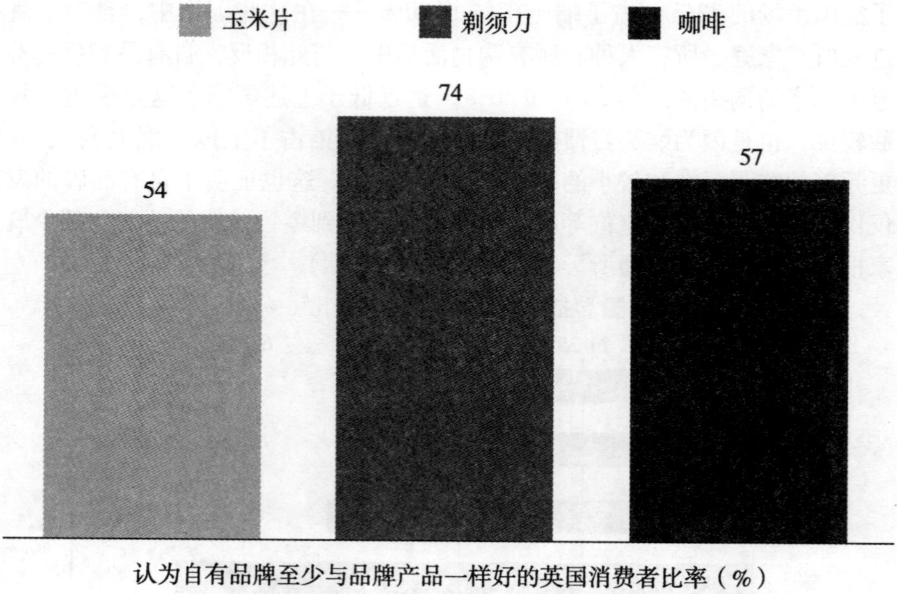

图 2—3 自有品牌/品牌对比

资料来源：国际尼尔森零售调查

2.7 论调 7：自有品牌不能称之为品牌

自有商标，也可以称为自拥商标、零售商标等。“商标”一词是一种误解……这样一种称谓很难受顾客欢迎，但在顾客眼里自有品牌是“真正的”品牌，是其零售商的真实写照。如之前所述，主要的自有品牌实际上都是世界上一些最大的品牌……而非商标。它不是为少数人所喜欢的商标，这些人对你的业绩无任何帮助，但有些人仍继续坚信这是他们想要的。

2.8 论调 8：不管怎样都不会盈利

波士顿顾问集团（BCG）研究表明，自有品牌实际上是盈利的（BCG，2003）。1996 至 2003 年间，美国零售商在自有品牌上获得了 50% 以上的利润总增长。但这并非是所有人都认同的，如麦肯锡公司（McKinsey，1995）对 60 种食品品类进行调研后的一份研究报告声称，一半的自有品牌产品（每立方米）所创造的利润比品牌领导者所创造的利润要小。然而，应注意的是，这一研究是受可口可乐公司和百事公司的委托，难免会有些偏见！

在英国，据估计，1982 至 2000 年间，零售商的利润率从 18% 上升到了 38%，而制造商的利润率相应降低了 20 个百分点。然而不知何故，乐购的利润率却停滞不前，人们始终争论当零售商将全部成本都用于自有品牌产品之上时，利润就不会像预期的那么高了（Kumar and Steenkamp，2007）。但不管自有品牌盈利与否，它肯定都在影响品牌商的潜在盈利能力。

所以我们的新自有化品牌是：

各地各种类型的主流消费品牌，真正被人们所喜爱，
并随着其价值和质量的不断提升，（可能）正在创造越来越多的利润。

他将商品从生产商手中转交到消费者手中，他是物流专家。他提供仓储空间，顾客可以借助商品目录购买其需要的产品。

佩莱格里尼，1996

3 自有化的过去

万事开头难——首先要寻找提供服务的机会，然后开始着手去做，哪怕开始只服务一个顾客，哪怕为他提供服务后一无所获。

罗伯特·柯里尔

3.1 我们以前完全见证过！

以前我们生活在一个自给自足的世界……一个简单的世界……一个靠原始手段进行交流和分配的世界。那段时间是一段漫步的历史，在那个遥远的时代，人们刚刚开始学会卖东西，商店开始学会展示自己的商品，产品的实物展示被用来吸引新的消费者，零售商只销售产品而品牌并不存在。听起来熟悉吗？听起来与零售品牌或自有品牌有关系吗？

这是一个经历漫长、不断演化的世界，从希腊到美国独立战争再到维多利亚女皇之后；再到充满零售品牌力量的世界和时代，零售商可以销售自己的品牌，而它们亦成为唯一和顾客相关联的部分，由始至终。

在选择有限和容易做出购买决策的日子里，生活变得如此简单，这是因为产品资讯简单而透明——这种情景是人们所乐于看到的……究其原因是人们可以简单地观看、接触和体验产品，而自有品牌则具备上述基本属性。

我们今天所熟知的品牌在大约100年前才开始出现，那个时候生产商意识到拥有品牌以后，可以在树立自己形象的情况下，向更多的零售商供货。慢慢地，就出现了品牌；慢慢地，它们与顾客之间的联系超出了与零售商之间的联系；慢慢地，它们拥有了市场势力。

然后，革命降临了……电视的诞生开启了大众传媒的时代。这一时代持续了50多年时间，并对沟通领域产生了深远的影响。品牌世界到来了！电视通过它作为大众传播媒体那无与伦比的力量塑造了今日的品牌。品牌，而不是零售商，成了市场的推手，品牌力的年代到来了。随着品牌的强大和国际化，零售商逐渐变成了分销商。

在这段时间里，所有人都听命于品牌的统治，商店仅仅是消费的一个分销渠道，品牌从来都比零售商更加富有想象力和激情。随着产品促销越来越远离其开始所依赖的货架，情感和大众传媒变得越来越重要。

当品牌一时不能被轻而易举地复制时，消费者因理性不会被轻易动摇。大众传媒的力量如此强大，吸引了大众眼球，选择是显而易见的，一个很简单的方式就是来店铺接受上述选择。卖方市场时代到来了。

3.2 大众媒体失去原有威力

在大众情感形象化的世界，大众市场成为利基市场。在电视被硬盘数字录像机取代之后，消费者选择撇开讯息。大众传媒成本越来越高，定位也越来越难，利基市场成本相对低廉。随着更多渠道的出现，大众传媒渠道变得越来越多元化。十亿以上的人使用互联网，二十亿以上的人使用手机，知识大爆炸的传媒时代到来了，这个时代要求采用个性化、有效的传媒方式。在这个新的世界里，我们不求进行大规模的宣传——只选择主要的客户群体进行宣传。我们的宣传更趋于理性——向有识别能力的顾客提供产品信息，以满足其不断增加的需求。我们只是展示品牌亮点，并希望感兴趣的人可以去发现。也许，我们需要更多，大众传媒已经失去了其原有的威力。

更扑朔迷离的是，买方市场的时代到来了。事实是，我们钟爱购物，崇拜购物，购物已经成为了现代社会的核心。自始至终一直存在的“沉溺性购物”已成为当今社会的主要趋势之一。欢迎来到买方市场时代——顾客的时代！消费者变得越来越挑剔，开始为他们的消费定价，开始挑战有着传统卖方市场思维的零售商和品牌。在品牌已失去其往日威信的时代里，商店已成为我们生活的焦点，一个孕育着更大零售商力量的新时代即将到来。

- 这并非意味着品牌已变得毫无价值，但它的确意味着未来并非像我们所认为的一样被品牌所驱动。未来是被购物所驱动的……这对我们创造新产品和新品牌的方式具有重要意义。

- 沟通方式已经改变，重新回到自然的沟通方式——回到了货架，返回到一个新的自有化世界。我们正在经历一次新的自有化革命……“新”表现了它的差异性……它也是通过体验的影响力使顾客动情。我们已经回到了人们曾经驻足、观看和聆听的早年岁月，但他们也需要一个新的积极的体验世界。而现在我们拥有前所未有的能力，即利用今日的传播、设计工具和今日的自有品牌再塑那种氛围和体验。

童话故事终结

3.3 旧物新貌

如前所述，有必要记住的是自有品牌（零售品牌）并非一个新生事物，实际上已经存在相当长一段时间了，绝非一种新现象。英国的零售商如赛恩斯伯里超市（Sainsbury´s）从1869年就开始经营零售商标，并于1929年在法国成立了合作社。美国大西洋和太平洋食品（A&P）公司的8点钟早餐咖啡和英国玛莎百货（Marks & Spencer）的圣米高（St Michael）品牌已进行了一个多世纪的自有品牌销售。然而，变化并不大（Kapfererr，1998），在现代，它们的真正兴起始于20世纪20年代，当时零售商注意到品牌商品的利润率正在缩水。根据Strasser（1989），一直到20世纪20年代中期，零售商都还认为他们在为全国性商标厂牌的广告买单。批发商更不情愿，这是因为他们正在丧失其品牌化力量。在美国，他们有时自身拥有未登广告的商标，所以不喜欢对制造商品牌有益的游戏规则。在20世纪的大部分时间里，零售商与品牌制造商相比相对较小。然而，在20世纪70年代，零售商开始发展全国连锁店时，真正的革命爆发了。

3.4 自有品牌——对法国的批判

20世纪70年代，零售品牌或自有品牌备受关注，但它们经常被视为廉价和劣质产品。20世纪70年代以前，自有商标被店铺主要用来传达低价的诉求。然而，法国零售商家乐福成为欧洲市场的拓荒者，于1976年引进自由产品（produits libres）。这些品牌被称为旗帜品牌——伞品牌，属于一种新型品牌。家乐福此举旨在表明其产品可以与制造商的强势品牌相媲美，只不过没有品牌名称而且价格低廉（如图3—1所示）。

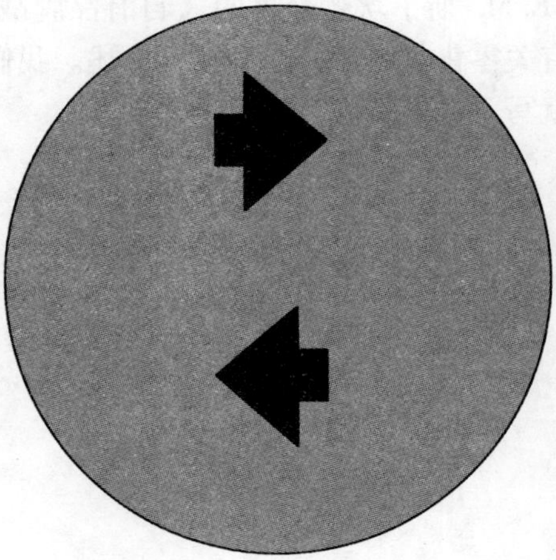

图3—1 世界在回转中

这些旗帜品牌代表了第一个真正意义上与制造商品牌相抗衡的进攻战略，被定位为新的消费者利益的捍卫者。家乐福甚至用“自由”一词来命名新的产品线。零售商确立了新的身份，成为了消费者权益的解放者。家乐福的这一策略使得法国的消费者获得了更多的自主权！

然后，少数零售商用低价杂牌产品或非商标的产品进行了实验。越来越激烈的竞争使得不知情的消费者对这些产品有些困惑。零售商们已经从只注重价格，转而在更大程度上强调质量和服务。非商标产品被视为其商标产品的延伸并与其竞争，而不是与制造商品牌竞争。非商标产品削弱了盈利能力，并与零售商正在寻求的品质形象相冲突。结果，家乐福制定了企业品牌化政策并停止销售自由系列产品。直至20世纪90年代中叶，非商标产品才再次被引入，如在英国。由于这次开发，零售商已认识到相继构建品牌并与其身份保持一致的重要性，认识到除非自有品牌与企业提供之物同义，否则拥有自有品牌是没有意义的。最终，今天的自有品牌已成为零售商自己的品牌，而不仅仅是提供廉价商品的一种方式。

另外，零售商规模的日益增大和国际化，已经极大提升了他们相对于制造商的权力。在新千年的伊始，我们注意到零售商正在追随制造商的脚步，开始国际化，建立跨国零售连锁店。在某些情况下，开始极大超出今天国际品牌的范围和适应性。这种发展意味着零售商拥有更多的资源可用于新零售品牌的开发和新店铺概念的形成。

为争夺市场战略地位的品牌战役已经打响，并在21世纪成为现实。如果你想了解更多有关自有品牌事实的内容，我们向您推荐由尼尔马利亚·库马尔与简-贝内迪克特·E. M. 斯丁坎普合著的《自有品牌战略》（2007年出版）。这本书是迄今为止有关零售品牌最详尽的分析论述。我们为了超越前者的分析找到解决方案，也就写了这本书。

4 自有化的现在

遥远而艰难的诱惑具有欺骗性，机遇往往就在你的左右。

约翰·巴勒斯（1837—1921）

4.1 趋势指路

20世纪90年代后期至今，自有品牌经历了真正的爆炸式发展并形成了今天的局势。自有品牌因为利用了几个主要的消费趋势，在全世界范围内不断增长，尤其在欧洲和美国。更好地理解这些趋势就可以更好地理解自有品牌的崛起：

- **地位降低**。坦白地说，我们不再像20世纪80年代和90年代那样势利，购买自有品牌产品变得更加能够令人接受，而不会觉得有失身份，甚至连富人也在购买自有品牌产品。我们记得在70年代，即使是学生也不会背自有品牌的嫩黄色背包或者更可怕的带蓝条的那种。今天自有品牌的包装至少搭配合理，而且在我们看来往往超越了品牌包装。这一情况由于零售商严格控制分销和上架数量而加剧，也就是说他们可以为闪亮登场的新背包选择最佳的上架位置。
- **品牌忠诚度降低**。品牌的光环已经褪色，消费者更有可能在制造商品牌、超市和自有品牌间转换。我们在2005年进行的国际零售化调查清楚地表明了上述观点，当顾客无法买到所需的产品时，他们将表现出较低水平的坚持品牌选择的欲望。
- **便利是最重要的**。品牌对于消费者仍然重要，但便利性凌驾于所有因素之上。我们自己所作的国际尼尔森零售化研究就清楚地表明了这一点，如图4—1所示，当面对换店铺还是换品牌的两难选择时，大多数情况下顾客更愿意换品牌。便利为王的法则几乎始终凌驾于品牌力量之上。

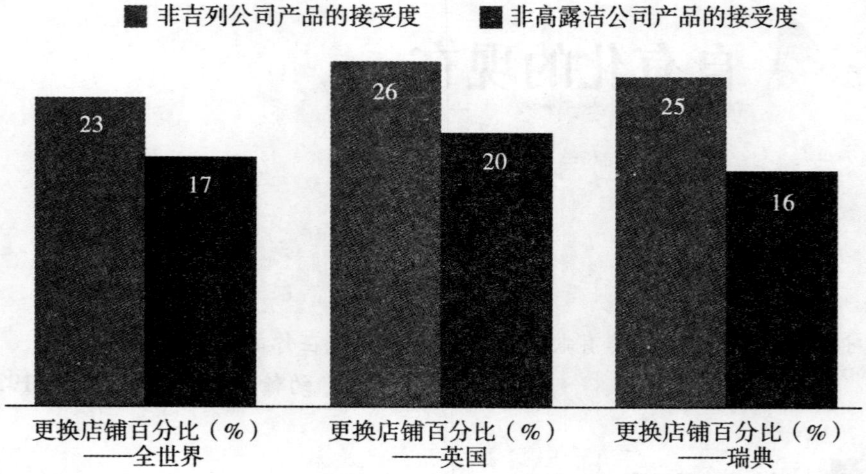

图4—1 商品便利性PK品牌忠诚度

——如果你钟爱的品牌在一个店铺买不到的话，你会去别的店铺购买吗？

资料来源：国际尼尔森零售化调查

- **我们都喜欢讨价还价**。顾客越来越痴迷于购买物有所值的商品，这一现象随处可见，如在网店或实体店寻找物有所值的商品。自有品牌是实现物有所值的一种重要方式，这或许可以解释为什么现在全世界超过2 600个品类都有自有品牌。然而，不确定的是这样一个事实，即自有品牌的发展是一个不断变化的现象，越来越明朗的是，零售商正在尽其所能促进自有品牌的发展。所以，尽管所有人都想买到物有所值的产品……但他们并非总能如愿以偿。

在美国，自有品牌食品比其相对应的品牌制造商食品平均成本大约低28%，在欧洲，该差额更大，平均达到36%；并且，消费者对经济所怀有的任何担忧，都会有助于加快自有品牌的发展步伐。同时也多亏了政治家们，是他们让人们总是对经济忧心忡忡。当然不仅是食品如此，如前所述，现在自有品牌服装或零售品牌服装占美国总服装销售额的45%，比两年前增长了85%。英国的价值创新型零售商已经彻底改变了人们购买服装的方式，现在英国人购买服装，把将近1/4的花销用在购买零售商的自有品牌服装（Verdict研究）。现在这一市场价值几乎达到80亿英镑（160亿美元），这充分说明了服装市场的确在增长。当然，该价值创新模式依赖规模、成本效率和高调宣传来支持其低价和大容量销售，规模较小的经营者（零售商）很难做到。

- **趋优消费**。消费者越来越钟爱奢侈品，尽管表面看来，这似乎与购买自有品牌产品背道而驰，但是事物是在不断变化的。现在高级自有品牌生产线正被大力开发，以满足消费升级需求。随着门店数量不断增加、店铺形象不断提升，填补自有品牌的这一定位空白变得越来越可行，那些典型奢侈品的供应可能会变得如同果汁商品一样普遍。例如，乐购在其店铺既销售最便宜的橘子汁，同时也销售最贵的橘子汁（如图4—2所示）！

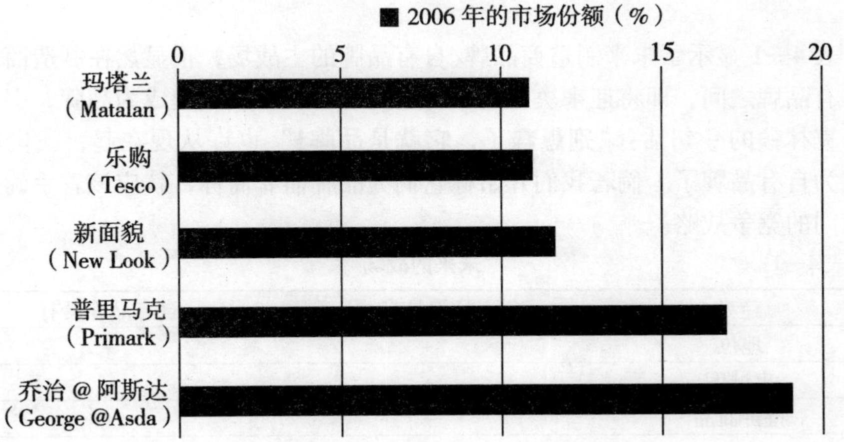

图4—2　英国前五位的价值创造型零售商

资料来源：Verdict

- **涉入**。购物者在很大程度上是沉浸于购物活动中的，并且，购物往往是其生活中的首要社会活动，然而，购物也可能是件伤心的事。枯燥乏味的旧货架时代已经度过全盛时期，超市只好不断地创新立意，为人们的生活增添惊喜和愉悦，以引领人们的生活娱乐方式。自有品牌在刚被引进时（正如最近被引入很多美国连锁店），提供了一些与众不同的东西。事实上，自有品牌是在不断开发具有创新性的新产品，而不是简单地复制品牌产品。正如我们的研究后来表明的那样，现在自有品牌越来越注重创新了。而且，一个好的自有品牌项目，是可以成功实现将喜悦蕴藏于新产品塑造之中的——特别是在新的口味和气味方面。消费者将在生活中寻求更多的乐趣，包括在超市中购物时的乐趣。
- **新鲜度**。消费者对新鲜食品和饮品逐渐增长的兴趣，促进了自有品牌的发展，这是因为，在某些市场中，消费者非常注重新鲜度，如零售商控制的速冻食品和只能零星购买的新鲜食品。

- **健康**。在消费者眼中，“新鲜”和“健康”联系紧密，这为自有品牌将来的发展提供了另一个潜在的平台。我们在后面还会讨论该问题，因为健康问题象征了当今社会的根本性转变，如此巨大的转变多年未见。它为品牌商和零售商提供了宝贵的机遇，特别是当他们合作的时候。

4.2 别愚蠢了，它就是品牌！

表4—1显示了未来制造商品牌/自有品牌的主战场，很显然在制造商品牌和自有品牌之间，即将迎来决胜的日子。自有品牌正在崛起成为品牌，引用比尔·克林顿的一句话：**“别愚蠢了，它就是品牌！”**也许从现在起，我们应该称之为自有品牌了。倘若我们开始称它们为品牌而非商标，就应该着手确立完全不同的竞争战略。

表4—1 **未来的战场**

趋势	品牌具有	自有品牌具有
地位	+	+
忠诚度	+	+
特价商品	+	+
高端生产线	+	+
涉入	+	+
新鲜度	+	+
健康	+	+
创新	+	+
便利性	+	+

自有品牌的快速增长及与之相对应的品牌力量的提高，同时也促进了消费大众对其产品的接纳。2006年，自有品牌占了欧洲消费品市场24%的份额，美国的比例为16%——尽管在美国人们普遍认为他们拥有世界上最多的自有品牌。欧洲不仅自有品牌覆盖率比美国高，而且自有品牌的增长速度也比美国更快，将来形势可能会发生逆转。质量的改进和消费者家庭预算最大化愿望的不断增强，促进了欧美自有品牌在食品、饮品、个人护理用品和家庭卫生用品方面的增长。尽管不同国家的驱动因素和核心趋势有所不同，但几乎在所有国家，自有品牌花费占消费者总消费比例的增长已是主导趋势，在这方面美国和法国基本相同，人们想要他们能够承担得起的优质产品。世界上最富裕的国家

之一——瑞士已经引领了这一趋势。如果自有品牌在瑞士人的商品购买总额中能占据半壁江山，那么我们也能。

让我们暂缓片刻，看一下两个完全不同的市场，那就是美国市场和英国市场。

4.3 美国经验

在过去十多年内，自有品牌食品的销售增长速度是品牌食品增长速度的两倍以上。在美国，自有品牌快销品产业的发展规模不及欧洲的一半，其销售价值为1 140亿美元。2006年，自有品牌占食品销售的28%，自有品牌在个人护理用品销售中所占的比例是10%，在家庭卫生用品中所占的比例是5.5%。

现在，自有品牌占美国所有消费品销售价值的16%。然而，近年来的增长速度已有所下降，预计2006年至2011年期间的平均增速比2001年至2006年期间要低（Nielsen）。虽然如此，预计年平均增长速度仍接近4%。

上述增长主要归因于我们前面提到的主要消费趋势，但也有些特殊的竞争因素，促进自有品牌在美国的持续增长：

- 专业连锁店销售增长速度高于自有品牌销售增长的平均水平；
- 自有品牌价值链的发展还将继续；
- 英国乐购已进驻美国，其在便利店渠道中对自有品牌情有独钟。美国零售商不应低估乐购——它可能会成为未来的沃尔玛。从国际上来看，乐购已被证实在本土化以及适应新市场方面具有非凡的实力（与沃尔玛不同）。

尽管当前自有品牌覆盖率还处于较低水平，但越来越富裕的家庭正在不断促进自有品牌销售量的增长，自有品牌在美国富裕家庭中增长的原因之一，是因为自有品牌商品在只经营该种商品的专业超市更容易买到，如乔氏超市。

4.4 英国经验

英国为自有品牌发展趋势的最终确立和引领树立了很好的榜样。在英国，自有品牌在富裕家庭中已被充分接受。事实上，在高收入家庭消费品花费中，自有品牌所占的比例更大。这主要由于以下原因：

- 具有丰富的顾客资料和独家的自有品牌计划的杂货店（如玛莎百货和

维特罗斯）；

- 各大型超市（如乐购、阿斯达和赛恩斯伯里）积极推出超值自有品牌；
- 连锁药店渠道（如博资和 Superdrug）强势发展自有品牌。

事实说明，英国是世界上自有品牌最为发达的国家。将来可以借鉴英国的经验教训，这也是为什么我们在本书中如此海量地引用英国的案例。许多年来，自有品牌已经从简单供应转变到了各种方法的综合利用。现在英国的自有品牌食品和饮品市场包括三种截然不同的层次，旨在更大范围地掏空消费者的腰包。此战略与牺牲性的消费趋势不谋而合，消费者不断地改变其消费偏好以适应多样化的产品类别，从中作出优先选择。英国自有品牌的多样化发展，提升了自有品牌的整体形象，以至于各个收入群体的消费者都能够为其节衣缩食或乐此不疲。自有品牌变得更加"民主"，已经摒弃了其原来附带的某些社会瑕疵。

欧洲的其他国家，由于几方面的原因，在自有品牌渗透方面落后于英国，诸多原因反映了英国零售业的独特结构：

- 在英国杂货市场，零售商的集中度很高，有五个最大的主导超市，其规模在欧洲其他国家（除了斯堪的纳维亚半岛的挪威和瑞典）是很少见的。
- 英国零售商在响应消费者需求以及填补市场需求空白方面，比其他任何国家的零售商更为迅速。乐购可以为你提供生活中需要的"全部"，从尿布到棺材，由此乐购推出了殡仪服务，还将推出婚礼庆典服务。所以现在有些英国人把英国称为乐购的国度并不奇怪。
- 英国杂货零售商的经营范围已超出杂货范围，开始涉足很多其他种类的商品。他们甚至非常成功地推出了服装范畴，阿斯达的 George 服装品牌无疑是该领域的佼佼者。
- 英国的个人护理用品和药品市场由连锁零售商如博资和 Superdrug 所主导，也有成功的自有品牌——高质量、高价值的自有品牌。
- 英国有玛莎百货——一个主导繁荣街区的零售商，已经拥有了圣米高这一品牌，也是其唯一的品牌，它一直被消费者视为质优价廉的品牌，并在创新品种方面起到了引领作用，其中最显著的是在食品方面，仅该品牌的食品就占了英国食品总量的 4%。

除此之外，还有英国的消费者们，他们对价值情有独钟。为了证实这一现象，你可以看一下英国的网上零售指数增长情况，或看一看英国人制订的廉价一揽子旅游计划的数量。同时，文化因素亦关系重大。总之，这些因素表明，在一段时期内，英国在渗透率和领先性方面，将继续保持在欧洲大陆的领军地位，同时非英国零售商和著名品牌商可以从英国市场的案例中学到很多宝贵的经验。

影响英国的因素同时也不同程度地影响着欧洲的其他国家，实际上这些因素也有助于解释自有品牌在欧洲不同国家渗透差异的问题。但是也有反常，如前所述的意大利和瑞典。

正如我们所看到的，英国的零售业是世界上较发达的自有品牌市场之一——但和其他地方一样，自有品牌份额在不同品种和不同零售商之间亦大不相同（Banks，2006）。近年来制造商品牌已经卷土重来，英国的自有品牌市场份额看起来好像正在下降，尽管下降的速度很慢。

近期，零售商重新推出了子品牌，更值得注意的是，优质自有品牌如赛恩斯伯里超市的“Taste the Difference”和乐购的“Tesco Finest”在自有品牌的总体业绩中表现出复苏势头。

自有品牌已不再是便宜的复制品，也不再是有着劣等包装和说明书的劣质品牌，在自有品牌范畴内，由于一流的质量、更高的定价和基于品类领导者的创新，使消费者对自有品牌的接受程度在不断增强。越来越多的自有品牌子品牌进入专业市场——当然，零售商具有优势，他们可向更多品类投放多种类别子品牌，而这种做法不是单个制造商力所能及的（如表 4—2 所示）。

表 4—2　**英国代表性自有品牌的子品牌①**

	质量	价格	儿童	有机	健康	其他
乐购	finest bistro eat me freeze me	value mega value	kids	organic	healthy living free from meals for one doctor carb control	Italiano simple fair trade grab and go easy steam
阿斯达	extra special	smart price	great stuff	organic	good for you	George
赛恩斯伯里	taste the difference	low price basics	blue parrot kids café	So organic	be good to yourself free way to 5	Italian Indian Oriental easy steam American fair trade
玛莎百货	gastropub		loved by kids		count on us	

2006 年，仅乐购就占了英国零售额增长的一半，它基本可以满足消费者的全部需求。随着零售商不断寻求提升其竞争地位，同时提高其盈利能力，这一驱动力可能会继续。所有这些都促进了相关品类更高水平的商品化——迫使品牌领导者降低价格以保持竞争力。

① 译者注：为保留原英文语义未做翻译。

形势并未因此而有所好转。2006 年，英国的 50 类商品的调研报告表明：单位体积/重量商品的平均销售价格下降了 2 个百分点。仅有 14 个品类的当年收益比两年前有所增长——其他所有品类均下降。这表明英国消费品市场有趣的时代即将到来。新时代伊始，市场两端的竞争甚至更加激烈，竞争参与者们都在努力从竞争的边缘走出，占领主动，甚至重新定义属于自己的市场结构。

4.5 走近主要的自有品牌

猎人正在变成猎物。

科特勒，2001

4.5.1 乐购

乐购于 1924 年在英国推出自有品牌，是世界上最早销售的零售商自有品牌之一。现在，乐购销售 12 000 余个自有品牌产品系列，占总收入的比例已经从 10 年前的 1/4 增长到了现在的一半。乐购总营业额超出 700 亿美元，其营业额中的 110 亿美元（55 亿英镑）来源于非食品类自有品牌产品，产品覆盖了从金融服务到图书和电话的众多领域。当今，除了 Tesco Value 子品牌（一般都是由蓝白色条形组成）之外，乐购还有一个质量一流的子品牌——Tesco Finest，该品牌涵盖了乐购的大部分产品领域。总之，乐购一直积极响应消费者的需求并培育其自有品牌，以不断满足消费者多样化的需求和信念。

乐购进行多种业态形式的经营设计，以迎合消费者各种形式的需求：

Tesco Direct ——网上订单直送；

Tesco Express ——当地便利店；

Tesco Metro ——城市中心便利店；

Tesco Superstores ——供每周购物的大型店；

Tesco Extra ——大型综合超市，拥有大量的非食品商品。

总的来说，从表 4—3 中，我们可以看出乐购商品质量—价格的覆盖范围。这四个领域都存在各种各样的子品牌。乐购有机子品牌（Tesco Organics）十年前被推出，为顾客提供各种各样的有机食品，包括饼干和香肠。为了响应越来越多的过敏或不耐受人群需求，乐购免疫子品牌（Tesco Free From）推出了 150 多种不含麸质、小麦或牛奶的产品。乐购健康养生子品牌（Tesco Healthy Living）包括 500 多种产品，这些产品都是低脂肪、低糖和低钠产品，供关爱健康的顾客选择。

表 4—3　　乐购自有品牌变体

乐购自有品牌变体	子品牌	预计占总商品的百分比（%）
优质的	最优	10
次优的	特别	10
普通的	标准	50
超值的	价值	30

同样，乐购强调低碳水化合物控制的子品牌（Tesco Carb Control）是特别为有低碳水化合物饮食习惯的顾客开发的，使他们更容易、更便利地实施低碳水化合物饮食方案。更为值得关注的伦理问题是，乐购的 Fair Trade 产品是经过公平交易认证的，在理论上这意味着第三世界国家的生产商或小供应商是可以获得公平合理供货价格保障的。

服装方面，乐购的子品牌有 Cherokee，Back to School，Florence and Fred 以及 F&E Finally，乐购儿童子品牌（Tesco Kids）包括牙刷、趣味苹果等各种产品，用来专门满足和迎合下一代的需求。

另外，乐购还利用其品牌资产拓展到个人理财、保险和电信行业。

可以说，乐购为消费者们提供了从摇篮到坟墓的所有商品。为什么还要去别处购物呢？让我们看一看乐购如何将洞察力置于其活动的中心（如图 4—3 所示）。这是有关乐购的一个关键事实——它不遗余力地去了解顾客。关于制造商品牌，我们不得不提醒制造商要小心谨慎，因为他们对自有品牌的理解不如我们！

图 4—3　乐购洞察力

4.5.2 总统之选

自从1984年首批总统之选（President´s Choice，PC）品牌产品在西人超市（Loblaws）推出后，其目标一直是为加拿大消费者提供更多的价值。现在，该品牌已不再单纯强调价格，而是为加拿大、美国、加勒比海、香港和以色列的消费者提供高质量、有益健康的产品。总统之选 Blue Menu 子品牌的目标，主要是满足关爱健康的消费者不断增长的需求。该子品牌关注营养，提供更加健康的选择，包括低脂肪、低热量和高纤维产品。

同样，针对消费者对有机食品的需求，总统之选有机子品牌（PC Organics）提供一系列的有机食品，包括有机果汁、膳食、农产品和婴儿食品，总统之选小厨子品牌（PC Mini Chefs）更是将总统之选自有品牌产品线扩大到为父母们提供一种孩子健康饮食的选择方案。

现在，总统之选品牌已将其产品从食品领域扩大到了非食品商品，包括家居产品和美容产品，宠物食品、绿化和园艺产品，百货以及近期推出的金融服务和电信业务。

4.6 趋势仍在继续

同样，据最新消息，七十一便利店（7-Eleven，美国连锁便利店）刚刚引进了一条自有品牌功能食品和饮品生产线，命名为“配方7”，以满足顾客不断增长的对保健食品的需求。IRMA，著名丹麦零售商，继续投放价格高于品牌产品价格的自有品牌产品……

最后，我们注意到一个有趣的现象：这些自有品牌往往比传统品牌的同行们更具有创新性。制造商品牌应亡羊补牢，及时向自有品牌学习。

5 自有化的未来

没有机遇，能力就没有用武之地。

拿破仑·波拿巴（1769—1821）

5.1 自有品牌发展空间

对未来进行预测的最好方式就是发明，然后进行管理。目前，自有品牌的发展极限仍旧悬而未决，但似乎可以肯定的是，自有品牌极限还没有到来。

从图5—1可以看出，我们还有很长一段路需要走。直到2010年，十多年间自有品牌在世界上所占的比例增加了50%以上，在西欧增加了50%，在北美增加了40%，在拉丁美洲增加了300%，在日本增加了500%。很明显这不是一个下降趋势。

在许多国家，自有品牌品类的覆盖率仍有很大的待开发空间。随着自有品牌产品被推向新兴市场和新的品类，其在全球的份额必将增长。例如，在瑞士所有快销品品类中，97%都有自有品牌进入，自有品牌所占的总市场份额高达45%，然而在菲律宾，只有26%的快销品品类才有自有品牌，自有品牌的市场份额不到1%。

市场将能变得多大呢？现在，自有品牌在全球占有17%的市场份额，并且这一比例仍在提高。即便在最发达的瑞士市场，自有品牌的市场范围仍在继续扩大。2006年，瑞士的自有品牌又增长了一个百分点，并且，全球17%的份额和瑞士高达45%的市场份额之间的差别，为我们预测未来提供了很好的想象空间。这两个百分比之间的某处可能是问题的答案，但更值得注意的是，

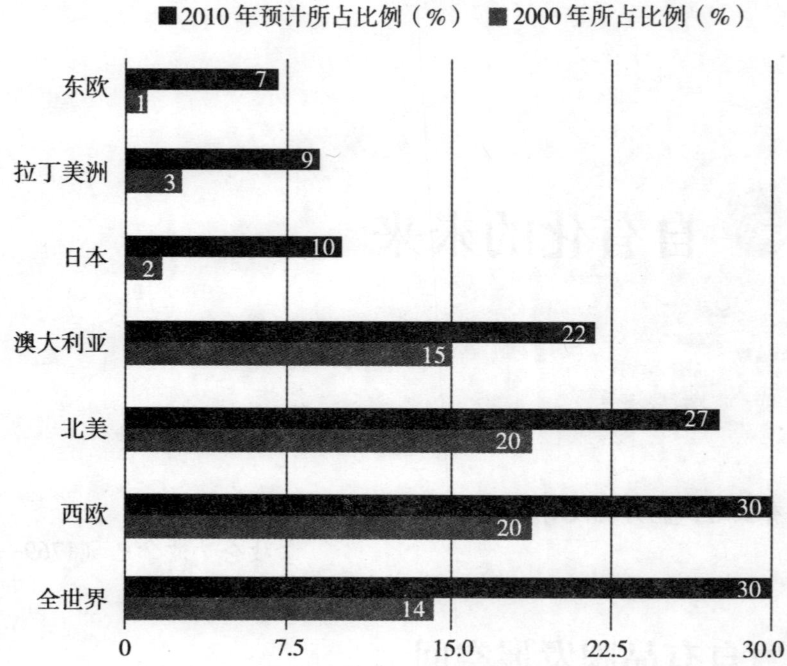

图 5—1　自有品牌消费品在各地区的销售份额

资料来源：M+M planet retail，2005

随着瑞士市场份额的增长，这一范围的上限也会随之变大，因为没有人知道瑞士的市场能走多远。

随着自有品牌实力强大的零售商在不同品类和国家扩大其市场范围，自有品牌将继续挑战消费者心中制造商品牌产品的地位，自有品牌到底能发展到何种程度，目前尚无定论。发展水平最低的自有品牌消费品，主要体现在三个产品领域：个人护理用品、化妆品和婴幼儿食品。有趣的是，大多数国家的个人护理用品都有自有品牌，但自有品牌的份额只占销售价值的 5%。例如，大多数国家的洗发水产品都有自有品牌，但其自有品牌的市场份额只有 3%。然而，对于化妆品而言，自有品牌产品的可得性限制了其价值份额，只有一些国家才有唇膏/唇彩和眼影等自有品牌产品（如图 5—2 所示）。

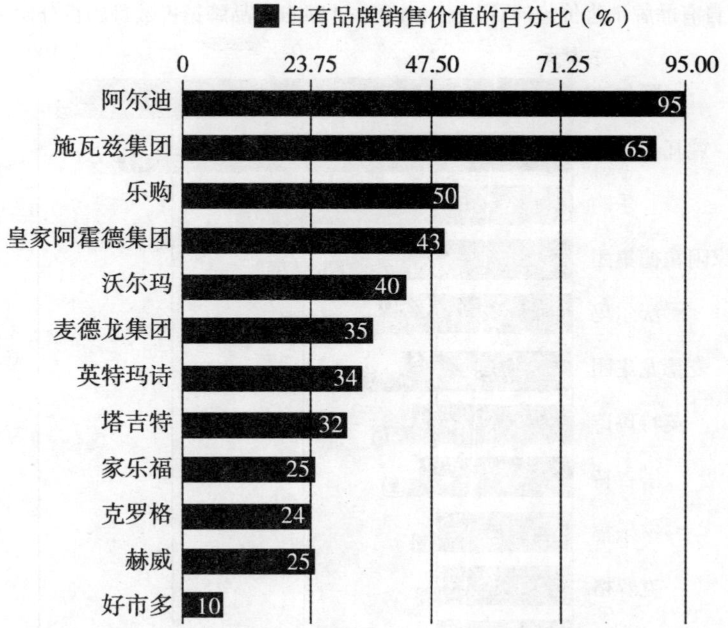

图 5—2　主要零售商自有品牌销售价值的百分比

资料来源：《财富》全球 500 强/M + M planet retail，2005

5.2 数量对价值的扭曲

最后，我们必须注意到，所有有关自有品牌市场份额的测量都是以价值为基础的，这本身就是对其真实性的一种扭曲。如果我们从价值的角度来看主要零售商的市场份额，就会得到很多意义深刻的数字，如阿尔迪销售的商品几乎都来自于自有品牌，乐购新增销售价值的一半均来自于自有品牌，家乐福销售的商品有将近 1/3 来自于自有品牌。

但是，自有品牌的真实情况应根据数量来计算。根据我们的估算，假定欧洲的价差为 36%，而美国的价差为 27%，那么平均来看，情况显然更加令人震惊。现在我们看到，乐购顾客实际购物中，2/3 为自有品牌产品，沃尔玛一半为自有品牌产品，家乐福 1/3 为自有品牌产品。之所以用实际购物量来测量该问题，是因为它更能反映顾客的需要和实际的行为。由于顾客大量选择自有品牌产品，导致在顾客进行品牌选择时限制了其现实的选择。由此我们可以清楚地判定，制造商品牌正在走下坡路（如图 5—3、图 5—4 所示）。

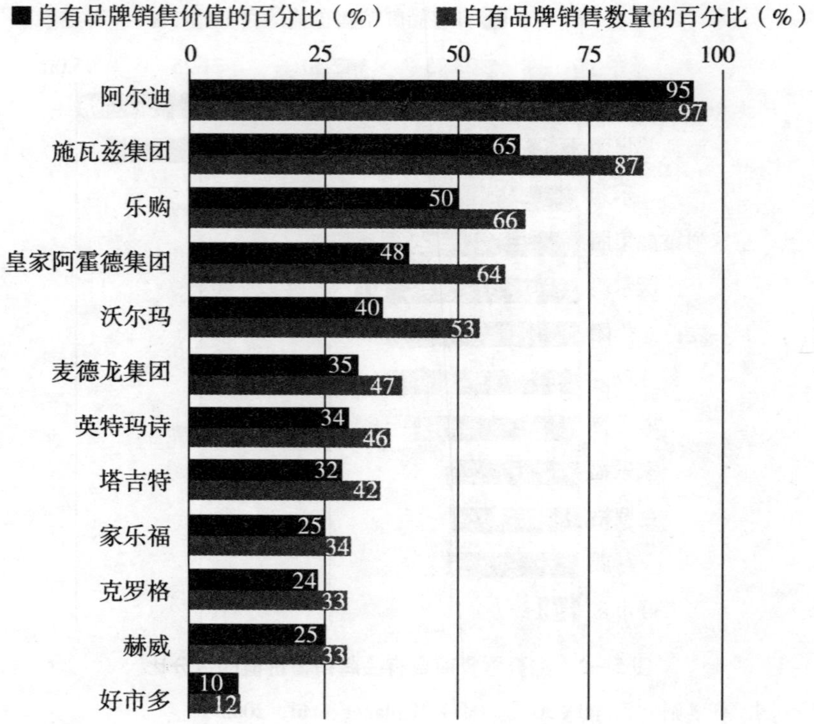

图 5—3 主要零售商的自有品牌价值和数量

资源来源：《财富》全球 500 强/M + M planet retail，2005

图 5—4 数量防御

对于品牌来说，这是一个特别令人担忧的趋势，因为销量是品牌盈利能力的主要驱动力。消费品品牌所面临的最大风险就是越来越边缘化，变成了低频率特殊购买。在消费品中，是销量在创造利润，也就是说保持销量将是经营战略的核心。

总利润 = 单位利润 × 销量

如果销量下降，品牌的真正盈利能力就会下降，它就会成为消费者购物时的边缘化商品——一个非常危险的境遇。品牌无法负担太多的高价购买。他们应该打响真正的销量之战，也是价格战。

5.3 天堂还是地狱，机遇抑或威胁

在2005年的欧洲市场研究协会（ESOMAR）年会上，一篇关于自有品牌的优秀的论文得以提名发表，其标题很有启发性：**天堂还是地狱，机遇抑或威胁**。该文清晰地描绘出了自有品牌领域的未来蓝图以及面对品牌商或零售商时我们的选择（如表5—1所示），不需要是行家就能看出存在两种基本情景。本书其余的部分就是关于针对这两种情形该如何选择的陈述。我们认为有关威胁情景的谈论已太多，而探寻现实和可得机遇的时刻到了。

表5—1 **天堂还是地狱**

威胁和地狱	机遇和天堂
无品牌的世界	平衡的世界
有限的消费者选择	真正的消费者选择
包罗万象的商品	不断细分
便宜、便宜、便宜	价格细分
乐购天地	购物者天地

有人预言2006年到2011年期间，整个欧洲的自有品牌消费年增长率将比2001年至2006年期间要低。在欧洲，已经有相当大的自有品牌份额，市场可能已处于成熟阶段。这不意味着著名品牌所面临的威胁将平息并完全蒸发，但竞争的基础将会被改变。有些市场还需要走很长的一段路才能成熟，新的品类也是如此。自有品牌产品需要更加注重质量并提高创新的投入，以便与著名品牌相竞争。

5.4 自有品牌还会继续增长吗？

目前，悬而未决的问题是：自有品牌销售是否会继续增长？答案是非常肯定的。如今西欧的情况正好可以解释该问题，西欧目前有最大的和最发达的自有品牌市场，自有品牌在2005年份额增长了近一个百分点，销售增长了4%，而在80多个被测量的消费品品类中，制造商品牌的销售业绩却平平。

尽管自有品牌的增长最终要依靠消费者来实现，但其他关键的影响因素是

零售商的扩张和零售市场集中度的提高。在那些自有品牌份额最高的市场，果然市场集中度较高。当零售商进入新市场，它们也会将自有品牌带过去。

忽视零售品牌的发展几乎是不可能的。麦肯锡公司1999年对37家大公司和8家国际零售商进行了调查，调查结果表明：47%有关零售品牌的决策都是核心决策。从制造商的角度来看，与这些零售商发展有效关系是相当重要的。

当制造商被问到，“如果你现在不与全球前五名零售商做生意，那么五年后你就没有生意可做了”：

- 35%的人将该发展趋势看做一种机遇；
- 30%的人认为短期内会存在威胁，但是长期内还是存在机遇的；
- 35 %的人只是把它看做威胁。

我们不知道他们今天将会说什么?!

5.5 未来由何决定?

市场规模和零售集中度似乎很重要。这两方面可以为零售品牌的增长创造适宜的环境，或者可能成为阻碍零售品牌发展的因素。然而，这两方面的相互依赖性在所有国家尚未十分明朗。瑞典和其他北欧国家在欧洲的零售集中度最高，与此同时，零售品牌的覆盖率却相对较低。另外，在某些品类中，领先的制造商品牌和零售品牌之间存在两极分化的现象，这在一些复杂的市场，如英国市场，是显而易见的，法国市场和德国市场也是如此。

5.6 自有品牌驱动因素

然而，在欧洲存在诸多自有品牌增长的驱动因素，其中大多数仍未衰退。特别是：

- 西欧和美国长期萧条的经济环境，促使消费者转向自有品牌产品的购买，特别是折扣店。
- 随着质量和包装的改进，自有品牌产品的负面特征开始变少。
- 整个欧洲的零售商集中度不断提高。尽管从瑞典至英国都有很多声音在呼吁垄断调查，但仍无任何降低的迹象。
- 零售商通过规模化和提升谈判能力获取利润的愿望是不可能被放弃的。
- 零售商对“差异化”和零售商竞争的越发关注，促使他们将自有品牌作为主要的区分标志。
- 具有竞争力的定价和成本效率对零售商来讲一直是首要议程。
- 自有品牌将变得更加精致和成熟。
- 当零售商试图通过寻找新的业态（如宅前商店和超大型综合超市）来增加其销售量时，他们将需要有针对性的解决方案。
- 不断膨胀的零售商的购买（市场）势力。
- 随着制造商的进一步发展壮大，小品牌的生存将越来越难。
- 跨国零售商的影响力将逐步加大。
- 区域性采购战略联盟的作用将加强并形成规模。
- 自有品牌比以往更像“品牌”。

自有品牌开始了为消费者提供廉价选择的品牌产品替代战略，其与众不同的特征是质优价廉。零售商并未使用传统制造商所采用的品牌构建方法，在产品创新、包装开发和“品牌个性”创造，以及定位等方面是存有明显缺失的。这种状况如今有了很大转变，现在零售商使用自有品牌构建并维持其整体经营的形象，“优质价格”的自有品牌开始逐渐增多，自有品牌开始对不同的消费者有了不同的承诺，如“环保”和“健康人生”。

其影响将日渐深远。由于自有品牌通过消费者增值来不断增强其吸引力，制造商就需要因此付出更多的努力来开发他们的品牌并使其具有差异性。经验表明，在这种情况下，没有唯一的“万能”应对战略，适合一个品牌的战略未必会适合另一个品牌。相反，这需要在全球、区域和地方趋势背景下，对品牌架构、消费者选择标准、品类动态和竞争战略等进行仔细地审视。

5.7 在线驱动因素

在这里，我们将简要谈谈互联网的未来影响，因为这是一个独立的影响因素。互联网将对自有品牌的增长产生深远的影响，这一点是显而易见的。最近我们听说，甚至连苹果公司都担心互联网上的自有品牌——一个你认为与上述事务无关的品牌。然而，英国主要的在线零售商迪克森（现已是最大的中心街区零售商）突然间转到在线销售并推出自有品牌 MP3 播放器。盛传，有一段时间其销量已经超越了苹果的 iPod——一个之前毋庸置疑的市场领导者。如果这些传闻属实，那么没有人也没有任何产品可以抵挡自有品牌的侵略。互联网已经使自有品牌成为零售品牌，乐购也许最能说明这个问题，乐购的网站是英国访问量最大的网站之一。

著名的品牌制造商与超市合作是必要的，它会受益于杠杆超市的忠诚顾客的数据库资源。然而，依靠零售商的消费者所有权进行直销和探寻顾客的内在需求都是不明智的——特别是当制造商的品牌目标与零售商的自有品牌计划相冲突时。在这种情况下，公司应该明智地建立属于自己的顾客数据库，这既是为了直销，也是为了获得有关消费者行为的独到见解。互联网是迅速实现该目标的有效途径，它允许品牌拥有者与顾客直接交流，而不需要零售商和其他中介机构的介入，尤其是在消费者对传统广告的信任正在逐渐削减的背景下。创建引人注目的网站不但可以极大地提高消费者对既定产品的认识，而且可以有效地建立消费者数据库。

5.8 乐购效应

本节我们提出最后一个想法。众所周知，这个世界已经变成了一个很小的地球村，规模越来越大、越来越国际化的零售商已经注意到了这一点，乐购凭借越来越多优质的自有品牌变体取得了令人难以置信的成功，越来越多的零售商开始效仿乐购的成功模式。如果你能够模仿制造商品牌的成功，那么为什么不去复制零售商的成功呢？只要其中有一小部分获得成功，那么就将在全球引发新一轮的自有品牌增长。

帕姆·博因顿（达曼国际的营销总监）曾经说过：“在20世纪80年代和90年代，自有品牌开始步品牌的后尘；而在21世纪，我们看到的是自有品牌开始引领品牌，从这一点来看是非常令人兴奋的。”

5.9 第1部分 总结和启示

我们可以清楚地看到自有品牌现象已经出现，并且不会在短时间内消失。随着零售商的全球化程度越来越高和互联网所带来的新机遇越来越多，自有品牌似乎很有可能且不可避免地占据前所未有的主导地位。自有品牌将随处可见……所有国家都存在……所有品类都存在。

5.9.1 品牌制造商

启示1：**盘踞于此，不遗余力**。我们越来越清楚地看到自有品牌正在走向成熟，即便不完全等同于品牌，也达到了近似于制造商品牌的地位。它不容忽视，不能被归类为战略上不相关的地位；它是高度相关的，也是品牌的最大的潜在噩梦。

启示2：**化威胁为机遇**。消极面的对立面总是积极的。这里，积极面就是唤醒你去调整行动并将战略继续进行下去。

5.9.2 零售商

启示1：**利用积极的变化**。自有品牌产品的性质正在发生深刻的变化。你可以将该变化作为前进的催化剂，与你的品牌供应商更好地相处。

启示2：**将一个机遇变成更大的机遇**。自有品牌产品的成功应该告诉你许多有关命运和真正未来的事情。为了更有竞争力的未来，应利用取得的成功和获得的知识做出更好的定位。

第2部分

识别机遇

通过使用盛世长城的研究报告，我们将重点放在直接关系到你生意的问题上，并将以独特的方式帮你从购物者、品牌和零售商的角度全面了解形势。

在许多市场，我们购买的两件实体产品中，至少有一件是自有品牌产品。

哪个品牌能与之媲美？

6 盛世长城的全球研究报告

6.1 “全方位”视角

正如本书绪论中所述，我们已经广泛查阅了全球发表的有关自有品牌主题的研究资料，从 Nielsen 到 Datamonitor 再到 IGD，这些数据帮助我们发现了到目前为止的主要趋势。然而，我们认为继续深入探讨所有自有品牌参与者的动机还是很有必要的，其中包括开发并销售自有品牌的零售商，与拥有自有品牌的零售商竞争的品牌制造商，当然还有最后购买产品并决定它们未来命运的购买者。于是便有了我们的研究。

这一研究是独一无二的，因为据我们所知它是唯一同时考虑自有品牌领域所有主要参与者的研究，另外，该研究立足于全球视野。通过更好地了解各方，我们希望能够发现机遇——扭转自有品牌的威胁性。

通过与盛世长城的全球零售和顾客营销代理商的合作，作者对世界上三大区域进行了规模较大的在线互联网定性定量研究。通过采用 BrainJuicer 提供的快速、高效定性定量在线研究工具，我们能够获得 1 000 多名顾客的实时响应。多亏盛世长城的网络以及国际终端营销协会（POPAI）的全球会员，我们才能与 50 多个品牌所有人和零售商进行对话并进行调查，从快销品公司直到时装、DIY、保健和美容以及电子行业，重点研究了代表目前自有品牌发展状况的四个国家：

- **美国**：到目前为止一个相对发达的自有品牌市场，正迅速显示出会有更多变化的迹象。

- **英国**：如前所述，英国是世界上最发达的自有品牌市场。为了预测未来必须要了解的市场。
- **中国**：一个发展中的自有品牌市场。自有品牌发展的起点很低，但是未来可能发展成为重要力量。
- **瑞典**：世界上最集中的零售市场之一。自相矛盾的是，直到目前为止自有品牌仍处于相对较低的水平，但这一情况可能正在转变。这是一个与常理背道而驰的市场，到目前为止，高零售集中度并未带来高自有品牌份额！

我们决定侧重研究这四个国家以确保所掌握数据的准确性。我们相信通过这种方式可以掌握到问题的真实情况。

我们还要表达对 POPAI（世界主要的店内从业者代表）的感谢，POPAI 通过其全球会员帮助盛世长城进一步接触到那些非常重要的零售商和生产商。他们的帮助、支持和投入被证明是非常有价值的。

我们的目的不是用数字来迷惑你，而是通过向你展示世界的发展趋势以及参与者的言论（或有时没有言论）使你大开眼界。实际上我们提供了一个当前形势的最新掠影，然后将在第 3 部分和第 4 部分向你展示能带来机会的战略和行动。如前所述，本质上这些战略不是固步自封的，而是与时俱进的。有时打败革命也需要革命的帮助。

7 购物者的观点

7.1 我们先来看购物者的观点

我们首先注意到的，就是购买自有品牌产品势不可挡的趋势，接受调查的绝大多数消费者都说他们目前在购买自有品牌产品（如图 7—1 所示）。有点令人惊讶的是，美国接受调查的消费者中表明购买自有品牌产品的竟然有 93% 的比例，居于首位。中国虽然排在最后，但是仍有 69% 的比例。

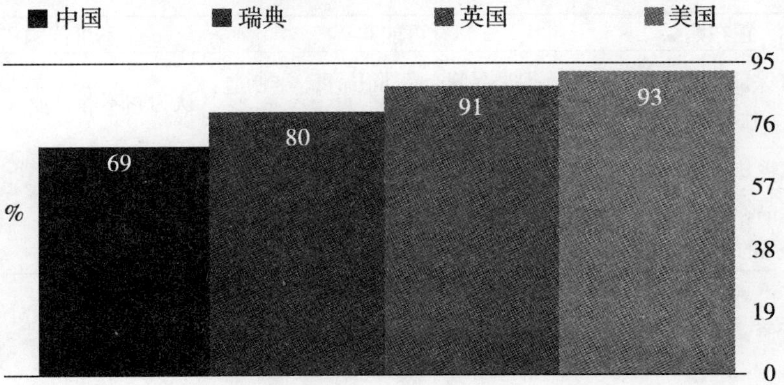

图 7—1 自有品牌购买

资料来源：盛世长城的研究报告

我们清楚地看到，自有品牌在世界各地（不管是否是发达市场）都受到欢迎。当我们再看一下目前声称既购买自有品牌产品又购买制造商品牌产品的消费者数量时，会更清楚地发现这一点。在瑞典、英国和美国，几乎100%的消费者对二者都会选购，而中国消费者的比例也不低。自有品牌影响我们所有人的生活，不管我们身在何处（如图7—2所示）。当研究人们购买自有品牌产品的原因时，会清楚地发现可以分为三大阵营（如表7—1所示）。原因是多样化的，但购买行为无疑与传统强势品牌的特征有关，即质量、价值和信任，而拒绝自有品牌产品的原因是对自有品牌的漠视、对制造商品牌的忠诚。

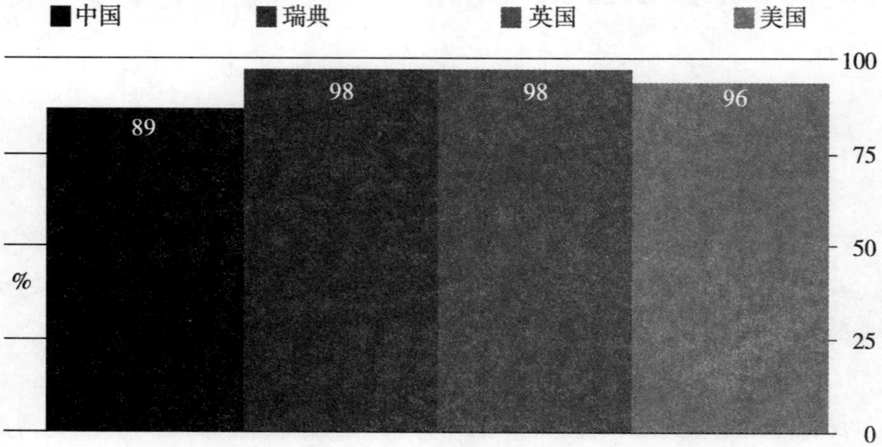

图7—2　自有品牌与制造商品牌兼顾购买

资料来源：盛世长城的研究报告

表7—1　自有品牌购买行为

正在购买	可能购买	不可能购买
质量有保证，品牌达标，值得信赖，独一无二，价格优惠	那些品牌产品都很昂贵，非制造商品牌的产品也没有那么差	认为它不够专业
也有一些其他类似的价格便宜的产品，相比之下，还是这些产品的质量更有保证	认可零售商后，可能会接受其产品品牌	我真的不喜欢零售商自己的品牌产品
物有所值，质量有保证	因为经过一段时间的试验之后，还是觉得质量是生存的根本，价格适中	愿意购买我认可的品牌产品
只要感觉好，价格合适，是不是国内品牌无所谓	定价合理，品种繁多，质量不错	因为我想买我心仪的品牌，这样我才能买得放心！

资料来源：盛世长城的研究报告

质量有保证，品牌达标，值得信赖，独一无二，价格优惠。

中国购物者

当前购买自有品牌产品的消费者对其物有所值以及质量保证有充分的信心。甚至连属于“可能购买”阵营的消费者对其态度也都是肯定的，只是表扬得有些牵强。

价格低廉，质量通常和更贵的产品质量相当。

瑞典购物者

不可能购买的消费者对自有品牌产品不屑一顾。但他们毕竟占少数，我们已经清楚地看到，这些持否定态度的少数消费者的人数正在递减。那么，为什么购买自有品牌产品的欲望如此之高？为什么消费者对自有品牌的态度如此积极？很明显，主要原因之一就是大家都普遍认为自有品牌产品的质量至少和品牌产品一样好。廉价劣质自有品牌产品的时代已经一去不复返，全球平均每10位消费者中就有9位认为与制造商品牌相比，自有品牌产品同样好（如图7—3所示）。很明显，无须太多证明，自有品牌已经与传统品牌并驾齐驱。

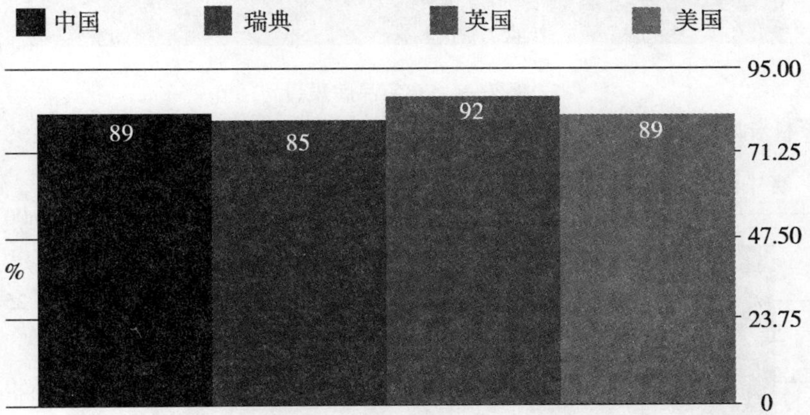

图7—3 自有品牌价值

资料来源：盛世长城的研究报告

7.2 实现产品平价

然而，当涉及质量（如图7—4所示）时，品牌产品仍旧保持优势，尽管平均70%的顾客认为自有品牌质量至少与品牌产品一样好，这一结果让制造商品牌产品得到些许安慰。但同样令他们担忧的是，2/3的人认为自有品牌和制造商品牌之间没有区别，也就是说，自有品牌与制造商品牌的产品价值几乎等值，产品质量也不相上下——这对品牌未来发展几乎不是一个好的起点。其积极的一面是进一步肯定了品牌产品质量，当我们问及对一个品牌质量的总体印象时，

90% 的顾客认为制造商品牌产品一般都优质（如图 7—5 所示）。肯定其质量，怀疑其价值。想一想如果你已经意识到的竞争对手实现了产品平价，你一定会惊恐万分并采取应对措施。那么，你对自有品牌有过同样的反应吗？

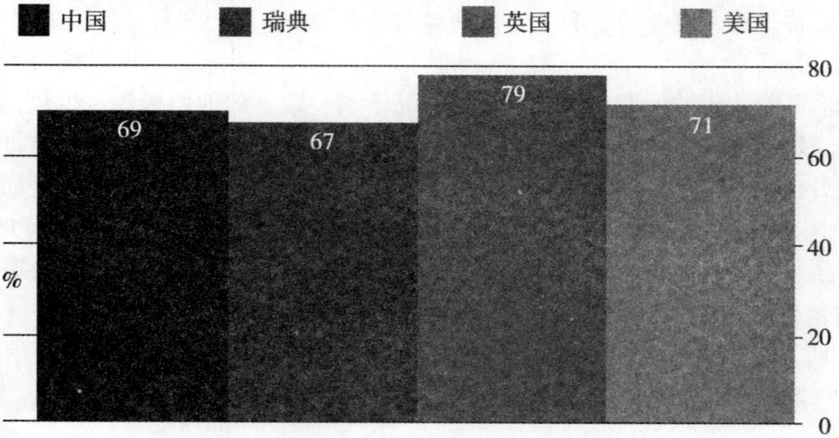

图 7—4　自有品牌质量

资料来源：盛世长城的研究报告

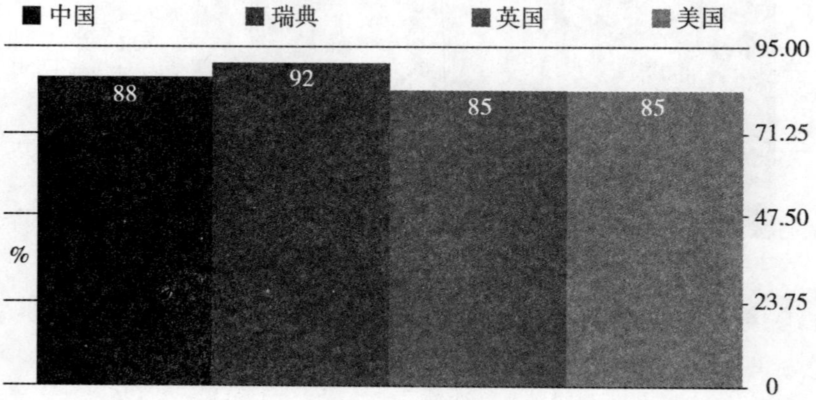

图 7—5　品牌质量

资料来源：盛世长城的研究报告

英国之所以对质量问题的认识存在很大差异，是因为英国消费者明显地认为自有品牌和制造商品牌产品质量处于同一水平（如图 7—6 所示）。图 7—6 更清楚地说明，当对比那些认为自有品牌质量相当好或很好的被调查者时，其中有 60% 的人认为制造商品牌和自有品牌的产品质量相当，换句话说，即产品平价已经实现。

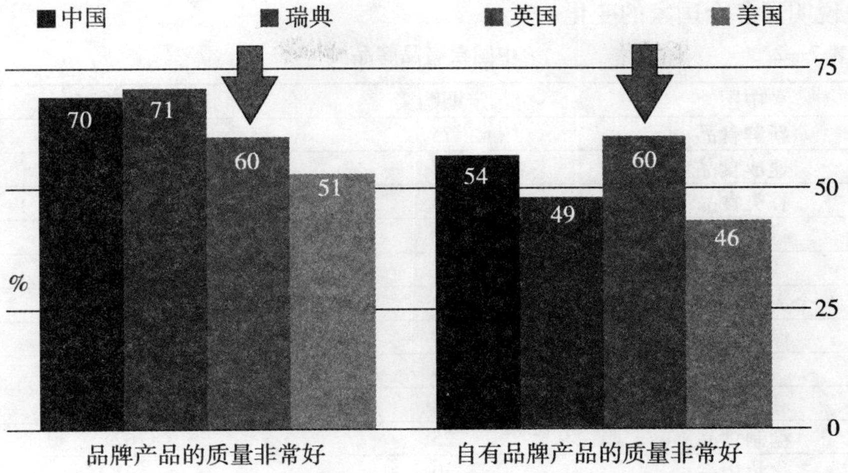

图 7—6 品牌和自有品牌

资料来源：盛世长城的研究报告

品牌替代品并非总是出现。

英国购物者

7.3 品类差异化

当你开始观察不同品类购物者行为时，你会发现自有品牌的真正渗透力。尽管在一些品类中购物者的购买频率低，但所有品类表明存在高度的随机购买行为。这对于自有品牌发展水平低的品类来说是非常关键的，因其指明了未来的发展道路。如果能够将临时顾客转变为常客，那么该品类的自有品牌在短期、中期和长期内都会有很大的发展。很显然自有品牌的 DIY（自制品类）、电子产品、化妆品和酒类产品有潜力像食品类自有品牌一样发展并渗透整个品类。

今天的自有品牌随机顾客=明天的自有品牌常客

同样，食品行业中仍有一些品类尚不发达，并存在着很大的发展空间，如保健食品类和有机食品类。迄今为止，这些新兴的保健领域代表了正在成长的品类，但其发展与主流品类相比仍相对滞后。当有关食品健康问题的相关新闻头条出现时，或当目前世界上成功的零售商像全食超市一样时，将不再需要行家帮助我们分析未来的发展方向。然而倘若如此，需要理想和一定的动力。可以说理想的实现缺少时间，作为零售商和品牌制造商，无论怎样，都不能完全掌控新的发展方向，也无法尽其所能维持过去的辉煌。表 7—2 至表 7—5 更详细地说明了各个国家的变化。

表7—2 **中国自有品牌品类**

中国	定期购买	随机购买
新鲜食品	75	22
速成食品	57	36
谷类食品	54	35
奶制品	52	29
零食类	52	42
个人护理用品	38	50
保健食品	49	38
DIY	49	43
服装类	48	38
糖制食品	25	62
化妆用品	30	41
啤酒、酒类和烈性酒类	22	31
药物类	19	46
剃须用品	17	46
电子产品	15	55

资料来源：盛世长城的研究报告

表7—3 **瑞典自有品牌品类**

瑞典	定期购买	随机购买
新鲜食品	38	53
速成食品	11	63
谷类食品	11	64
奶制品	33	28
零食类	13	68
个人护理用品	37	43
保健食品	9	37
DIY	18	53
服装类	11	64
糖制食品	13	68
化妆品	12	35
啤酒、酒类和烈性酒	8	37
药物类	8	43
剃须用品	34	14
电子产品	6	59

资料来源：盛世长城的研究报告

表7—4 英国自有品牌品类

英国	定期购买	随机购买
新鲜食品	69	26
速成食品	30	52
谷类食品	21	36
奶制品	60	29
零食类	—	—
个人护理用品	29	50
保健食品	15	38
DIY	—	—
服装类	25	64
糖制食品	20	60
化妆品	7	37
啤酒、酒类和烈性酒	15	45
药物类	28	56
剃须用品	13	43
电子产品	10	58

资料来源：盛世长城的研究报告

表7—5 美国自有品牌品类

美国	定期购买	随机购买
新鲜食品	42	37
速成食品	16	56
谷类食品	34	44
有机食品	11	33
奶制品	52	36
零食类	34	58
个人护理用品	36	39
保健食品	9	46
DIY	4	40
服装类	17	68
糖制食品	22	51
化妆品	9	32
啤酒、酒类和烈性酒	9	21
药物类	36	53
剃须用品	18	46
电子产品	7	53

资料来源：盛世长城的研究报告

有些自有品牌产品与品牌产品相比，价格更便宜，营养更丰富。

美国购物者

另外，特别需要注意的是电子产品领域，一个因技术孤立而往往被认为不受自有品牌影响的领域。尽管只有少数消费者声称，会定期购买自有品牌电子产品，但我们抽样中一半多的人都在不定期地购买。也就是说，自有品牌电子产品已经存在，而且如果提供正确的方式将其从随机购买转变为定期购买，则会非同小可，我们之前提及的 Dixon's 和苹果的 iPod 深刻地说明了这一点。

对于大件产品而言，我喜欢选择我熟悉并信得过的品牌，但我也会考虑购买自有品牌产品。

英国电子产品购买者

最后，对于服装类，有 4/5 的购物者声称定期或不定期地购买自有品牌产品，至少在理论上讲，来自于时尚和品牌意识领域的数字高得如此惊人。

图 7—7 是非食品领域的一个概括，清晰地表明了总体发展方向——向上增长。

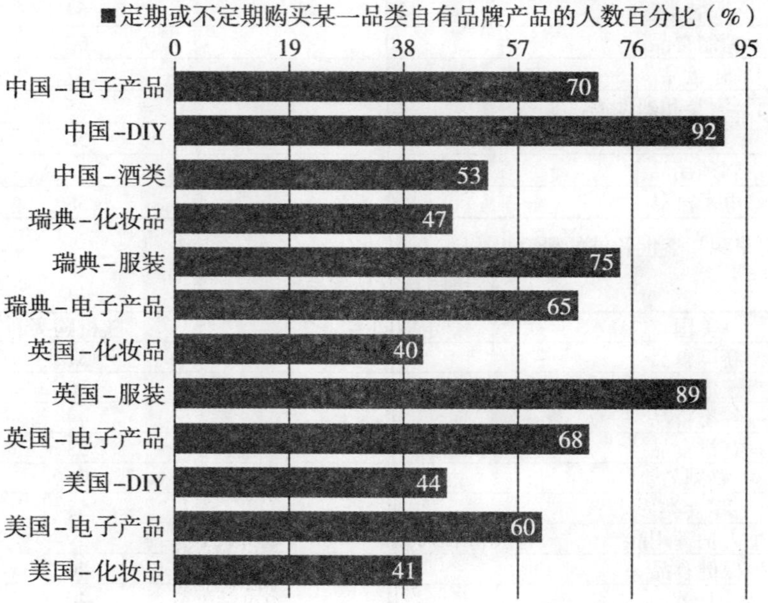

图 7—7 自有品牌品类购买状况

资料来源：盛世长城的研究报告

7.4 购物者的自有未来

自此，我们开始评估消费者对未来的看法，他们确实认为自有品牌有着美好的未来！当问及他们是否完全或基本同意所有品牌都可以成为自有品牌品类时，英国 87% 的被调查者同意，美国为 73%，瑞典为 65%，中国为 57%（如图 7—8 所示）。几乎没有人认为它在将来会呈下降趋势。可能最了解自有品牌的正是我们的消费者，他们当然会对自有品牌有信心。

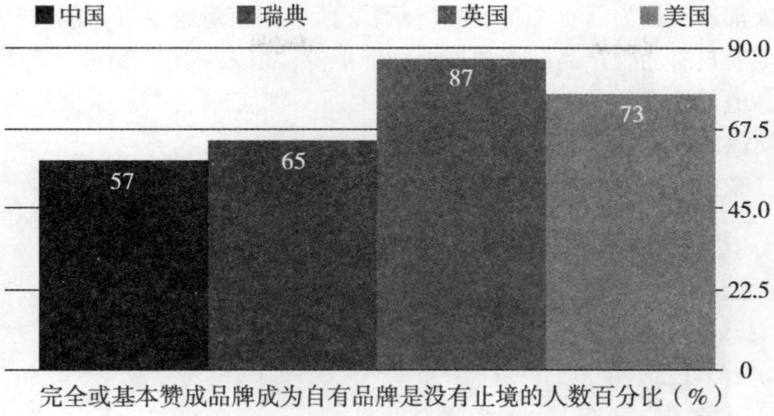

图 7—8 自有品牌极限

资料来源：盛世长城的研究报告

购物者们认为自有品牌会扎根下来，并且他们也希望如此（如图 7—9 所示）。当问及现在没有购买自有品牌的购物者将来会不会购买时，在中国，我们得到了惊人的数字：29% 的中国被调查者尽管现在没有购买，但是他们认为将来会购买。这一比例占了市场的近 1/3！值得注意的是，在发达国家，绝大多数消费者对自有品牌和品牌产品都会购买。

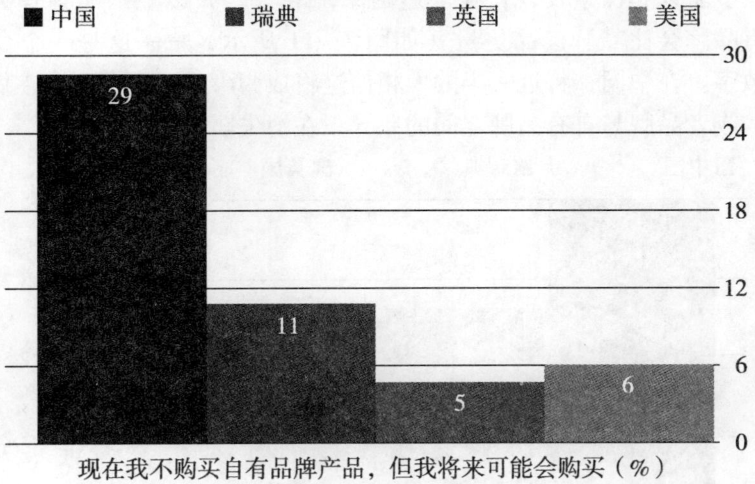

图 7—9 自有品牌未来购买意愿

资料来源：盛世长城的研究报告

显然，如果认可了这一观点，中国将来则不会成为品牌市场。当进一步问及人们是否认为自有品牌将来会走高端路线，平均 80% 的人都同意，在中国

90%的人都这么认为（如图7—10所示）。西方国家对这一观点的看法也非常一致。随着自有品牌产品越来越接近品牌平价，未来一定会朝着更高质量的方向发展。值得注意的是，据估计1/5的中国品牌实际上或至少被认为是假冒的，这对品牌信誉而言不是一个好的起点。

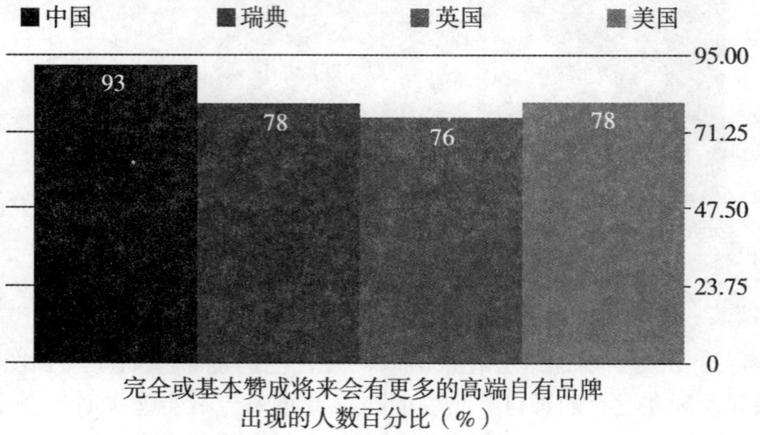

图7—10 高端自有品牌未来展望

资料来源：盛世长城的研究报告

进一步验证和探索发现，在发达国家，平均25%以上的购物者甚至认为将来自有品牌会比品牌产品更贵（如图7—11所示）——这是一个令人极其吃惊的数字。在中国，将近一半的人相信这将成为事实。一定有人在做着正确的事情，或者品牌与自有品牌之间的差异正在消失。

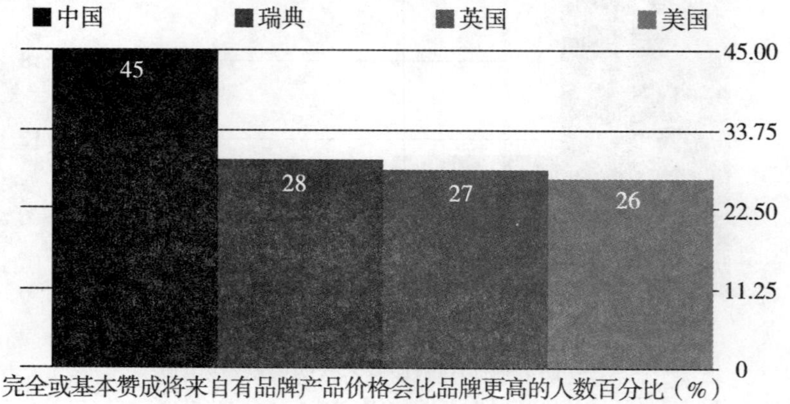

图7—11 自有品牌未来定价

资料来源：盛世长城的研究报告

这在一定程度上可以用下面事实解释，在发达国家，几乎一半的购物者认为自有品牌与品牌具有同等创新性——甚至自有品牌产品性能比品牌更胜一筹（如图7—12所示）。同样在中国，90%的人都这么认为。那么，谁真正地最了解这一趋势呢？

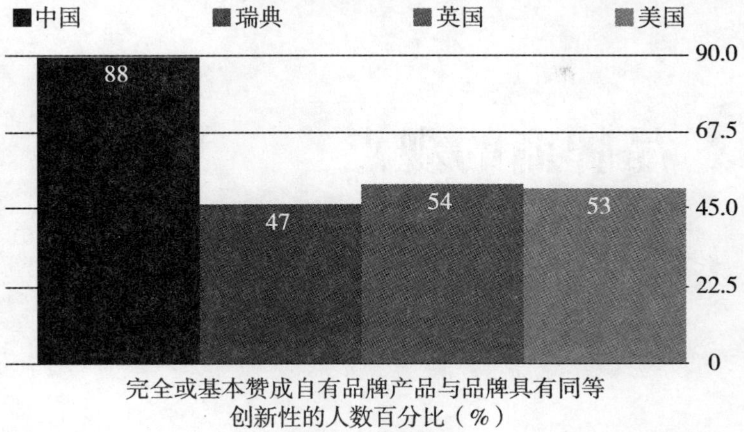

图 7—12　自有品牌创新

资料来源：盛世长城的研究报告

最后，思考一下我们所看到的，是否购物者孤立地设想了自有品牌的未来。平均来看，所有国家超过 40% 的购物者完全或基本认为将来只有自有品牌才能立足（如图 7—13 所示），我们也这么认为。然而，对品牌来说，值得庆幸的是，所有市场中只有 16% 的消费者真正认为（完全赞成）将来商店中可能只有零售商品牌产品。

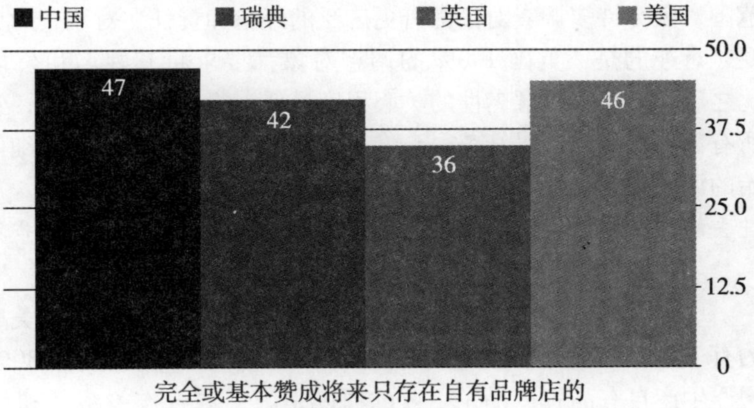

图 7—13　自有品牌未来覆盖率

资料来源：盛世长城的研究报告

总之，试想一下，谁会打赢这场购物者之战？

8 品牌商的观点

8.1 静音壁

静音壁开始出现……这应该是之前不曾论及的话题。我们很高兴得到了四个国家大量品牌商的响应，但值得注意的是，这些公司中有许多要求匿名的。在中国、英国和美国，100% 的被调查公司要求匿名，瑞典接近 70%。我们对 50 多个不同的品牌商进行了访谈，囊括了四个市场中大多数品类。事实上超出了该范围，因为许多调查对象都有更广泛的经验和责任。对调查对象匿名同样很重要，有趣的是，英国 100% 的调查对象都要求将其姓名和公司名称匿名，相比之下，瑞典人对匿名性的关心程度最低。为了保持本书的一致性和简洁性，所有都保持匿名。尽管获得允许，但我们调查对象的所有详细信息都保存在原始的调研报告中，对零售商也同样如此。

在过去的几年中，大量的自有品牌产品已经进入市场，并且其市场份额大幅增加。

美国品牌商

大约有 1/3 的调查对象生产自有品牌产品，同时又与其抗争。30% 左右的品牌商同样生产自有品牌产品，主要的原因是为了“合作关系”和“盈利能力”。其余 70% 的品牌商未生产自有品牌产品，主要的原因是他们的公司以“强势品牌和创新”为基础。如果我们通过共同创造价值来看待这一点，显然这两者不必相互排斥，强势品牌可以联合起来。

当涉及各自的原因时，生产商和非生产商之间有明显区别。在所有国家，生产自有品牌产品的主要原因是其盈利能力和对合作的需要，而不生产的主要原因是他们的公司认为应注重强势品牌及创新，自有品牌不可能成为其中的一部分。

我们公司以强势品牌和创新为基础。

美国制造商

当涉及确定自有品牌对品牌威胁的程度，英国作为领先者态度鲜明，100%的被调查者认为自有品牌对其业务的威胁不断增加。目前英国是世界上最成熟的自有品牌市场，这多少令人担忧。例如，在英国，几乎任何一个邮区内都有一个乐购店，一般乐购店内有超过 12 000 个自有品牌产品线。

威胁来源于自有品牌的复杂程度。我们的样本囊括了从电子产品到食品一系列的品类，调查结果显示，英国的威胁最突出（如图 8—1 所示）。

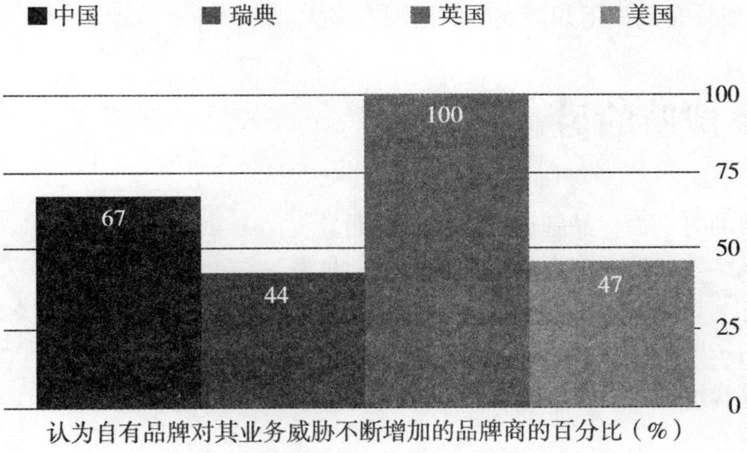

图 8—1　自有品牌对品牌商的威胁

资料来源：盛世长城的研究报告

美国品牌商认为威胁处于掌控之中。但乐购又一次从天而降！在今后几年中，乐购会产生什么样的影响非常令人期待。尽管乐购在国际市场中有很强的适应能力（与沃尔玛不同），但它也通常选择自有品牌作为其在战场竞争的关键力量。英国和美国自有品牌的比例低于 50%，其他国家的比例更低。也许品牌商们会更加忧虑，毕竟是渠道而不是管理者在掌控品牌。如在 2007 年英国一年一度的 IGD 贸易大会上，1 500 多位乐购的主要供应商在伦敦中心的会议剧院齐聚一堂，讨论如何协助乐购达到其商业目标以及如何为顾客提供更多服务，而不仅仅是价格和促销。

失去生意，失去顾客。议价能力越弱，利润则越低。

瑞典品牌商

我们的一些产品几乎没有任何市场进入障碍。

美国品牌商

零售商正在将其溢价能力延伸至品牌领域。

英国品牌商

零售商越来越多地使用“数据输入（DI)”的度量（终端POS数据)。尽管我们品类中的品牌产品业绩不凡，零售商仍在寻找源产品。同时，他们希望用自有品牌来构建其店铺形象，而不是选用全国性的品牌产品。

美国品牌商

我们每天都在为货架空间奋斗。

美国品牌商

如上所述，品牌商对自有品牌忧虑重重，正如一位被调查者精辟地指出：“真正的威胁是我们不知道威胁的范围有多大。”

8.2 威胁的另一面

威胁的另一面，品牌商也看到了机遇。

与战略零售商存有合作与发展的巨大机遇。

美国品牌商

引用一些不将自有品牌看做威胁的理由可能更有启发性。

它现在没有构成威胁，我认为将来它不一定会是威胁。

瑞典非食品品牌商

我认为缔造自有品牌成本很高，而且这些成本最终会转嫁给购买产品的消费者。

美国电子产品品牌商

显然，一些品牌商仍认为自有品牌问题不太严重，尽管前期的调查结果表明消费者日益把自有品牌看做一股在任何品类都适用的力量。这本身并不令人惊讶，就像我们先前出版的书中所说，显然，大多数品牌商并未很好地了解他们的顾客，购买品牌产品的顾客的看法与品牌商的看法之间存在明显差距。从长远来看，谁是正确的非常令人期待，我们很确定我们知道答案。

出现的最有意思的事情之一就是当问及为什么购买自有品牌产品时，购物者和品牌商的回答并不相同。消费者认为主要原因是产品物有所值，品牌商则认为是实用性、店铺展示效果和零售股权因素，他们甚至提到缺乏产品实用性和更好的产品。看来，我们对真实情况有着不同的观点。

当我们问品牌商哪些战略会帮助他们应对自有品牌时，得到的回答富有启发性（如表8—1所示）。很显然，在世界各地，这个问题的答案在一定程度上是一致的，产品意象和创新是品牌商应对自有品牌的有效战略。

表8—1　　品牌商应对自有品牌的战略

中国	瑞典	英国	美国
强化情感	合作	品牌建设投资	品牌建设投资
差异化	差异化和创新	差异化和创新	差异化和创新
店内支援	品类管理	适度差异化	拉大信任差距

资料来源：盛世长城的研究报告

失去生意和客户。议价能力减弱，边际利润降低。

瑞典品牌商

在我们问品牌商有关自有品牌的未来时，发现了最有启发性的成果。一位被调查者总结到："自有品牌逐渐从为贫困家庭提供低质产品发展成为越来越多地服务于高品质家庭。"如表8—2所示，从竞争的角度来看，品牌的未来举步维艰。从记录可以看出，英国的局势更为严峻。75%的英国品牌商认为自有品牌的发展无限，50%认为对其未来利润影响更大，75%认为将来自有品牌产品价格会更高，甚至25%的品牌商认为自有品牌和品牌同样具有创新性！

表8—2　　品牌商观点（同意或基本同意的品牌商百分比（%））

	中国	瑞典	英国	美国
自有品牌不断成长	100	100	100	81
未来会有更多的高端自有品牌出现	67	88	100	85
自有品牌正在吞噬我们的利润	67	78	50	52
自有品牌的未来不可估量	33	55	75	29
将来的自有品牌可能比品牌价格更高	—	66	75	48
自有品牌会出现在哪一产品中没有限制	33	55	75	29
自有品牌与品牌一样具有创新性	67	33	25	29

资料来源：盛世长城的研究报告

在美国得到的评论同样具有启发性。

在创新方面，自有品牌将努力超越品牌。

瑞典品牌商

自有品牌产品越来越像品牌产品。

美国品牌商

一些产品的生产需要很高的资本投入，包括经验或专门知识，这些投入可能会削减零售商的核心竞争力。

美国品牌商

在日益艰难的世界，最后的评论可能有点痴心妄想。

9 零售商的观点

9.1 最后是零售商

零售商对自有品牌成为制造商品牌的围栏的看法更不容易去揣摩。实际上，我们在世界各地发出了数百封邀请函请零售商参加该研究，但最后只有六家零售商接受邀请并参加了该研究。静音壁垒已开始崩溃但却未完全倒塌。在瑞典，尽管我们进行了无数次尝试，瑞典零售商没有一个愿意发表任何意见。这或许意味着他们根本没有意见或他们不想重复其意见，至少不想公开发表，我们认为更可能是后者。如果继续沉默下去，瑞典市场在未来几年的发展进程会更艰难。根据我们对最大的两个发达国家——英国和美国的调查，看不出自有品牌在未来会衰退的任何迹象。事实上，美国100%的被调查者（零售商）认为未来自有品牌对其生意更为重要（如图9—1所示）。

我的生意让我逐渐明白店内交流如何影响顾客的行为。当顾客在店内不同的品类间选择时，相关的、有用的或引人注意的信息可能会改变顾客的初衷。自有品牌产品的推动力量（如Tesco Finest），特别是冷藏和冷冻食品品类，正在改变顾客对该品类的预期。因此，信息的类型会影响顾客的购买行为。

英国零售商

当你问零售商为什么消费者会选择他们的自有品牌时，抛开价格和质量因素，他们常常关注包装和信任。信任尤为重要，因为这是一个品牌的本质——也是零售商最不愿意失去的领地。如果品牌商想要正视其面临的严峻现实，表9—1提供了一个很好的展示！无可否认，此次调查样本较小。但结果

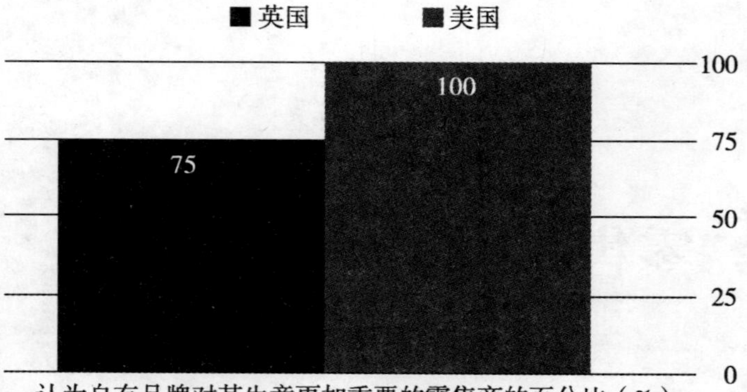

认为自有品牌对其生意更加重要的零售商的百分比（%）

图 9—1　自有品牌的重要性

资料来源：盛世长城的研究报告

在一定程度上是一致的……显然，零售商认为自有品牌现象在一段时期内不会消退。如果品牌商面对自有品牌的挑战愿意缩头缩脚，那么它们便会裹足不前。英国尤其特别，100% 的被调查者同意我们对未来的预期。100% 的英国零售商认为自有品牌正在迅速成长，利润丰厚，发展前景不可估量并且可能会充满我们的整个商店。美国情况与英国相似。这些结果与我们未发表的、与世界各地许多零售商的对话不谋而合（零售商不愿意公开）。

表 9—1　**零售商观点（赞同或基本赞同的零售商百分比（%））**

	英国	美国
自有品牌不断成长	100	100
未来会有更多高端自有品牌	100	100
自有品牌是我们业务重要的利润来源	100	75
未来自有品牌产品的价格将超过品牌	100	100
对自有品牌进入哪些品类无任何限制	100	50
顾客认为自有品牌和品牌同样具有创新性	100	100
未来你能想象到你的商店仅出售自有品牌	100	—
未来我们将促销更多的自有品牌产品	75	75

资料来源：盛世长城的研究报告

早期的自有品牌，如乐购的 Tesco Finest 和赛恩斯伯里超市的 Taste the Difference，都是构建在零售商品牌和其顾客之间不断紧密的联系上，这是该变化的主要驱动因素。

英国零售商

信任、包装、质量、口味和价格。

英国零售商

“信任”当然是品牌的精髓，是对客户服务、便利性、逐渐壮大的群体以及可持续发展问题的最高承诺，自有品牌和制造商品牌之间的信任差距越来越小。例如英国的阿斯达，刚刚在英国和爱尔兰推出了新的儿童有机速成食品系列。但在本质上，品牌商和零售商对自有品牌看法的主要不同之一，以及自有品牌如此成功的原因是零售商了解顾客的真正需求及消费行为。乐购所有业务已从下到上建立了完善的会员卡数据。

随着传统的品牌忠诚度逐渐地向零售商倾斜，制造商品牌在品类组合中的作用开始变化，品牌商也刚刚开始认识到零售商数年前就知晓的道理：超市顾客不再大量地购买品牌产品，他们购买的是解决方案。

自有品牌产品中的推动力量（如 Tesco Finest），特别是冷藏和冷冻食品品类，正在改变顾客对该品类的预期。因此，信息的类型会影响顾客的购买行为。

英国零售商

零售商开发更多的创新和更高端的自有品牌，从有机产品到健康产品，并在理念上强调本土保护和承担伦理责任，以满足顾客的更广泛需求。现在对产品真实性、便利性和责任心的绝对承诺已经提上公司首要日程。

10 全体的观点

10.1 求同存异

我们的概述已经清楚地表明：不管我们是购物者、制造商还是零售商，自有品牌正在主导着我们的生活（如表 10—1 所示）。然而，随着消费者和零售商对自有品牌的未来越来越乐观，品牌商对这一现象带来的挑战越来越力不从心。我们要把这种优势转变成对所有相关利益者可实现的商业机遇。似乎在某种程度上，消费者能最好地了解自有品牌现象，而品牌商了解最少，零售商则通常不愿意谈及！自有品牌现象已经存在并日益兴盛，将来也不会衰退，并且机会成本越来越大。

表 10—1　　**三方（零售商、品牌商和消费者）观点（赞同或基本赞同的人数百分比（%））**

	英国零售商	英国品牌商	英国消费者	美国零售商	美国品牌商	美国消费者
未来会有更多高端自有品牌	100	100	76	100	85	78
自有品牌发展前景不可估量	100	75	87	50	29	73
未来自有品牌价格比品牌更高	100	75	27	100	100	26
自有品牌和制造商品牌同样具有创新性	100	25	54	100	29	53

资料来源：盛世长城的研究报告

10.2 第2部分　研究总结：要点

10.2.1　购物者

- 越来越多的购物者倾向于购买自有品牌产品，这一趋势日益明显。自有品牌购买行为逐渐左右着购物者的选择，现在很多大规模零售商销售的产品中有一半为自有品牌，并且他们期望能销售更多。从销量来看，自有品牌销量可达到总销量的2/3。除了价格，人们购买自有品牌产品的理由多种多样。
- 自有品牌与品牌几乎实现了平价。全世界90%的消费者认为自有品牌产品与品牌的价值同样好，甚至更好。实际上，在英国已经实现平价，英国消费者认为在很多品类中自有品牌产品质量与品牌产品一样。这必然意味着自有品牌已经成为一个值得消费者信赖的选择。
- 在各个品类中自有品牌正在成为一种普遍现象，从快销品到家用电子产品。消费者看不到任何受限的迹象。

对于大件产品，我愿意选择我熟知和信得过的品牌，但我也会考虑购买自有品牌。

英国电子产品消费者

- 自有品牌看起来前途光明，消费者认为其更独特，有更多的高端产品，价格更高并且市场覆盖率不断增长。消费者同样相信：

  ——未来无论自有品牌进入哪些品类，对其限制会越来越少。

  ——未来会有更多高端自有品牌产品出现，其价格比品牌产品更高。

  ——未来自有品牌产品会与品牌同样独特，并且可能会形成专卖。

10.2.2　品牌商

- 他们乐意私下讨论自有品牌！
- 所有市场都感受到了来自自有品牌的压力，英国市场的品牌压力最大。实际上，100%的被调查者认为自有品牌对其生意构成了威胁。

在过去几年内，大量的自有品牌产品进入市场，并且其市场份额显著增长。

美国品牌商

- 对消费者购买自有品牌原因的理解存在明显差异。品牌商似乎从不同角度看待这一现实。
- 形象化和创新被认为是竞争的方式，但是他们不应该再那样做！

- 未来前景黯淡，越来越多的自有品牌渗透到各个品类，并且扩大其品类覆盖率。
- 未来品牌竞争力日趋下降。特别是在英国，品牌形势更为严峻，调查结果更糟。75%的英国品牌商认为自有品牌的发展不存在任何限制，50%认为自有品牌会降低其未来利润，75%认为将来自有品牌产品价格会更高，25%甚至认为自有品牌和品牌同样独特！
- 随着传统的品牌忠诚度越来越倾向于零售商，制造商品牌在品类组合中的作用开始变化，品牌商也刚开始认识到零售商数年前就知晓的道理：超市顾客不再大量地购买品牌产品，他们购买的是解决方案。

10.2.3 零售商

- 不是每个人都在前行，特别是在英国和瑞典！
- 当问及零售商为什么人们选择购买自有品牌时，抛开价格和质量因素，他们倾向于关注包装和信任。信任尤为重要，它体现了一个品牌的精髓，这一点确定无疑。
- 零售商看到一个自有品牌不断占据主导地位的世界，100%的被调查的英国零售商认为自有品牌正在迅速成长，利润丰厚，发展前景不可估量并且有可能会占满整个商店。美国的情况与英国相似。
- 自有品牌产品（如 Tesco Finest）的推动力量，特别是冷藏和冷冻食品品类，正在改变顾客对该品类的预期。因此，信息的类型将影响顾客的购买行为。
- 零售商进行更大的创新和开发更高端的自有品牌，从有机产品到健康产品，从本土保护再到承担伦理责任，以满足消费者的更广泛需求。现在对产品真实性、便利性和责任心的绝对承诺已经提上公司首要日程。

将困难看做机遇。每时每刻都存在巨大的挑战，这对你来说是最幸运的事。问题越困难，面临的挑战越巨大。

格雷斯·史彼尔

盛世长城的自有品牌研究报告可直接购买。有关该研究和联合价值创新研讨会的更多资料有助于你应对自有品牌，请与《自有品牌》的合著者基思·林肯（Keith Lincoln）联系，或与盛世长城的策划总监菲尔·威尔（Phil While）联系（klincoln. retailization@ gmail. com；Phil. white@ saatchix. co. uk）。

第3部分

品牌商的机遇

这里，我们向品牌商展示当自有品牌威胁越来越大时，如何充分实现品牌机遇。在本质上，是零售化你的品牌。我们依据10条法则发掘了一系列的潜在机遇，这些计划可帮助你寻求到为了你的品牌和零售而努力的可行机遇。

2005年自有品牌全球销售额超出品牌销售额150%。

11 每个威胁的背后都隐藏着机遇

一个人总是要不断超越自我，否则还有什么乐趣可言呢？

罗伯特·布朗宁

11.1 重返卓越

从我们的第一本书开始就在不断地引用这句话，因为我们认为它非常切合实际，特别是在探讨自有品牌主题时。品牌商和零售商应该抓住自有品牌带来的机遇，不要再纠结于理论上的威胁和对任何人都没有好处，尤其是对消费者没有任何好处的恶意竞争。自有品牌就在眼前，我们要充分利用它。

每个威胁的背后都隐藏着机遇

我们愿意引用当代广告设计师卢·普林格尔的方法，他现在已经退休，曾在天联广告公司负责开发大量的专有研究方法，这些方法帮助解释了过去数年内的广告效果。

品牌商分割控制权给零售商已经超过20多年，60年代这种做法非常突出，人们对此都怨声载道。这一做法从第一位品牌经理整理自己第一个货架的第一天开始，而不是来自消费者力量的迫使，甚至宝洁公司在年底的促销活动也受制于此。从长期来看，在品牌层面花费的每一美元绩效尚可，但从短期绩效看，虽然付出却收获寥寥，相反却增加了零售商对品牌的控制力。

短期收益的积累会变成长期收益。我认为是由于部分品牌经理和品牌商对这些重要的基本要素的疏忽，才将“球”抛给了零售商。另一方面，零售商也做了许多努力，他们清楚地了解自己销售的产品及购买产品的顾客。

让我们现在回到其中的一些基本要素，开始重视它们。让我们避免过去的疏忽，随着迈向未来，让我们真正关注其重要性。

11.2 重新定义品牌

产品是工厂制造出来的东西；品牌是消费者购买的东西。竞争对手可以复制产品，但品牌是独一无二的。品牌可以昙花一现，很快过时，但成功的品牌是永恒的。

King，1990

在这些基本要素中，我们首先需要关注的就是品牌。也许我们需要回顾一下经典定义，以便重新审视今天的自有品牌。当你考虑这一问题时，现在零售商品牌比制造商品牌更接近该定义，制造商品牌离真正的顾客——购物者的距离越来越远。如果零售商品牌日益独特，它们真正有机会成为品牌之冠：新的品牌领袖——新的永恒赢家。

我们的注意力应放在重新审视品牌的基本属性上。如果我们从战略角度观察品牌的经典定义，我们发现了有趣的网格（De Chertanoy and Macdonald，1998）。在该网格中（如表11—1所示），在创造品牌时强势品牌被视为终极目标，这也是今天大多数著名的老品牌所相信的。高成本、高价格、高价值——这就是你所信赖的品牌。

表11—1 **品牌优势VS品牌成本**

	相对成本低	相对成本高
高附加值优势	效益品牌	强势品牌
低附加值优势	日用品	产能型

现在大多数著名的老品牌所面临的问题是它们已经失去了一些原有的可信度——消费者不再认为品牌产品物有所值，而后来者如零售商，不断地提供自己的品牌。制造商品牌要么重新获得一些信任，要么结束。信任是核心，是品牌的灵魂，在当前，品牌不断被侵蚀的事实令制造商非常担忧。正如我们上述研究所表明的，自有品牌和品牌已经实现或即将实现平价。我们认为自有品牌与品牌之间的信任差距也日趋缩小，品牌信任正在降低：

- 制造商品牌信任正在消减，因为信息难以传达；

- 制造商品牌信任正在消减，因为“顾客”说了算；
- 制造商品牌信任正在消减，因为过多的选择常常导致市场的盲目性并越来越忽视品牌；
- 制造商品牌信任正在消减，因为零售商越来越相信他们可以采取自己的方式做自己的事情；
- 制造商品牌信任正在消减，因为品牌已经失去了一些情感诉求。

充分的证据表明：将来自有品牌一定会成为强势品牌。自有品牌逐渐完善，附加值越来越高，至少达到了与现在的“强势”品牌平价。始终如一是成功的品牌化的基石之一，尤其是英国的零售连锁店对此感触颇深。

品牌顾客的忠诚度是买不到的，必须努力争取。越来越多的证据表明零售商正在赢得信任，并侵蚀着传统品牌的核心。信任一旦失去，则很难再赢回。

甚至今天你会看到品牌商正在不假思索地加入这一阵营。2007 年 5 月，英国的 Mars 决定将巧克力棒中的蔬菜提取物换成动物提取物。我们不知道是谁决定这么做的，但是有一点很清楚，他们对品牌信任漠不关心。毫无疑问，英国的素食主义者对此十分不满，并且反对的呼声很大。当时怨声载道，媒体也忙碌起来，声称 Mars 决定让素食主义者食用动物成分。为维护其信任，Mars 向消费者真诚致歉，并努力扭转局面。

那么，将来你的品牌会是什么样？它们如何参与竞争？但是在参与竞争之前，你需要很好地了解竞争对手。

11.3 更好地理解威胁

对不同种类（形式）的自有品牌，有多种分析，这些显然有点过分复杂化。我们谴责学术上的过度分割。归根结底，可以概括为三种形式的自有品牌。通过清楚地了解这些种类（形式），我们可以更清楚地制定出应对自有品牌的战略。这三种形式如下：

- 原始状态型自有品牌
- 跟随型自有品牌
- 高端型自有品牌

让我们逐一来分析。

原始状态型自有品牌是品牌的廉价的、无商标的产品的变体，零售商利用它开始了自有品牌革命，期间几乎夭折的它今天又重出江湖。它们是零售商高销量、低利润的品牌，甚至零售商都会质疑它们的价值。为什么它们能让品牌商变得忧心忡忡？如果他们真的把自有品牌视为竞争对手的话，那么或许他们应该重新评估自己业务的真实处境，毕竟其不是品牌化的产品！

跟随型自有品牌是以较低成本完全模仿品牌商的模仿性品牌。跟随型品牌将利润和收益从品牌商转移到零售商，它们占了自有品牌的1/2。这些品牌中不存在产品领导者，并且形象领导者也越来越模糊。这些品牌既包括乐购的高价值产品也包括商业街零售商所提供的独特价值主张产品，如 Zara 和 H&M。特别是 Zara，通过其"快速时尚战略"，以最快的速度复制所有它能找到的创意。我们在上一本书中以案例分析的形式作了详细说明。如何在零售业取得成功，Zara 以引领新时尚的弄潮儿而著称，它能够迅速地把流行趋势转化成负担得起的产品，并将产品投放到有益于以大规模市场价格进行销售的环境中去。它已经建立了效率极高的内部系统，该系统在竞争对手毫无察觉的情况下以极快的速度将产品投放到市场中。Zara 很好地利用了短期响应时间，从创意到产品上架极为神速，它的目标是确保门店能够销售顾客正在苦苦寻找的衣服。让 Zara 引以为豪的是在识别流行趋势后的30日内，它就能使衣服出现在门店里，令竞争对手一头雾水，无所适从。Zara 一直处于时尚流行趋势的最前沿，并保持着高利润和持续增长的销售额。Zara 的庞大设计团队一直致力于寻找流行风向标，每月新款式服装达到1 000多种。幸运的是他们并非完全靠自己，Zara 在竭尽全力使所有人都加入到流行时尚中，目的是不断前进。

在有关如何支配广告费用的问题上，除 Zara 之外的零售品牌，如 H&M，也给了我们很大的启发，从不在大众传媒上投放天价广告费，相反，它们更愿意通过零售商来展示其产品，特别是使用昂贵的橱窗展示。有时最简单的方法往往是最好的，传统品牌恰恰欠缺这种展示的能力，或许它们需要寻找达到该目标的方法。

随着零售商不断从自有品牌产品中盈利，当今跟随型自有品牌已经成为品牌的主要威胁之一。据估计，几乎一半的自有品牌收入来自该领域。

高端型自有品牌是未来的威胁。尽管近些年来超值的自有品牌产品系列的数量剧增，但品牌产品的平均价格折扣在欧洲和美国都保持相对稳定，这是因为高端型自有品牌的平行发展。首个例子就是英国乐购连锁店的 Finest 系列，于1998年上市，现在达到2 000多个系列。赛恩斯伯里超市紧随其后，在2000年推出了 Taste the Difference 系列。

赛恩斯伯里现在是零售商中最大的自有品牌子品牌，近1 000种产品系列的年销售额约为4.5亿英镑。在美国，如乔式超市、韦格曼斯食品超市（Wegmans）、全食超市和 Wild Oats 等，专业连锁超市的兴起为高端型自有品牌创造了新的标准。这些专业连锁超市在其自有品牌产品——包装食品和新鲜食品上做了大量投资，这一领域的发展同样也促进了传统超市如艾伯顿连锁超市（Albertson's）推出自己的高端产品系列。

自有品牌的升级发展依赖于自有品牌的一大优势——也就是在营销中有效地使用零售商的品牌名称。零售商在品牌打造中的投资可以通过自有品牌系列中的所有子品牌来实现杠杆效应。

一份研究（麦肯锡，2000）表明，零售业开发强势品牌会带来切实的商业利益。这是在将所有准则应用到品牌中并获得成功的50年后出现的。为什么零售商要与众不同？这些新品牌以打败老品牌为目标，并凭借自身实力成为了品牌领导者。这些品牌的价格定位不断趋向于高端，它们有效地区分零售商与其竞争对手——比区分它们自己与传统品牌要更感兴趣。这正在快速发展成为零售业的主要趋势之一。强势品牌随处可见，如 Loblaw's Decadent 的巧克力饼干，该产品在投放区域市场后迅速发展成为加拿大的市场领导者，同一款产品在沃尔玛被称做 Sam's Choice。

表11—2中的网格清楚地表明传统品牌特别需要与两个自有品牌变体进行竞争：跟随型自有品牌和高端型自有品牌。跟随型自有品牌，因为现在它正在造成巨大的利润压力。高端型自有品牌，因为这是品牌的未来。如果它消失了，则零售商品牌与传统品牌会相安无事，长期生存下去。

表11—2 **自有品牌变体**

	竞争基点	预计占零售额的百分比（%）	品牌商是否应采取竞争战略	传统竞争因素
原始状态型自有品牌	价格	30	否	值得关注
跟随型自有品牌	物超所值	50	不一定	最佳价格的最佳价值
高端型自有品牌	最高等级	20	是	创新与等级

按照传统模式我们应该在价值、创新和形象上进行竞争，但我们需要做更多。

我们需要重获品牌信任

现在我们将继续向你说明如何重获信任，在你开始行动之前，我们将辨别必须采用的法则。

12 自有法则总论

12.1 自有品牌之路

生活和生意中有一件事是可以肯定的：不管我们做什么，也不管我们是谁，我们每个人都是以每小时60分钟的速度在朝着未来旅行。无论如何，我们都会到达未来的彼岸。我们如何才能作出最佳准备呢?

未来能够告诉我们的就是它还没有出现。

《财富》，“下一个是什么”，2007年2月5日

前述被多年来的经验证明是正确的，并揭示了为什么未来的愿景看起来如此虚幻，而且常常令人难以置信，我们的观点看起来则更加真实。不管是传统品牌商还是传统零售商，我们需要准备的一件事就是自有品牌将在我们的商业生活中发挥越来越重要的作用。这不是一个稍纵即逝的现象。自有品牌将发展壮大，特别是最终能够切实实现利润。我们的第一本书——《零售化》，详细地论述了现在公司在实现销售目标过程中所面临的困难。在当今世界，由于品牌商不断受到来自零售商势力、自有品牌发展、媒体分裂以及顾客需求的冲击，销售变得越来越困难。然而，在这些冲击因素中位居第二的自有品牌似乎从未示弱过。品牌商只能通过新颖、切实可行的创意来与其竞争，不断将消费者转变为买主，将威胁转变为机遇；帮助品牌商零售化品牌，也就是通过零售思维的力量将消费者与自己的品牌联系起来。

品牌商和零售商需要利用这些压力来使他们的战略优势发挥最大效用。他们不想打没有赢家之仗，他们要打必胜之仗。要么打赢这场战争，要么在以下

四场战争结束后签订休战协议：

- 将零售商势力转变为合作力量；
- 将媒体分裂转变为定向、有目标的沟通；
- 将消费萎缩转变为购买势力；
- 将自有品牌威胁转变为自有品牌机遇。

为了对你（零售商和品牌商）有所帮助，我们已经确定了10条法则——实际上也是10个承诺——我们认为在谈到自有品牌时，这10条法则可以给你的思维和行动提供引导，我们称之为自有品牌之路。我们并非佯装这些法则是潘多拉的盒子，我们并不吹嘘它们一定会确保成功，实际上没有万能的公式。然而，我们仍然认为通过观察这10条法则你可以离成功越来越近。

正如我们在绪论中所说，你必须把自有品牌的发展当做生意中的头等大事，你的方法必须激进和有创意。坦白地说，我们认为到目前为止，学术界和研究界推荐采用的传统方法还不够先进。改变你的定价策略，进行一些创新和促销无法给你的生意带来大的变化。重新改变接近自有品牌的方式，改变你的公司对自有品牌的看法，以及改变对待自有品牌的方式，是你需要迈出的很重要的第一步。自有品牌往往被视为一门学科，但这门科目不仅仅是学术化的。

全世界越来越多的机构已经意识到自有品牌的力量。但是，它们却不知道如何去应对它。我们的一位同事记得25年前他给麦斯威尔咖啡做品牌经理时的情形，当时他有最大的广告投入并且在英国的预算标准以下，即将能够满足阿斯达（当时是英国的第三大零售商）主要的购物者需求。阿斯达的会议在他看来简直就是闹剧，极其无聊。在会上他听到了品牌销售额未来的发展趋势，但不允许他发表自己的意见，而阿斯达想要把自己的自有品牌销售作为第一要务。于是他很快离开了营销行业，决定寻找更好的生活方式。

我们必须超越理论走向实践，寻找切实的、富有创造力的新方向。你处理问题的回报将是任何品牌的终极回报——顾客忠诚。忠诚意味着持续销售，忠诚意味着增长，忠诚意味着未来。我们生活在所有人都在寻找下一个销售机会的世界里，确保你抓住了下一个销售机会，以及再下一个。让我们帮助你踏上自有品牌之路……以发挥品牌、员工、公司以及供应商的全部零售潜能。

我们希望不管你是品牌商还是零售商，这些法则你理解越深刻，它们会越明朗。

12.2 10条法则

1. 直面风险，接受现实。
2. 零售化并保持激进。
3. 明天的全球问题、社会问题和环境问题正是你今天的机遇。
4. 教育、导航和启发。
5. 赢取“思维货架”。
6. 创新、想象和涉入。
7. 重塑并彻底改造店铺。
8. 催化沟通，让品牌摆脱对电视媒体的依赖。
9. 通过竞合实现协同合作。
10. 购物者解决方案——攫取钱包份额。

13 自有法则 1：直面风险，接受现实

在这里，我们来看一下组织机构如何真正抵制自有品牌现象对它们的影响，而不是缩头缩脚或裹足不前。在某种情境下，为了保证它们的生存，并且也只有在这种情况下，它们才能够采取积极的应对措施。世界正在演变成一个自有的世界——而非品牌的世界。自有是一个自然状态，如果你不能打败它，那就接纳它（如图 13—1 所示）。

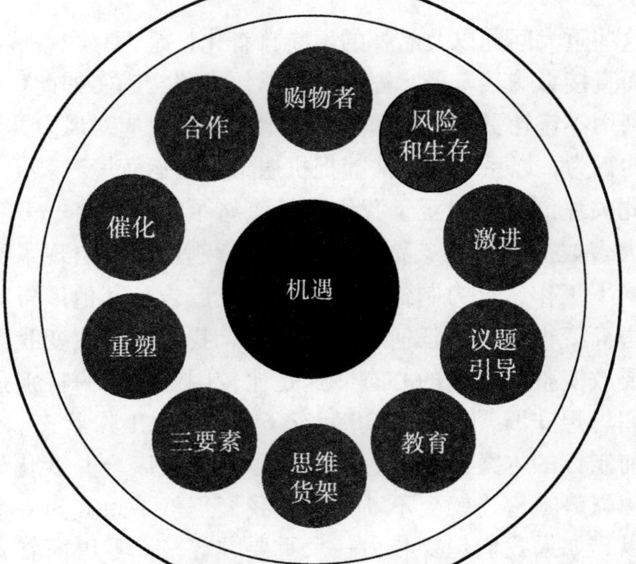

图 13—1　风险与生存

困难中蕴藏着机遇。

阿尔伯特·爱因斯坦（1879—1955）

13.1 提要

- 现在精明的顾客不断地寻求便利性和经济性，这是自有品牌飞速发展的真正原因。
- 零售商仅仅向顾客提供他们认为的最好的产品。
- 随着零售商逐渐发展成为品牌商，商标也凭借其自身实力而成为了品牌。
- 这一发展趋势很快就会成为大多数品类的国际标准。
- 世界正在演变成一个自有的世界——而非品牌的世界。自有是一个自然状态，如果你不能打败它，那就加入它的世界。

13.2 重组反映未来而不是过去

考虑到这些重大问题以及品牌的不断自有化，是否存在一些品牌能够做的积极事情进而直接影响其未来？去捕捉并抓住机遇？确实如此！

我们将利用零售轮引发的机遇，以接纳为开端，应对风险并面对现实，鼓励积极主动的行为，以系统的方法捕捉机遇，提高运营境界。

我们如此关注消费者以至于我们已经忽略了其他顾客——零售连锁的顾客，我认为大多数拥有强势老品牌的跨国杂货制造商都出现了类似状况。我们在传统方式下工作，努力制作出最好的电视广告和其他广告等，但我们已经认识到零售商变得比以前任何时候都强大，我们需要改变我们工作的聚焦点，我们需要改变整个机构的心态。这是比较困难的——特别是对于年长的经理们，他们思想守旧，仍处于 20 世纪 60 年代的工作状态。速度很关键，我们三个月前制订的方案已经太过时了。零售连锁店合并变化如此之快——这意味着跨国强势零售连锁会不断涌现。我们仍然不想成为一个自有品牌的供应商，所以，如果我们想要与另一个重要顾客——零售商看齐，我们就需要改变对零售商的整体看法。但是只要年轻一代的市场营销经理们掌握了大众营销管理和传统品牌管理的知识——我们就不能期待他们会按照我们的意图尽快改变这个局面（引自布鲁塞尔的一个品牌制造商，1998 年秋季

（Ossiansson，2004））。

这段话引自十多年前，但是却正中要害。我们因为过于关注消费者导致有时看不清现实。

让我们震惊的是：大多数的品牌商并没有接受自有品牌的事实。盛世长城的研究表明，品牌商似乎在很大程度上否定了自有品牌的作用。在美国和英国，接受我们调查的人当中，有一半声称自有品牌并没有影响他们的利润率。考虑到自有品牌给品牌市场份额带来的压力，尽管只是价格压力，我们都认为这还是有点令人难以置信。到目前为止，所有迹象都非常肯定地证明事实恰恰相反，高端型自有品牌的兴起清楚地证明了这一点。值得注意的是，在美国尽管有85%的调查对象认为将来会有更多的高端型自有品牌出现，但是只有48%的人认为将来自有品牌价格会比品牌价格高，这听起来有些矛盾。

自有品牌应该是你实施战略日程表的优先选择。要把它作为头等重要的大事，你则需要完全理解该“野兽”的本性并且要确保其他所有人也如此——特别是首席执行官。自有品牌不是你偶尔需要对付一下的琐事，它不是商标，它是你的头号品牌竞争对手。它不是威胁，除非你总是这样去想。

13.3　首先问三个问题

1. 最高行政官对这个问题关注吗？
2. 他们是否在准备行动方案，以应对企业生存所面临的巨大威胁？
3. 他们是否真的有所行动？

如果对这些问题的回答是“不”，那么你的公司很快就会面临麻烦。

13.4　以自有品牌为中心

是该认真面对的时候了，并且考虑前进的方法——有建设性的、积极的前进方法。你应该开始考虑摆脱一些束缚我们的陈旧组织结构——像销售队伍和市场营销部。根据自有产品线对组织结构进行重组，任命一名自有品牌总监为你的自有战略出谋划策，决定如何有效地竞争，决定是否生产和供应自有品牌，这位自有品牌总监在你对内和对外的沟通中发挥关键作用。根据问题产品线进行重组，任命负责重大问题的总监（法则 3 中有更多关于重大问题的内容）。

在品牌打败自有品牌之前，品牌商必须彻底地改变他们的心态
接受新的现实，自有品牌并不是劣等品牌
它们是独立品牌，并且质量优良
把它们当做你的头号竞争对手

一些公司已经开始这样做了。阿拉乳品公司（Arla）斯堪的纳维亚的一家大型乳制品公司，迄今为止该公司业务领域的自有品牌水平很低。这是斯堪的纳维亚特有的一种情形，自有品牌乳制品是世界上大多数市场的主导者。然而，当阿拉乳品公司意识到不祥之兆后，就决定任命高级经理负责控制和管理未来的自有品牌活动。不管是与自有品牌进行竞争还是生产自有品牌，自有品牌已成为它的首选，越来越主导着它的商业日程。

13.5 为什么传统品牌不够好？

自有品牌是你面对的最大挑战之一，并且在可预见的未来也会如此。它往往是你最大的品牌竞争对手，其受控于可能是你生意的首位因素——零售渠道，同时它也逐渐影响公认的购买行为和消费模式。现在精明的顾客不断地寻求便利性和经济性，这是自有品牌飞速发展的真正原因。

零售商仅仅向顾客提供他们认为的最好的产品。随着零售商逐渐发展成为品牌商，商标也凭借其自身实力而成为了品牌。这个新型强势品牌抢占了一些零售商的大多数顾客购买量，并且逐渐被看做是品牌的质量和价值的同等替代品。随着零售商不断加大对广告宣传费用的投入，它们有超越任何传统品牌的潜力，使制造商进入一个恶性循环。

不幸的是，一般的解决方案还不够。更低价格、更好质量和更加新颖，也还远远不够！这是一个非常规和非凡的挑战，要不就面对挑战，要不就作出其他选择。

自有品牌促使你回归本原：促使你去审视你所从事的生意的基本性质并质疑它是否足够好，可以使你前进；促使你质疑自己的产品、销售方式以及销售对象；促使你质疑自己是否真正地挖掘到了促变因素；促使你质疑自己的企业使命；最后，促使你质疑自己是否找到了合适的人员和组织结构来应对这个基本的和日益严峻的挑战。确保自有品牌成为你所有主要决策会议论坛的议题。目前，可能主要公司经营决策中有关自有品牌的还很少，自有品牌与财务指标和其他组织参数一样，决定着你的经营效率，它应成为每个人判断自己应对自有品牌挑战的能力与经营决策相关性的标准。你现在面临应对这一问题的风险，但这就是当今世界的现实。如果无法应对自有品牌的挑战，那么它会对你的长期发展产生灾难性的影响。

接受并不意味着投降，它意味着以一种创造性的、积极的方式去面对现实。你可以采取很多行动，这些行动包括聘用首席执行官，他主要负责激励和鼓舞员工，促使他们取得最佳业绩。首席执行官必须确保员工知道应对自有品牌的挑战是第一要务，他必须让员工对今后的任务充满激情——他必须让员工接受现实，保持或改变员工的心智。

13.6 总结和机遇

一切都要从接受现状和现实开始，然后你才能开始做出正确的决策，尽管这些决策可能会略显激进或冒险。世界正在演变成一个自有的世界——而非品牌的世界。自有是一个自然状态，如果你不能打败它，那就加入它的世界（如表 13—1 和图 13—2 所示）。

图 13—2　风险与生存行动

表13—1　　自有品牌管理研讨会练习

你能怎么做?	风险与生存
你打败自有品牌的唯一方法就是采取行动	a. 分组 b. 描述三种你想要采取的应对自有品牌威胁的行动 c. 陈述并讨论

- 机遇1：转变成以自有为中心。彻底改变你的组织结构以应对当今自有的世界，让自有品牌总监在对内和对外沟通中发挥最关键的作用。
- 机遇2：成为积极自有者。采取前瞻性的解决方案去应对自有品牌问题。被动的日子已经一去不返，应该主动地去做每一件事。
- 机遇3：让顾客的品牌选择专有化，而不是选择自有品牌。让顾客不断认识到品牌与众不同和特别的原因——并且是专属于他们的。

13.7 需要考虑的行动

这里是一些行动方案，可能对企业有帮助：

1. 开始进行一次自有品牌的审核，以全面评估你如何与主要自有品牌竞争对手较量。你目前采取了什么样的创始方案？你能够采取什么样的行动方案？

2. 成立一个自有品牌行动团队，它直接负责制定自有品牌反应策略。成立行动团队代替个人盘算，负责你需要成功执行的自有品牌战略。

3. 任命自有品牌总监，与销售和营销总监同级，自有品牌总监的经营管理责任是捕捉由自有品牌引起的前瞻性机遇。

4. 从国际视角考虑自有品牌的影响。自有品牌逐渐成为一个跨国业务，你在一个国家所看到的很快将会在另一个国家出现。控制局势并作出预测。

5. 走进并观察、研究英国市场，未来会在这里。忽略本地化的借口，并认识到消费行为的日益扩散化，确保准备就绪。

6. 制作一个自有品牌工具箱，它不仅可以向你的公司说明自有品牌的真正本质，而且还可以清楚地制定应对自有品牌的法则和规则。确保该工具箱在公司内部网可供下载并应用到主要的培训课程中去，只有更好地了解威胁，你才能更好地去应对它。

7. 每个季度向公司提交一次自有品牌报告，以准确描述该公司对自有品牌的经营反应以及自有品牌对该公司业务的影响。你对竞争品牌会做总结报告，那么为何不对你最大的竞争对手也做报告呢?

8. 向所有雇员征求好的创意，以提高同自有品牌的竞争力。

9. 成立产业机构以确保消费者能够认识到品牌比过去更需要他们的支持，品牌仍然是最好的。

10. 最重要的是，要接受自有品牌现在已经存在并且要扎根下来的事实。

14 自有法则 2：零售化并保持激进

下面我们请公司使用它们品牌的力量来完全实现它们的零售潜力——“零售化”它们自己。这个力量只有在保持激进的时候才得以实现（如图 14—1 所示）。

图 14—1　保持激进

14.1 提要

- 我们生活在一个激进的时代，这里正在上演着根本的社会变革。
- 今天的解决方案并不能作为明天的解决方案。
- 今后我们需要激进的思考，激进的解决方案和激进的执行。
- 激进是很好的。
- 激进是正确的。
- 如果你想要把未来握在手中，就要自己去创造。

14.2 摒弃传统

你阅读完所有关于自有品牌的分析报告后，该做些什么让你远离打瞌睡呢？坦白地讲，除了爆发激进的革命别无他选。我们需要激进的解决方案，诸如“我们必须提高我们的产品质量”之类的解决方案都是非常富丽堂皇的，但是它们带来了任何改变了吗？诚实地说，没完全改变。评估一下你的品牌相对于自有品牌的真实地位，然后要立刻斩钉截铁地采取应对措施。永远不断寻找根本的解决方案，你会需要它们。

我们对于那些老掉牙的解决方案已经视觉疲劳了——如更低价、更新颖、更良好的服务和品质，诸如此类的解决方案会使你误入歧途。简而言之，这是一个美好新世界，这个新世界需要大胆、新颖的解决方案，而不再是老套的解决方案。图 14—2 中的表格很好地说明了这一点，看一下过去五年内德国采取的品牌和自有品牌行为。猜一下谁会最终获胜？谁会大获全胜？自有品牌业绩上涨了 50%，一流品牌业绩下降了 8%，二流品牌业绩下降了 15%，三流和三流以下的品牌业绩下降了 30%！很明显，赢家只有一个。

是时候适可而止了，是时候摒弃传统的束缚了，是时候变得激进起来了，否则你将会没有生意可做。

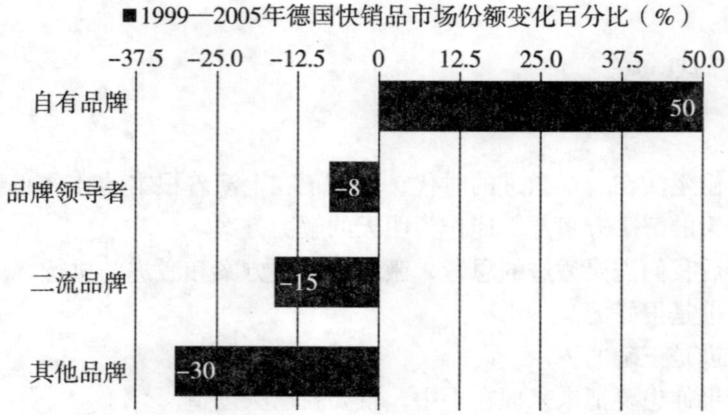

图 14—2　德国市场的革命

资料来源：GFK

14.3 质问现状

一直保持思考的状态，并质问现状。在一个新的假想世界里，让我们以咖啡为例。如果你思维敏捷并且保持激进，局面可以扭转：

- **把别人的自有品牌变成你自己的品牌。**雀巢咖啡和乐购的咖啡，为什么只有雀巢或乐购的咖啡？乐购的雀巢咖啡如何呢？
- **把别人最好的产品变成自己的廉价产品。**为什么你不能在世界范围内生产出一种价格低廉的“最优质咖啡”，然后以自己的品牌命名，并直接与乐购等在价格和质量上进行竞争？把它的品牌变成你自己的品牌，这毕竟也是它力图要做的。
- **缩小范围。**当生活变得无法忍受而且无利可图时，你就要做出正确的决策了——那就是撤退。哪一个品牌可以有如此魄力？
- **尽可能地扩大分销范围。**参与概念店建设，参与本地市场，参与网络销售。为什么没有只销售大品牌的网站？
- **出售品牌销售权。**谁知道你的品牌力量是否和乐购、家乐福或沃尔玛一样强大，你可能向零售商收取销售你的品牌的费用，那会是一个新概念！

你甚至还会要零售商回到从前的美好时光，那时零售商为品牌的广告宣传募集资金。从零售商那里获得广告收入并将它本土化，听起来如痴人说梦，可能还是不可能？

- **并购一家大型零售商。**并购一家大型零售商并将其打造成一个价值品牌零售商，或者甚至在这家大型零售商身上下赌注。

现在你已经真正地开始把自有品牌当做品牌来对待，一个相互竞争的品牌，竞争很好，应适时地创造些竞争。

14.4 确保你不会成为原始状态型自有品牌

从零售商的角度，你可能会认为制造商品牌商品在许多竞争性的零售连锁店都可以买到。自有品牌的开发使零售商与其他的零售连锁店有所不同，当考虑这点时，或多或少会感觉有些滑稽，但这种处境完全可以避免。为什么品牌商不去生产有助于零售商及品牌商发展的零售商产品变体？乐购的雀巢咖啡出了什么问题，这与乐购有何不同？真的很难做到吗？随着三个主要的零售连锁商不断地占领大多数零售市场，在欧洲你至少需要三个变体——或四个变体，因为你还在保持着原创性。那三个变体应该有微妙感知差异，以适应个体零售商的定位，但仍保持着品牌的完整性，或许广告会反映变化了的战略。

创意可以塑造差别的广告活动。如果你害怕独自去尝试，你可以号召其他品牌商加入到抵制自有品牌的活动中，向消费者证明购买品牌产品的不同之处。但是一定要确保你自己首先找到了真正的不同，夸大广告的时代已经不复存在。

还记得20世纪80年代经典的百事可乐挑战性试验吗？在这次活动中，要求顾客在闭眼品尝可乐后选出最喜欢的品牌。这次活动对百事可乐公司来说是很成功的，因为它敢那样去做。实际上，当时因为可口可乐公司已经占据了大部分的市场份额，它认为已经别无选择。它需要勇敢地行动，需要保持激进。把这种思维方式应用到自有品牌挑战中来。

14.5 真的爱我

你需要试着去喜爱自有品牌，但对有些人来说并非易事。显然，品牌商有史以来对待自有品牌就不友好。他们认为自有品牌对品牌战略不利，自有品牌降低了品牌价值以及高端品牌定价的能力，它们会引起品牌商与零售商之间的冲突，因为零售商既是顾客也是竞争对手。另外，它们促使零售商质疑品牌溢价存在的原因，并且它们降低了零售商对某个特定制造商的依赖，使得讨价还价变得更加激烈。

尽管以上理由是不喜欢自有品牌的很好的解释，但显然形势会变得更加严峻，目前面临的挑战是有史以来最大的。高端细分市场的自有品牌正在为零售商创造更高的利润，它起到了强大的促进作用，促使品类定价降低并且为品牌价格设定了上限。自有品牌的增长速度极其惊人，超过了品牌的增速，并且利润相当可观。看一下英国自 1975 年以来的历史记录（如图14—3所示）。

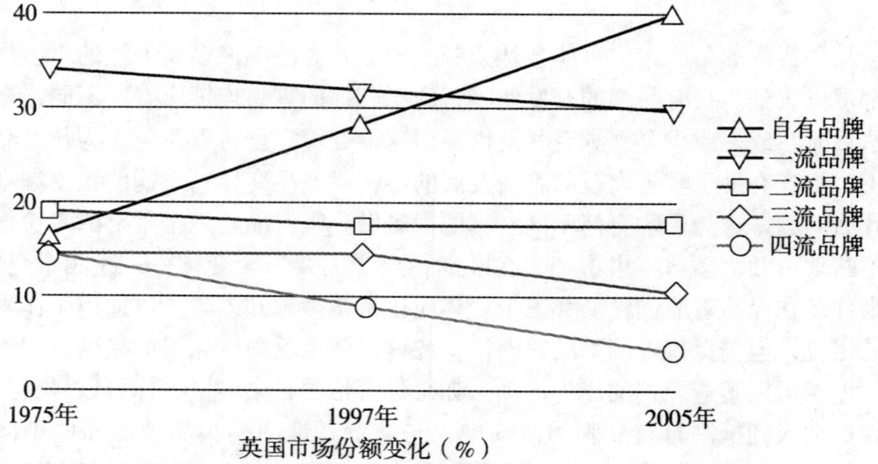

图 14—3　英国市场历史记录

资料来源：市场份额结构/Taylor Nelson Sofres/IGD

图中包括了以价格为导向的市场中品牌忠诚度的下降。因为自有品牌推出了很多自己的变体产品，甚至连折扣店的额外增长也受到了限制。

这些因素已经存在，你需要用新的方式，从全新的、更加平衡的角度来观察敌人。放慢增长速度意味着要对所有渠道进行探索。自有品牌促使你考虑新的可能和机遇，特别是直接供应自有品牌的可能性。至少你需要评估一下这些可能性：

- 这是一个与零售商进行紧密合作的机会吗？
- 它能够提高你塑造和开发未来品类的能力吗？
- 它能够把你的闲置产能有效地利用起来吗？
- 它能够使你超越现有的区域份额并扩大销量吗？

然而，正如我们之前所指出的，你首先需要解决一些关键性的问题。不断地问一些基本的问题：你需要专业生产设施吗？你的供货保证是什么？你必须是成本最低的供应商，是这样吗？

14.6 供应还是不供应？

当然，你总是有加入这个阵营并成为供应商的选择权，但是成功并非像其伊始显露的那样容易被轻易获得。供应产品的常见理由有以下四个，但是它们并不能成立。

1. 利用闲置产能。一个最常见的原因就是需要把产能充分利用起来。然而，利用闲置的产能是否会盈利？有充分的证据表明自有品牌的生产降低了你的整体利润——几乎不能称之为良好的业务，也不能使股东价值最大化。如果你的竞争品牌想要降低利润，那么就任凭它们发展吧。你不能先在生意场上自杀。

近期有一项关于美国公司的研究证明，销售四件自有品牌产品才能赶得上销售一件品牌产品所赚的钱（Kumar and Steenkamp，2007）。除了没什么意义之外，这是一个很好的进行经济自杀的方式。目前并非一直是这样的情况，也可能会有个别不同的情况，但在冒险之前一定要特别小心谨慎。

2. 加强与主要分销商之间的关系。这是极其荒谬的做法！完全没有证据证明生产零售商品牌会得到更好的待遇，事实可能正相反。你丧失了尊重和谈判力，更不用说你的技术配方和创新了。如果你是最棒的，那么为什么你会妥协？

3. 防止主要竞争对手这样去做。坦白地说，就像我们刚才所说的，你应该鼓励竞争对手去这样做！

4. 相对作为一般供应商而言的更大购买力。我们已经说得够多了，而现实是你很可能会进入一个生产能力下降的恶性循环，见图14—4中的下降范围。

永远不要忘记……

品牌力=市场势力

今天的市场势力=零售商势力=零售商品牌

方程式已经发生变化，零售商势力已经取代了品牌力。10家最大的零售商已经占了一家快销品公司全球销售额的30%至45%。以Dial为例，它的前10名零售商占了销售额的57%（如图14—5所示）。然而，这并没有说明问题的真正严重程度。如果从地方层面去看，那么噩梦就出现了，特别是欧洲的零售商如此之集中。如瑞典，一家零售商占有50%以上的市场份额（ICA），当半壁江山掌握在一人之手时你还如何去谈判？坦白地说你无法进行谈判了，《达根斯工业报》上近期刊登的一篇文章使这个问题更加明朗，其中ICA的首席执行官讲到，品牌商应该不断提高工作效率，而不能再怨天尤人！近期一份英国垄断委员会的重点报告指出：如果消费者能受益的话，挤兑零售商并非坏

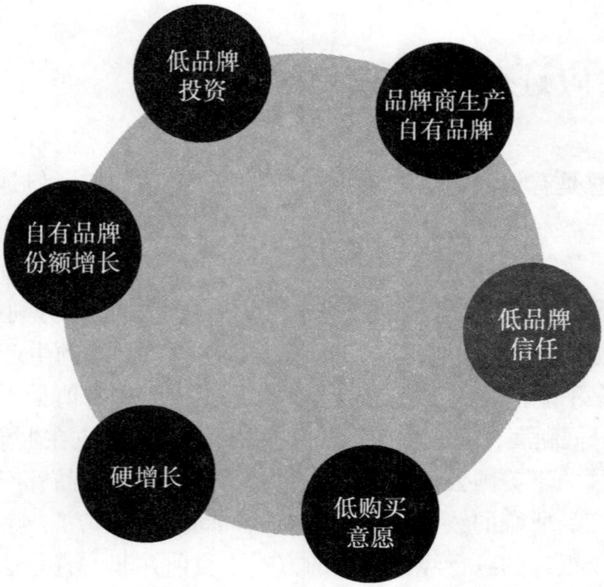

图 14—4 恶性循环

事。你认为你还可以保守吗？

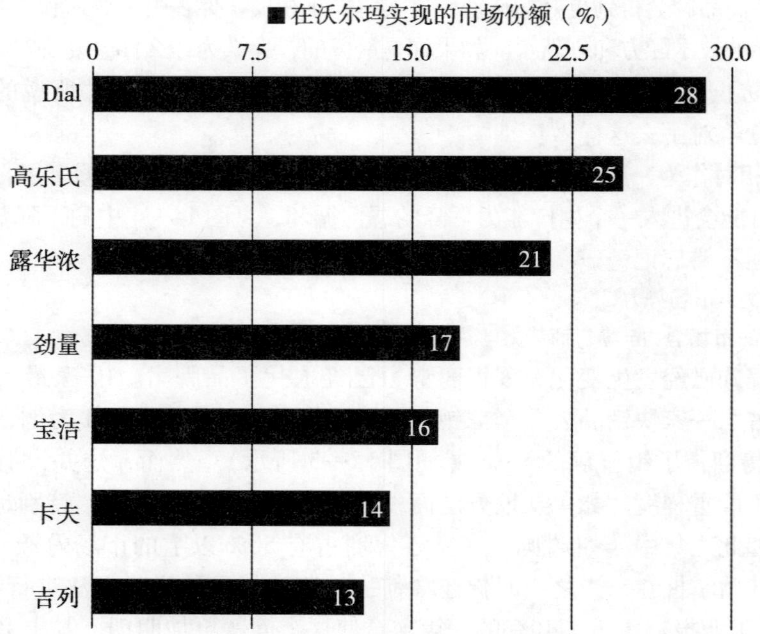

图 14—5 相关品牌对沃尔玛的收入依赖

资料来源：公司账户估计

那么我们将置身何处呢？我们可以制定一些基本规则来引导我们，也应该就以下方面进行自检：

1. 卡在中间的品牌商面对自有品牌有着两难选择。如果你的公司品牌势力较弱，那么就要作出选择：是选择做一个自有品牌生产商还是继续发展壮大自己的品牌。

2. 避免在商品市场进行自有品牌的生产活动，除非你真的想赔钱。

3. 如果你正打算生产自有品牌产品，一定要确保你的品牌与自有品牌有所不同。

4. 选择合适的零售合作伙伴——一个尊重你的合作伙伴。

另外，在开始自有品牌生产之前，还要问自己几个基本的问题：

- 你愿意从事这个行业吗？
- 这符合你的公司愿景吗？
- 你打算生产什么领域的产品？
- 你能找到合适的贸易伙伴吗？

对于上述自我提问可能存在两种回答：

1. **一点也不**。你的产品很独特，具有防御性的创新。

2. **完全同意**，并作出坚定的战略选择。

14.7 砍掉尾巴

自有品牌的影响显而易见。可以看一下你产品组合的效率——要在零售商动手之前先砍掉“尾巴”，不要再痴迷于扩大货架空间。确保货架空间为你和零售商创造了最大的利润，否则，努力创造一个与众不同的货架。计算出销售自己的品牌需要的货架空间，品牌的种类可能会减少，但效力不会降低。确保你对每一种产品都有清晰的定位与规划，否则便停止。改变品类的定价结构以反映出新的、更有效的品牌，品类管理技巧对展示定位思路非常必要和关键。

14.8 制定品牌价格结构

对于大规模超市来说，如在美国，为了与注重价值的零售商竞争，显而易见的战略是，高端专业连锁发展一系列不同价格的自有品牌。围绕价格发展品牌结构的选择同样适用于制造商品牌，特别是价值品牌是一个尚未开发的领域，将这样一个品牌引入产品组合将有助于获取大范围的消费支出。

隆重推出价值品牌还有另外一个很重要的好处：它能够确保现有的高端品牌在一定的产品组合范围内与低端品牌拉开更大的距离，从而保护高端品牌的形象。产品组合如此多样化的生产商对市场的长期变化具有更好的免疫力，并且他们可以通过使用更多选择性的分销来保护他们的高端产品。

在美国，宝洁公司推出了一个叫 Charmin 的子品牌，该子品牌将对自有品牌和价值型零售顾客产生吸引力。如此超值型产品的设计和上市能吸引自有品牌重度消费者（低收入家庭，特别是新成立的和成员较多的大家庭），这意味着较大包装尺寸和探讨有关安全性和可靠性问题的营销复制对于新组建的、年轻的家庭来说尤为重要。

14.9 决定是“进”还是“退”

自有品牌已经存在——明确你的对策，自有品牌是什么似乎无关紧要，重要的是采取怎样的对策胜过于无动于衷。表 14—1 基于你的市场地位，给出了一些应对策略。你会注意到如果你是三流或四流品牌，将被淘汰出局，如果你是二流品牌，还可以再考虑一下。将来大多数快销品品类都是品牌领导者和高端型自有品牌，确保自己是品牌领导者。

表 14—1 **进还是退**

品　牌	战　略
一流品牌	保持品牌领导力并适当拉大与二流品牌商之间的距离
二流品牌	自有品牌是可行的（或者可以为你现有的生产提供补充）——你的现有发展计划具有很强竞争力吗？你的竞争对手正在超越你吗
三流品牌	充分考虑自有品牌或把一个全面的“转变”战略落实到位——否则你可能会被迫出局，或者你有独一无二的法宝吗

14.10 证明自己仍然发挥作用

最后，这是一次机会，看自己的品牌是否在真正地发挥作用。你需要重新审视自己的品牌的作用，问自己，品牌是否还在发挥作用？如果是，那么就要把它的作用发挥到最大。你的品牌真的如图 14—6 所示的那样能满足需要吗？

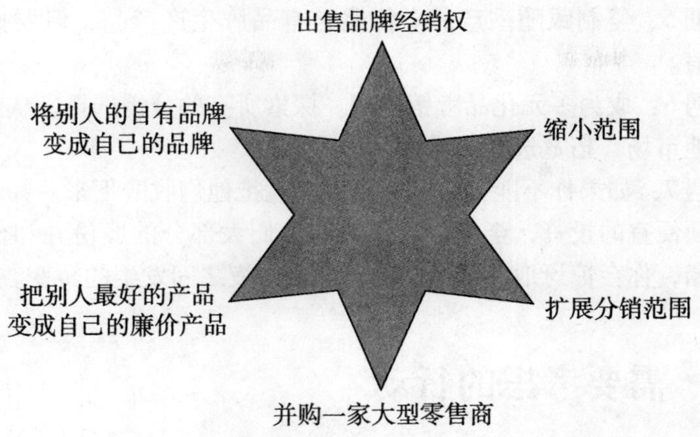

图 14—6　行动

- 消费者可能需要质量保证，你能像自有品牌一样始终保证质量吗？
- 很多产品都有强大的历史品牌价值，它原来的方式对你仍然适用吗？
- 零售商需要招徕顾客的“赠品”，你的品牌能起到如此强大的作用吗？
- 品牌是品类的指示牌。你的品牌指示牌的作用很突出吗？
- 品牌增加了店铺的创新度和刺激度。你的品牌是这样吗？

14.11 总结和机遇

大多数公司本质上都是保守的，它们根本就不喜欢变化。然而，你可能确实没有太多选择的余地，特别是如果你的公司品牌处于二流或更低层次。你需要彻底地调查一下自己的业务参数，从评估是否能够真正满足消费者的需求到产品生产方式效率是否最高再到销售方式和销售地点的选择。

那么你是进还是退？你的思维方式足够激进并能够生存下去吗？你需要保持激进！演练如表 14—2 所示。

表 14—2　自有品牌管理研讨会演练

行动起来	激进起来
今后我们需要激进的思维、激进的解决方案和激进的执行力。	a. 分组 b. 提出应对自有品牌的两种激进想法 c. 陈述并讨论

- 机遇 4：把你的品牌变成一个激进的品牌。开始思考立即可用的解决方案，列出你可以打败自有品牌的 10 件激进的事。

- 机遇 5：复制跟随型产品。仿照自有品牌生产产品，但要提供更好的价值。
- 机遇 6：成为多元化品牌销售商。探索所有的分销选择，从网络营销到本地市场，拓宽选择，后续再详述。
- 机遇 7：如果你不能打败零售商，那就把他们收购下来。并购零售商是一项便宜的投资，至少，可以并购他们大部分的股份并和他们脚踏一条船，你会惊讶地发现他们的态度在一夜之间发生的转变。

14.12 需要考虑的行动

1. 坐下来，举行透彻的集体讨论会。
2. 没有考虑不到的，无论有些内容多么怪异。
3. 实际上，越怪异越好。
4. 和你的代理一起讨论。
5. 分析你对零售商的依赖性。
6. 列出你能做到的 10 件可以打败自有品牌的激进的事情。
7. 找到激进的方法以改变分销模式并在未来获得真正的选择。
8. 找到激进的方法以提高顾客忠诚度。

15 自有法则3：明天的全球问题、社会问题和环境问题正是你今天的机遇

首先，我们要展望未来——很多关键性的全球问题正在彻底地塑造我们今日的社会。见图15—1的议题引导。

下一步就是要知道何时抓住机遇，生活当中最重要的就是要知道何时放弃自己的优势。

本杰明·迪斯雷利（1804—1881）

15.1 提要

- 很多关键性的全球问题正在彻底地塑造我们今日的社会。
- 同样它们也将彻底地塑造零售商的角色，产生新的沟通方式，展示和销售我们的产品。
- 品牌商和零售商必须适应这些变化，以防止停滞不前。
- 它们长期存在，影响力非常大，同样它们与今天很多公认的惯例正相反。
- 不改变就会被迫改变。

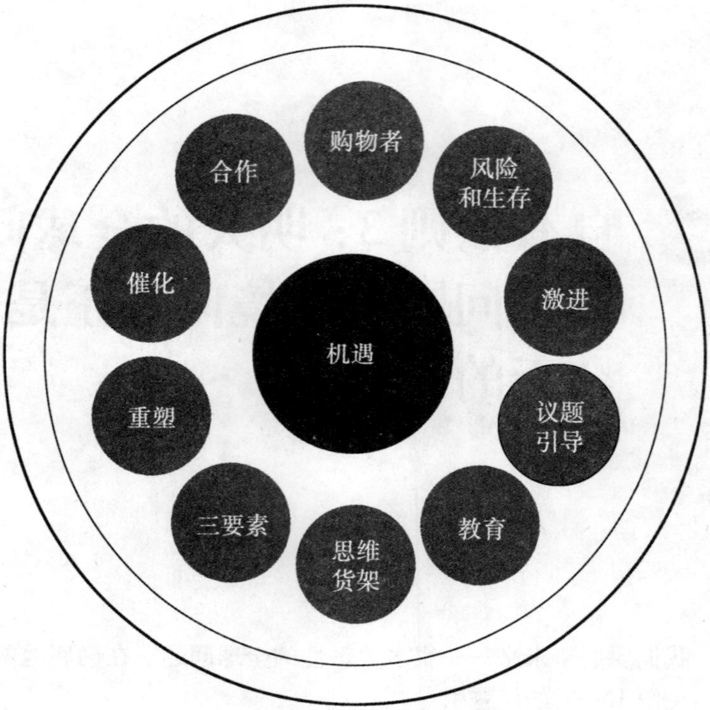

图 15—1　引领重大问题

15.2 相信未来

把握“真正的”未来。未来给我们提供了一个很明确的线索，指引我们从哪里以及如何重获信任——我们需要加强信任，在顾客的头脑中重新建立我们的品牌。或许通过更好地了解未来，我们可以更好地适应自有品牌和品牌的真正未来——而不仅仅是可能出现的情景。我们并不是预言家，但是我们认为，真正的未来正注视着你的脸颊，而你已经朝它迈开了脚步。

你现在没有去拥抱它，没有用你整个的身躯拥抱它。这是对未来的一种预测，随着世界的变化，它可能会出现在我们的眼前并影响我们的现在、明天和未来的 50 年。除了工业革命之外，我们身边从来没有发生过比它更轰轰烈烈的革命。这场革命肯定是健康革命，而又不仅仅是健康革命，还包括所有关系到它长远持续影响的宏观全球因素。这是一次生活革命，这是一种已经真实存在且没有终点的趋势，其将持续数十载。这种影响每天都存在，并且还将在以后的很多年内影响我们的日常生活。以下这些将是不会消失的趋势：

- 所有地方的人都在变得越来越胖。
- 我们生活在这样一个时代里：孩子们对生活的期望会低于我们这一代。
- 许多人都相信地球正在逐渐变暖，也会越来越危险。
- 日常生活中，我们所制造的垃圾有把我们掩埋的危险。

这些与零售商和品牌商有何关系？答案有很多，几乎囊括了所有方面。问一下自己，是否已经真正地顺应了发展趋势？你是消费和需求的动力，而这个世界已过度消费并濒临毁灭。那么，你也要和所有人一样负起责任，尤其是对其中一些问题负起责任来。不管是从社会责任、道德责任还是企业责任来看，你都需要全心全意地去迎合这种生活方式——这场生活革命。在这些问题上，消费者应该会相信你，但是到目前为止证据还很少，有待补充。

事实1：所有的人都在变得越来越胖，因为人们进食了太多过度加工又低营养（但利润高）的食物，尤其是第二次世界大战以来。关于这一话题我们可以展开激烈的辩论，但不管怎样，现实总是不会改变。有足够的证据证明，人口肥胖程度最高的国家，加工食品的消费比例也最大，比如说英国和美国。难道这是巧合吗？

事实2：零售商和品牌商对短期利润的追求造成了社会长期的成本负担。扪心自问，我们生产的所有产品都是为了人类的健康吗？这如同听壳牌公司和英国石油公司不停地告诉我们它们是如何环保一样无聊，尽管它们这么说，但是泄漏和爆炸还是接二连三地发生。食品和消费品都有积极和消极的一面，是时候强调积极的一面了。但是要强调它，你就必须接受它。

事实3：产品在生产和销售的过程中，给现代社会带来了许多浪费，我们有责任力所能及地去控制和消除浪费。

事实4：在你被控制之前控制住它。对于品牌商和零售商来说不幸的是，在行政上这些问题已经变得非常简单。烟草公司和酒精类饮料公司不断受到“民主控制”，现在该轮到食品公司了。这些问题已不再是环保斗士和绿色和平运动倡导者所主导的怪诞问题了，他们是主流胜选者！你只需要看一下戈尔（美国前副总统，著有《难以忽视的真相》，2007，倡导环保主义）的再次兴起就能发现这个道理，或者有一天他会成为“戈尔总统”？

15.3 粉饰与落实重大议题

粉饰已经成为新的经营理念。如果人们觉得我们真的是在做些实事，那么他们就会对我们刮目相看，这相当于企业告诉我们想要听到的与需要听到的。我们只需看一下最近几年石油公司那些环保承诺的废话，事实的好坏需要实践来证明，如果英国石油公司近期的历程只是昙花一现的话，那么他们最好保持沉默。现实是这些重大问题并非一时的承诺，它们一直都在变化——顾客不断地寻找这些变化并把它们作为购物经验的一部分。

显然，当今世界正在经历许多根本变化，这些变化会逐渐地影响我们经营的性质和所有人的生活。人们以及未来的驱动因素是什么，并不难理解，只需要看一下报纸就全明白了。尽管你可能不喜欢别人说的话，但是这些报纸确实抓住了我们真正关心的问题，因为那是它们的卖点，那也是我们愿意听到的。尽管很多人佯装说那些问题很复杂，但它们并不复杂。

我们认为，除了极少数情况之外，大多数公司（品牌商和零售商）都在迎合世界正在发生变化的真理和现实意义，它们认为作秀足以使消费者相信自己确实有责任心，但只是承担部分责任，说明它们实际上还是不负责任的。你必须吃掉自己赖以生存的蛋糕，而不只是捡些蛋糕渣来吃。

这并非天方夜谭。看一下图 15—2 中英国果汁品牌 Innocent 的新商业模式。从一个不起眼的小品牌发展到主要的食品品牌——一个在生产中信守诺言的品牌，Innocent 在取得商业成功之前就一直坚守职业道德。

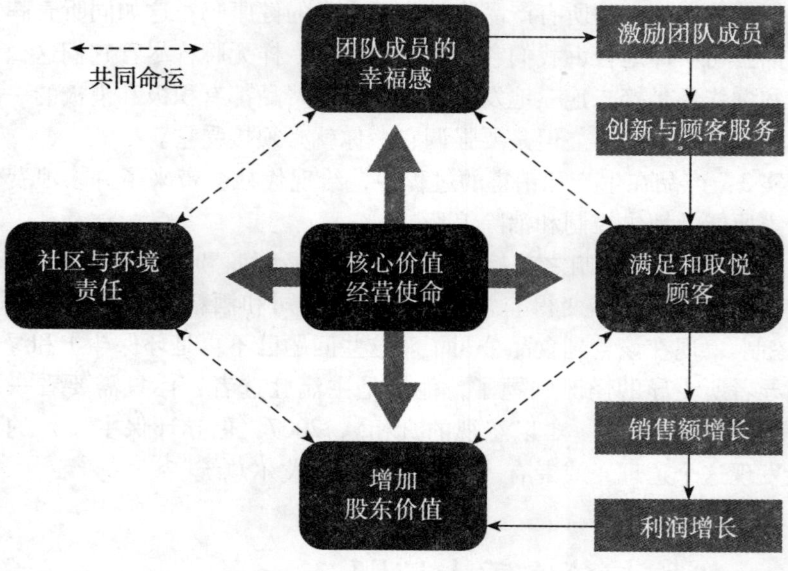

图 15—2 Innocent 的新商业模式

最近有公司出版了一本名为《懒惰地保持健康》的书。内容是否如其主题所言？这本书设置了坦诚直白、前卫的风格，书中发问，你懒吗？真是英雄所见略同，但是这并不能阻止我们保持健康。通过综合运用书中讲述的一些简单的习惯，你可以生活得安心而健康，也仍然有足够的时间来保持懒惰并悠闲自在地吃着剩余的一盘炸薯条。

简单、融洽的方法可以在关键的品牌接触点加以诠释。这家公司独特的cow vans品牌被赋予了个性化甚至传记化，产品包装也能很聪明地表达品牌的诉求，与其他饮料不同。Innocent的包装十分简单和低调，透明的瓶子，简单的产品信息，单一的颜色，之所以引人注目是因为它与货架上其他花花绿绿的饮料确实不同。当产品取得成功之后，坚持特色、保留本真尤为重要。

最后，尤为值得注意的是，这个与众不同的品牌已经开始出现在货架上了。走进英国一家典型的赛恩斯伯里超市城市店，在赛恩斯伯里超市多重的自有品牌之外，你只能发现一个品牌——Innocent。如果你需要，可以去验证。Innocent已经进入欧洲市场，首先出现在法国和瑞典。

全食超市一直被看做是世界上最好的零售商，因为它能够很好地满足顾客的需求——无与伦比的健康水果和蔬菜，使顾客眼花缭乱。全食超市于1980年在得克萨斯州的奥斯汀市成立，当时是一个很小的商店，现在它已经成为了世界上最大的天然食品和有机食品零售商，在北美和英国拥有189家店铺。到目前为止，全食超市仍然坚持它始终如一的使命："我们对销售的商品精挑细选，致力于坚持严格的质量标准，坚持可持续农业。"

它认为在良性循环中，围绕着食物链，人类和孕育万物的大地母亲：每个个体通过美妙的共生关系依赖着其他个体。虽然听起来辞藻华丽，但是似乎它已经做到了，在全食超市的经营中很难发现任何漏洞，这家连锁超市把购买食品变成了光鲜而又前沿的购物体验，并以此来盈利。确实，这家超市连锁的高额利润以及文化烙印之路走得异常顺利，其交叉覆盖了大部分的地方媒体和国家媒体，并受到了入驻地区的热烈欢迎。

企业没有理由只获取利益，却不承担道德与社会责任。

约翰·麦基，全食超市的董事长

在可持续的信条指引下，全食超市给工人支付固定的基本生活工资——最低薪水平均为每小时13.15美元，但是福利和医疗保健的待遇却十分好，高管的工资平均不超过普通员工工资的14倍（2005年麦基的工资是342 000美元）。2006年1月，全食超市宣布要购买怀俄明州一个风力发电厂一年的供电量（Culturebox，2006）。全食超市的企业文化如图15—3所示。

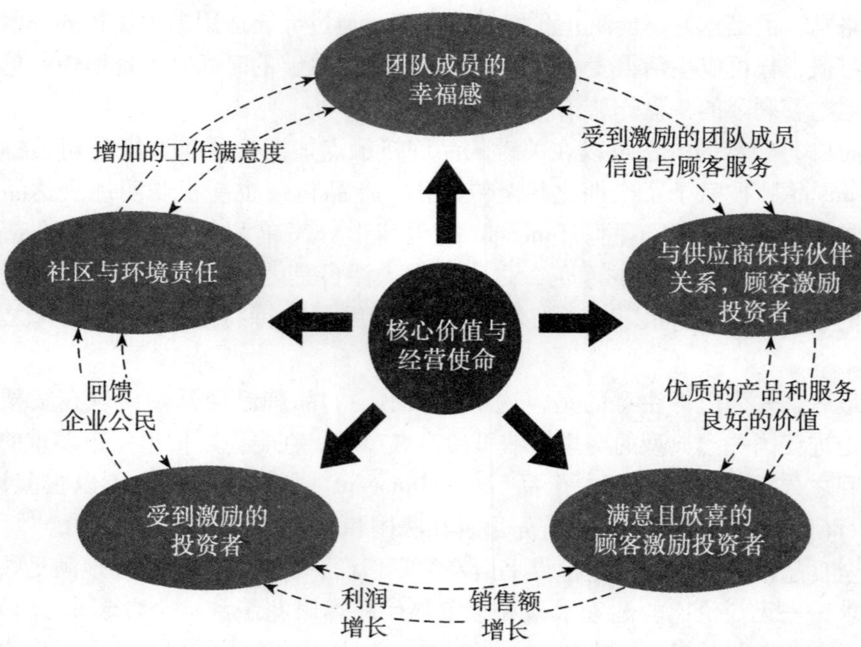

图 15—3 全食超市的企业文化

15.4 重大议题界定

那么，我们一直在谈论的这些重大议题到底都是什么呢？我们认为这些重大议题可归结为：

- 重大的全球健康议题
- 参与
- 生活方式的改变

让我们更加详细地来看一下这些议题，并假想它们是如何影响销售的性质——你与顾客之间关系的性质。

15.5 重大的全球议题 1：健康问题

该问题凭借其自身属性当然由多个重大的子问题构成，从人们肥胖程度的增加，到更加需要健康的饮食，再到全球变暖。多亏戈尔的努力，全球变暖已经成为了一个非常现实的问题，逐渐引起人们的注意。他近期制作的纪录片《难以忽视的真相》，俘获了公众的内心世界，并且帮助他摘得了奥斯卡的桂冠。全球变暖一直是一个人们关心的话题，现在它成为了一个我们自己和孩子们都无法回避的问题。它对我们如何销售产品，特别是对如何向大规模零售商销售产品，都有着直接的影响，自有品牌在这里起到了关键作用。超市是一个顾客通常可以决定留下多少碳排放量的地方，顾客们准备接受的是什么？或者不接受的是什么？

填埋垃圾的2/3与超市相关

各地的消费者都在问自己一些非常基本的问题：如关于食品是否真的健康，食品的来源以及是否引领全球消费潮流？是愿意从本地购买食品还是愿意购买产自世界另一端的食品？

图15—4中的图表发表于2005年，该图表表明那时健康已成为一个重大的品牌问题。

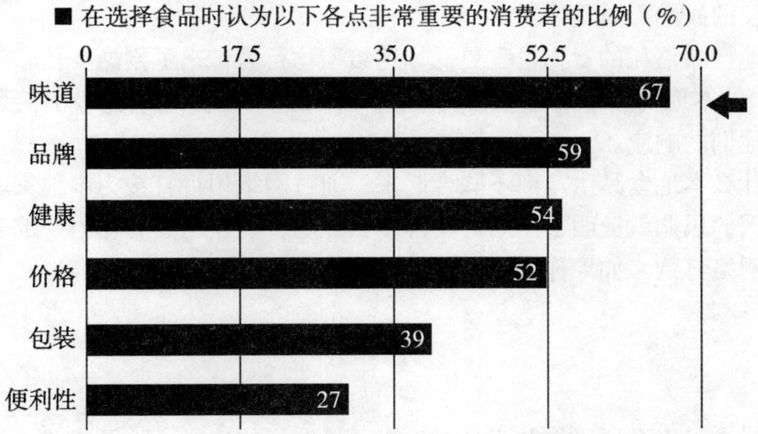

图15—4　消费者开始空前地关注食品健康

资料来源：2004年雀巢的消费者调查

当对这个问题思考五秒钟后，你会认为购买附近牧场的黄油要比从14 000英里外的新西兰购买黄油更有意义一些。实际上，我们甚至还要花五秒钟的时间思考这个问题！

本地化购买很好，本地化具有经济性
支持本地化购买，本地化具有环保性

我们支持所有食品（和可能所有的产品）都来自不断下降里程内的市场，这样你就能够知道你购买的一小块黄油是来自14 000食物里程外还是25食物里程外的市场，因为生态成本是不同的。产品到市场之间的运输距离越远，则环境成本越高。当然，这与需运输的产品有关，无论是日本生产的化妆品还是中国台湾生产的电子产品。现在的本地化是指真正的本地化，我们指的不是国家，指的是县城、城镇或村庄采购的本地化。

随着全球化使我们的世界变得越来越小，地方化将于2007年到达鼎盛。我们将大力关注所有产品（从食品到纺织品）的采购，在我们强调产品质量、对环境的影响最小和支持本地生产者的同时，消费不足和过度消费都将走到尽头。

安·麦克，智威汤逊战略总监

我们知道这对于一些遥远国家的生产商来说非常不公平，但是生活在改变，所以和其他所有人一样，他们也需要学会适应。这个世界不能再执行全球化的路径，零售商完全有能力对此产生影响。毕竟，随着零售商全球帝国的扩张，也只有零售商才能在全球范围内，因置身于前沿阵地而能够受到控制食物里程增长的鼓励。

本地产品消耗的食物里程更低，这给购物行为带来了剧烈变化。英国去年（2006）的本地食品市场总量翻了一番，因为这一方法越来越吸引消费者，并得到了他们的响应。

为什么本地食品生产商不联合起来，通过网络预订直接为本地家庭供应食品？英国的乐购就证明了网络订购是多么成功，现在乐购有相当一部分销售额都来自网络订购。如果你的规模足够大，你也可以这么做。

订购吧！

开车去零售商那里，并不是对生态环境友好的选择。除了走路之外，当然还可以选择网络方式。随着3D可视通信的普及，即使不在货架旁也能清楚地看到需要购买的产品。想象一下，当你在货架旁选购产品时你是怎样做的，看一下产品，然后把它翻过来，看下说明。所有这些都可以精确地在网络上模拟，不久的将来，我们还可以通过网络闻到产品的味道（IBM正在开发此项技术），到那时品牌在网络上也会真正实现它的价值了。

目前，英国在宽带覆盖方面独占鳌头，越来越多的广告投入直接涌入网络。很多证据证明，网络背后存在着强大的动力(《泰晤士报》，2007年1月5日版，罗伯特·科尔斯)。零售商尚未重视自担风险的网络购物，准确地说，直到今年网络购物才有了起色。为什么要经过这么长的时间（取决于你的角度，你也可能会认为这是如此短的时间）？答案很简单，这之所以需要时间，一方面是因为零售商必须构建一个有效订购和高效配送的平台；另一方面，消费者需要时间了解远程网络购物，并逐渐去信任它。当然还有一个简单的原因，大范围的宽带接入刚刚开始真正实施。

英国平均每个家庭的二氧化碳排放量为 10 吨，有据可循，家庭所购买食品的 1/3 都变成了垃圾。

将来有一件事需要被充分评估，那就是在线销售是否都能够创造净利润。或者，在线销售真的可以取代传统销售吗？有些证据可以证明事实确实如此。另外，一家同时进行传统销售和在线销售的英国零售商，其传统销售增长了近 7%，而在其总销售额中，有一半以上来自在线销售，增长了近 10%。这表明，一些在线销售网站正在创造新的销售纪录，零售商再也不能忽视“数字分销”的威力，消费者正在被电子商务的便利性所吸引，如果你不为顾客提供这种选择你就会失败。互联网正在或多或少地使生活变得更加有趣，同时也为零售商和品牌商带来了挑战，那些能够直面挑战的人才会成为赢家。

垃圾箱中有一半以上的垃圾都是过度的包装。即便有些可以回收利用，还是有很大一部分废弃的食物经过分离后被用做堆肥。我们已经做到了，所以，我们认为在此领域还是比较领先的，但是前面还有很长的一段路要走。什么时候你看到超市或某品牌鼓励你少量购买和少浪费食物？

在德国，当购物者在超市发现过度包装呈现出明显的包装差距时，购物者会破坏包装。

英国每年超市的营业额为 700 亿英镑。你只需要付出一些努力和投资，就能够减少这 700 亿英镑带来的大量浪费和损害。在这个问题上，从消费者改变购买行为到品牌商生产优质的小包装食品，再到超市把这些问题作为顾客服务水平的标志，每个人都应尽自己的责任和义务。

并且还不只是超市，从时装到玩具都是如此……为了卖出产品，我们必须追求华丽的外观和精致的包装。这些对于今日的环境来说，完全就是垃圾。事实上，如果能够通过不同的方法（包括数字方法和传统方法）来提供华丽的品牌，我们就大可不必在包装上再下功夫了。记得许多年前，当乐高公司推出成人年龄段的产品时，可以进行邮购。那它们如何运输？它们使用廉价的黑白一次性包装箱运输，这会影响到它们的品牌亲和力吗？当然不会，当通过这样的包装箱我们认识到自己应负的责任时，这实际上增加了其原有的价值。如果去儿童玩具超市看一下，你会发现儿童玩具的过度包装程度最高。我们不在乎货架上的产品是否也是如此——但是作为一名消费者，如果商家为我们提供了最简洁的包装，在离开商店时一定会选择这样的包装，我想这样做的不只是我们自己！

一些超市取得了成功，一些却没有。英国的乐购、阿斯达和 the Co-op 在近期的一次环保主题调查中得到的评价是“需要继续改进”，调查中，评价最高的是维特罗斯，其次是赛恩斯伯里和玛莎超市，而它们的很多产品的食物里程很远。超市的作用应该是使我们所有人居住的这个世界更加环保。

品牌已经开始朝着绿色环保的方向努力。让我们看一下已经把“生命故事标签（life story labels）”应用于产品之上的一些品牌（www. trendwatching. com），以满足那些准备在对环境危害最小的包装上花钱的消费者的需求。“从本地购买，在线订购并送货上门”，这句话总结了 Poptotheshops（PTTS）网站为南威尔士的居民提供的服务。PTTS 网站于 2006 年末成立，目前为四个主要街区提供服务，每个店通过在线购物服务可提供 3 300 到 4 500 种产品。公司的创始人为由于忙碌而没有时间在当地商店购物感到沮丧时，想到了这个主意。大多数本地商店营业时间要比像乐购和沃尔玛这样的大型连锁超市要短得多，这使我们很难支持地方零售商。但在 PTTS 网站上，顾客不管白天还是晚上都可以购物，从当地的肉铺、面包店、鱼贩、菜贩和酒铺选择产品，然后一起结账。与超市的在线购物类似，顾客可以把选中的产品放入收藏夹，并指定需要送货的时间（免费为顾客提供送货服务）。PTTS 网站通过收取零售商 10% ~15% 的佣金来弥补成本（盈利的空间很大），除了支持当地经济和保持主要街区的繁荣之外，PTTS 网站也带来了其他的福利。独立的店铺往往会供应大量的本地产品以及在全国性店铺所无法买到的产品，消费者可以节省大量在超市购物的时间，帮助小型零售商发展壮大，控制超市的定价过高、过度生产和供应。

来自英国（对丧失了主要街区地方特色抗议呼声最高的国家）的另一个例子是被称为 Wedge 的与众不同的会员卡。分店超过 10 个的超市不得使用此会员卡。该卡的价格为 20 英镑（39 美元），其中一半用于支持慈善事业。最初这部分资金会捐助给当地的两个慈善机构，但将来顾客可以自己选择所捐助的慈善机构。Wedge 在近 100 家店铺为会员提供特价优惠和折扣，通常是九折优惠，商家希望 Wedge 卡对消费者的吸引力比超市更大。

同时，本地索引和搜索引擎的增加也是有史以来最为繁荣的。它们包括谷歌本地搜索、黄页、通腾、位于旧金山的小型搜索引擎“绿斑马指南（Green Zebra Guide)”、一个联合的购物指南和抵价券，以及250家本地有机餐馆、商店、SPA中心、瑜伽馆和普拉提工作室、独立的书店、自行车店和博物馆等，可以为消费者节省12 000美元的费用。为了加强绿斑马（Green Zebra）的效果，许多参与的企业品牌知名度都不如它们的竞争对手，它们是当地的独立经营者。

新加坡的inQbox（表示盒子中的孵化器）是新加坡一家购物中心的小商店，店内有明亮、诱人的货架。这些“盒子”出租给小企业和艺术家，为他们提供销售和画廊空间，并代为应对日常零售业务。每个盒子每月租金起价为80新加坡元（40欧元或50美元），价格的差异取决于占用该商店的空间大小和位置。商店的销售商都经过精挑细选，因为独特的产品陈列方式，所以它在消费者中很受欢迎。许多顾客都喜欢这些宝贵的迷你地产，所以经常会“一盒难求”。

正如inQbox所说的，它们的目标是“通过为个人提供低成本和低风险的平台来鼓励创新与创业，并开发和培养他们的才能，而不仅仅是一个业余爱好、家庭商务或边缘利益”。

还有（STILL）MADE HERE这家企业，这些地方企业目前正缩小本地市场的生产，对生态和道德关注较少。例如American Apparel（美国服装公司），以彻底的方式对待伦理问题，即以高成本的方式加工服装。American Apparel现在经营着最大的服装厂，雇用5 000多名员工，并在11个国家开了145家零售店。工人的薪水是每小时12美元（平均），几乎是加利福尼亚州最低薪水的两倍。然而，American Apparel并非是采用这一做法的唯一品牌，NoSweatApparel（无苦役服饰）称自己是时装和鞋类公司里公平交易的先锋，设置（用他们自己的话说）充分授权的员工工会组织作为服装行业公平交易的黄金标准。还有，Ujena为消费者提供世界上样式最全的泳衣，也（不畏成本高昂）坚持在美国进行生产。

在（STILL）MADE HERE趋向的背后，第二个促进因素是把本地资源作为事例的素材。显然，很多上述生态或道德的例子都告诉了我们同样的道理，但它的促进因素不仅仅包含这两个角度。事实上，下面描述的一些地方性事例一定会被认为是非生态的行为，因为它们把当地的遗产变成了全世界的卖点，在全球的长途运输过程中制造了很多污染。

地方性和故事/地位之间联系的一个很典型的例子就是对特定地点“质量”的感知，这是因为任何产品都可以在任何地方生产，但并不意味着质量水平也已经全球化了。一些高成本地区之所以可以承受昂贵的价格，是因为具有优越的技能、少有的专长和/或可靠的品牌。为什么这会与早期的预言家所预言的正相反？高端品牌，如意大利的杰尼亚（在意大利有九个工厂），瑞士的劳力士或英国的沃尔图（奢华手机都是在英国总部 Church Crookham 纯手工制作和组装），正在它们的高劳动力成本的本国进行着生产或组装，也并没有因此而遭受损失。实际上，请记住以上事例，这就是它们在销售的产品以及多年来一直销售的产品，数百万的消费者都愿意继续为这些产品买单，因为它们讲述了关于真实性和鉴赏力的事实，有助于顾客了解在哪里可以买到每个品类的最优质产品。相信外包的任何事物，往往会忽视顾客愿意花高价购买真实产品的欲望。

另一个有关（STILL）MADE HERE 和实例是：Izzy Lane 的创立。Izzy Lane 是英国一个新的服装品牌，拯救那些正在被送到屠宰场的绵羊，这些绵羊往往因为是公羊、错过孕期、有点跛脚，或者身材过于矮小，又或者太老或羊毛不合格。被 Izzy Lane 买下的绵羊在绵羊避难所里幸福地生活着，去年公司拯救了 400 只幸运的绵羊，公司把对动物的热爱和对服装和英国的激情结合起来，这些十足的素食主义者把采用他们拯救的羊群所产羊毛制成了毛纺品。Shetland 裙子和套装就是使用 250 只 Shetland 绵羊所产的羊毛制成的，也有一些毛纺品是采用温斯利代尔绵羊（一个濒临灭绝的品种，现在世界上仅有 1 800 只存活）所产的羊毛制成的。公司里有 250 只温斯利代尔绵羊，在 Izzy Lane 拯救它们之前，大多数绵羊的命运都是将要被送往肉市场屠宰。服装由本地的工匠制作，这些工匠是布拉德福德地区唯一的精纺者和染色工，布料由位于塞尔扣克的古老织布厂使用运转了 100 多年的维多利亚时代的织布机制成。对每一件 Izzy Lane 服装而言，从剪下羊毛到整个的生产流程，再到服装自身，整个过程是可知的。现在，是什么吸引着 Izzy Lane 服装的购买者并赋予其地位？是（晦涩的）商标，还是在购买者背后讲述的温暖人心的故事？

15.6 不只是小品牌

不久之前，美国公司摒弃了热爱环保的消费者，如穿麻制衣服、购买力很低却要求更多关注的嬉皮士。现在大品牌却又发现它们还是需要关注环保。苹果公司发起了“绿色苹果”的活动，并宣称要去除新电脑产品中的有毒化学物质；家得宝公司为它的商店 2 500 多种环境友好型产品推出了“生态选择（Eco-Options）”邮票；美国全国广播公司制作的肥皂剧《我们的日子》则上演了一场环保婚礼，其中新郎使用大豆蜡烛和穿着麻制西装；柯尔百货公司表示计划为它在加利福尼亚州的大部分店铺安装太阳能系统。

纽约贸易集团的营销推广协会主席邦妮·卡尔森说：“现在绿色很性感，

消费者认为他们在做有益于环保的事情时会感觉很时尚。”（芝加哥论坛报，2007年5月）表15—1阐述了管理行动研讨会练习。

表15—1　管理行动研讨会练习

明天如何引导	议题引导
重大的健康问题已经存在 你真正在采取措施吗	a. 描述你在应对品牌的健康问题时采取的三个行动 b. 陈述和讨论

2001至2005年，零售巨头、服装设计师和中小企业通过使用有机种植的棉花，使全球含有机棉花的产品的全球零售销售额剧增。据奥克兰和加利福尼亚的非营利有机交易所报道，有机生产以一个农业系统为基础，该系统在农业生产中保持、补充土壤肥力，坚决不使用有毒的、残留性的农药和化肥以及转基因种子。在四年的时间中，每年全球的有机棉花产品销售额增长估计达到了35%，从2001年的2.45亿美元增加到2005年的5.83亿美元。在美国，它的销售额每年增长55%，从2001年的0.86亿美元增加到了2005年的2.75亿美元。“2006年春季有机交易所全球有机棉花市场报告”的作者预言，全球的有机棉花产品销售额在2008年底将会猛增至26亿美元，这表明平均每年的增长速度为116%。消费者不仅仅食用有机食品——也在穿有机布料的服装，使用有机棉花制成的个人护理用品，甚至厨具、洁具以及床上用品都是有机棉花制作的。根据有机交易所提供的信息，2005年全球使用有机棉花原料最多的五个品牌包括（以数量排序）：耐克（俄勒冈州），Coop Switzerland和Patagonia（加利福尼亚州），Otto（德国）以及Sam's Club/沃尔玛（阿肯色州）。

正如你所看到的，越来越多的品牌正在寻找有独创性的方法，并把重大问题作为有利于其经营的灵丹妙药。

15.7　重大的全球问题2：涉入问题

作家查尔斯·李德波特近期于伦敦会议中心围绕“创新（会议的重点）如何改变其性质”（欧洲市场研究协会2006年伦敦代表大会）进行了专题演讲。

正如他提到的，我们已经从大批量生产和大众营销转变为大众参与。这足以强调创造力既不是大公司的特色，也不是一个有序的、在办公室工作的过程。

李德波特进而说，成功的创新型公司正在与顾客逐渐分离，致力于在人们的真实需求与市场之间发现沟壑并为之铺路架桥。当然，网络购物中也存在很多类似情况，像易趣和维基百科、视频网站（YouTube）以及整个电脑游戏产业都说明了这一趋势。

李德波特认为，这意味着当前管理思想的几个关键要素看起来易受攻击或已过时。特别是：

- 价值链——逐渐被共同创造超越，消费者实际上成为了增值过程的一部分；
- 新产品流水线概念——甚至在大的制药公司（也许是最后的堡垒），这一概念也正在被侵蚀，因为创新已不再仅仅是专家的事；
- 组织层级——对创新不再有帮助（他建议："绝不让老板担任新产品项目的负责人"）。

所以，这会成为众所周知的大公司失败的原因吗？不是，即使你是传统组织，持有传统观念，也有很大发展空间，但是我们逐渐地发现非正式、交互式和消费者参与的组织在率领创新。

有充足的证据表明大网站和联合技术的爆炸性成长，促进了创新的参与和进步（2006 年预计）：

- 雅虎唯一拥有每月 4.2 亿的访问者；
- 谷歌拥有大约 100 万的广告商和供应商；
- Pay Pal 拥有 1.25 亿以上的账号；
- Shopping.com 在 3 000 多个品类中拥有 4 000 万种以上的产品；
- Skype 拥有 1.36 亿以上的注册用户，可能是有史以来发展最快的产品；
- 60% 的互联网流量均来自 P2P（个人与个人之间）免费视频文件的共享；
- 拥有 5 700 万博客，每七个月翻一番；
- 在投放市场的一年内，带有摄像功能的手机销量达到 10 亿。

诸如此类。

我们特别需要这种应用在品牌或零售领域的思想。如果应对自有品牌时代的新兴必需品，则两者都需要改变。品牌必须变得比以往任何时候更加灵活、富有想象力和创造力，零售商真正需要充分满足顾客需求并相应地重塑组织机构，网络和技术在未来将会发挥巨大的作用。

在未来，参与是与自有品牌竞争的关键因素。如果你真正了解并能满足顾客的需求，他们就会买你的账；如果你忽略了对顾客有意义的问题，他们也会忽视你。同样，在任何人看来**可忽略**等同于**可替代**。

最后：

ROI=涉入回报率

这是我们需要再次考虑的公式。确保顾客涉入回报率最大化，将成为你的首要任务。

15.8 重大的全球问题3：生活方式问题

生活在快速发生变化，你需要紧跟生活方式变化的潮流。尽管此时存在种种可能，或许你也会总结出几个，但我们认为未来的生活遵循四种不同的路径：选择体验生活的全部；选择延缓生命和衰老，直至永远；用心灵的感悟获得外在的新生力量；或者通过渐增的安全感和信任来释放彼此的生活。

这些反过来又会形成行为导向的四种定位方式：

- **启蒙主义。**越来越多想要认识自我的人试图更多地了解自己以及有益于他们思想、身体和居住环境的事物。追求“更佳”食品品质的爆炸式增长成为生活方式变化的直接证据，新鲜食品的直接流通已经出现。
- **永续主义。**人们越来越多地认为衰老是心理和生理上的一种状态，通过消费保健产品可以得到延缓。人们想要活得更长，便更加注重营养和化妆品以使自己保持青春。年龄穿越已成为新的流行语（40岁看起来像20岁）。
- **独身主义。**在这个愈发疯狂、压力愈大的世界，人们努力寻找一些属于自己的时间来充电、感悟和释放生命。由于结婚率的下降和离婚率的上升，越来越多的人选择单身。
- **安全主义。**在这个日益不安全的世界，越来越多的人为自己及其所爱的人寻求安全。

自问一下你的产品组合（制造商品牌和零售商品牌）是否考虑了生活方式的这些改变？并针对这些变化做了哪些努力？

15.9 我为人人，人人为我

把这几个关键性的重大问题结合起来，便会发现其中的机遇：制造商品牌怎样更有效地与自有品牌相竞争？零售企业品牌怎样更有效地满足顾客的未来愿望？品牌制造商和零售商如何合作实现共同利益？让我们从真正应对品牌自有化……以及发现品牌机遇开始。

趋势最大化因素见图15—5。

图 15—5 趋势最大化因素

15.10 总结和机遇

如果制造商品牌想要在自有品牌主导的时代占有一席之地，必须重新考虑品牌的基本要素。包括重新定义品牌和再开发顾客需求以重获顾客信任。信任从何而来？答案就在我们周围发生的重大全球问题中，它推动了现在品牌的发展。只有完全洞悉了这些问题，我们才能够充分实现品牌的竞争优势。

- 机遇 8：确保你不是一家伪环保的公司，确保你是一家真正实现改变的公司。
- 机遇 9：成为市场重大问题的领袖，同时成为响亮的倡导者。
- 机遇 10：最大化新的 ROI，即涉入回报率。这一点将在以后章节中详述。

15.11 需要考虑的行动

1. 评估一下粉饰自身（假环保）的程度，对自己以及这个世界是否真实地表现自我？

2. 对你在健康问题、顾客参与度和生活方式改变方面的影响进行内部审核。你是否与众不同？

3. 拟订行动方案，做到与众不同。

16 自有法则 4：教育、导航和启发

让我们来看一下品牌化的新角色（如图 16—1 所示）。

图 16—1 教育全部

16.1 提要

- 品牌化的角色正在发生改变。
- 其教育角色日益加强以帮助开发社会需求。
- 品牌制造商与零售商必须承担新的宏观责任。
- 培养顾客的责任感成为商业的首要前提。

16.2 成为教育者

到2020年全球医疗费用将增长300%

十年前，品牌与社会责任价值主张的深度融合还是一个全新的理念，最初只能被班杰瑞（Ben & Jerry's）、Patagonia（主营户外服饰）和星巴克（Starbucks）等创业公司所接受。现在的公司网站上超过10万网页与企业社会责任相关。亚马逊网站上超过600本书与社会责任有关。全球250强公司中50%以上的公司发布企业责任报告。社会责任已提上日程。

很明显，现在的生活方式已经失控。毋庸置疑，大多数失控的生活方式都间接地受到超市和跨国品牌的影响。它们一味地追求发展导致了人们生活方式的失控。你可以争论谁应该对此负责，但从某种程度上说我们都应负有责任。我们不断要求价格降低，要求更快捷的服务，结果我们得到了大型的跨国公司和过度加工的食品，自第二次世界大战结束以来，这种发展趋势从未停止过。很显然，至少从品牌战略角度来看，是时候该结束这种趋势了。随着全球零售品牌的发展，我们已经大刀阔斧地进入了低成本生产商（LCP，low-cost producer）时代。低成本生产商毫无疑问就是自有品牌生产商。传统制造商品牌能够响应LCP固然很好——但这值得其追求吗？值得注意的是，超市花费中最高的20%占了其收益的80%。如果这些花费是用在自有品牌产品的购买上，那么品牌就失去了讨价还价的最后余地了。确保顾客购买你的产品的一种方式就是积极地对他们进行教育。

一个充满社会意识的新时代正蔓延至整个世界。人们不仅仅对自己，对彼此以及环境有了更进一步的责任感。这一转变逐渐在利益相关者（顾客、员工、股东和供应商）中间引起巨变，他们指望品牌帮助界定自己的社会角色，并寻求有价值的购买，而不只是获得。

16.3 确保你已全副武装

在过去的20年里，我们已经从以功能为中心的品牌向以情感为中心的品牌以及以价值为中心的品牌转变。今天，品牌的灵感必须建立在社会责任感之上。只依据产品本身来定义品牌已经远远不够，它们必须做出声明——环境的、文化的和社会的——产品未来的趋势（瑞秋·西蒙斯）。高端汽车品牌关键属性的演变充分体现了这一趋势。从质量、价值和安全（沃尔沃），到设计和个性化转变（大众高尔夫），再到燃油效率/环保转变（普锐斯）。一些司机甚至把车作为关注环境的视觉宣言。正如丰田普锐斯的广告近期所言，“绿色是新的黑色”。一系列的集中趋势表明：具有高社会品牌资本（SBC，social brand capital）的公司正在寻求新的商机和商业繁荣。首先，现在人们的社会意识和环保意识不断加强，购物时，越来越倾向选择值得信任的负责任的一流公司。除自身外，人们想要感受更多，而品牌就是寻找这种社会归属感的自然之地（如图16—2所示）。

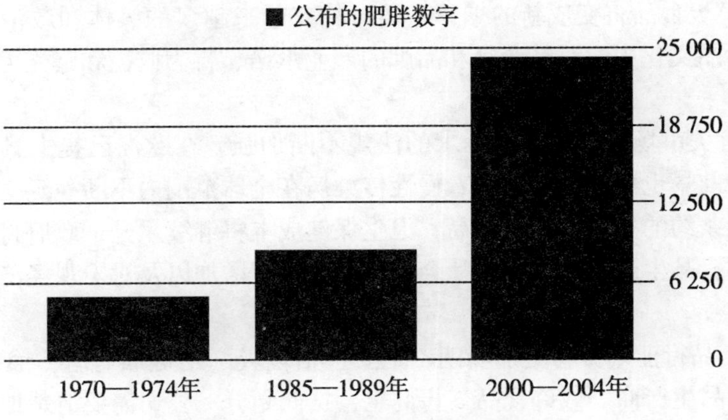

图16—2　不断高涨的宣传浪潮

资料来源：NRG/Int

另外，在琳琅满目的品牌中，想要通过传统的产品或服务创新来创造竞争性优势越来越困难。正如近期迈克尔·波特和马克·克莱默所说：“在产品的价值主张中融入社会因素，能为你开辟出一个具有竞争力的新领域。”与这一趋势有关的事实是，人们日益倾向去寻找能真正解决问题的公司，而对那些只为提升知名度而简单披露信息的公司嗤之以鼻。因此，那些试图借助某一特定事件进行公益营销的传统模式，实际上只能带来更多的负面影响而不是成功宣传。

现在，越来越多的公司已经意识到是从商业、人类学和伦理层面重新审视企业社会责任的时候了，并以深入、极具吸引力的社会与环境责任承诺，真正调整核心品牌定位，从而构建起真正的市场价值和社会价值。

借助其高社会品牌资本成为最著名的天然食品品牌以及有机酸奶行业领导者，一个很好的例子就是**石原农场**，其产品的价值主张是“为了个人的健康，为了整个地球的健康”，这一主张贯穿于其所做的每件事。从包装选择到节能政策以及对家庭农场和有机农业的支持，以及为改善学校食品设计的“餐单更新项目”，该公司始终坚守石原品牌对环境与社会的承诺。正如达能集团董事长兼总裁弗兰克·李布所说：“石原不仅仅是一张资产负债表——它代表着道德。”

你需要充分理解这些趋势和相关重大问题，以便为所面临的战役做好充分准备。在我们最近出版的一本书《怎样在零售中获得成功》中，我们谈到了这些趋势与食品行业的关系。目前，从零售战略来看，食品行业是最容易受这些趋势影响的一个很好的例子。英国全国中心论坛首席执行官保罗·林肯最近总结了未来的发展趋势。

1. 垃圾食品将变成新的烟草，届时将有越来越多的媒体和政治兴趣出现在垃圾食品文化中，对其产品和品牌的产业承诺、行为监控和曝光力度将极大提高。

2. 有关市场营销、健康诉求的法规不断加强，在欧洲已提上日程，在美国的诉讼前景也更加明朗。随着慢性传染病在全球范围内不断蔓延，对全球食品和健康条约的关注度越来越高，卫生保健成本将继续飙升，政府将采取措施应对此类食品生产带来的额外社会成本的大幅度增加以及对宏观经济的破坏性影响。

3. 食品行业划分将更加明朗，主要包括垃圾（对健康有害）食品生产商和保健食品生产商。或许食品零售商也会据此划分？公司需要清楚地认识未来的核心业务，相应地营销自己，并重新定义品牌价值。社会改革已经提上日程，关键的问题是垃圾食品生产商怎样看待这一风险，是改变、应对变化，还是坚持自己的核心业务。消费者健康诉求的不断提高促进了需求的增长，产品研发投资和产品改进力度也将进一步增强。

相信我们，这些问题与任何食品企业的未来都息息相关。面对这些问题，最好制定正确决策，并积极采取行动提升品牌。

16.4 如何构建明天的品牌忠诚度？

这些问题及其教育将与未来品牌可持续性成功的衡量标准——品牌忠诚度紧密联系在一起。虽然关于品牌忠诚消亡有许多论调，但是忠诚本身并没有改变，人们仍然愿意购买自己信任的品牌。顾客仍旧需要重要的同种商品……值得信任的商品。然而，我们认为构建品牌忠诚度的本质是加速进化。重复购买同一品牌产品的本质将越来越会受到这些重大问题的影响。我们已经脱离了构建大多数品牌忠诚度传统因素中的产品满意度因素（如表16—1和表16—2所示）。

表16—1 **今天、明天的重大议题**

	今天的品牌	明天的品牌
营养保健	+/−	++
减肥	−	++
环保型原料	−	+
环保型包装	−	+
有机	−	+
气候变化影响	−	+
介入人们的生活和生活方式	−	+

表16—2 **品牌忠诚度的演变**

昨天的品牌忠诚度	今天的品牌忠诚度	明天的品牌忠诚度
产品满意度推动了品牌产品的重复购买	如果通过商店能更有效率地了解商品，在多数情况下购物经历有助于建立店铺忠诚会员卡	为消费者和社会做正确的事

近来，人们越来越注重感知价值比较和制造商品牌/自有品牌产品质量比较，其中也会涉及便利性和会员卡等其他因素。顾客忠诚越来越受到忠诚点数（loyalty points）的影响，超过了对品牌的喜好。以英国为例，乐购拥有1 200万会员，Nectar拥有1 400万会员（玛莎和赛恩斯伯里）。

然而，我们认为明天的品牌忠诚度将会更多的受社会因素推动。顾客将不再过分自私，并且愿意支持真正“好的”公司。当前，会员卡已经能够代表忠诚度（某种程度上是店铺忠诚），未来，伦理道德和可持续的政策将代表忠诚度。当然，你可以说唯利是图的商家还会继续获胜，会员卡给予我们好处，但是我们由衷地相信今天的消费者心理正在发生重大转变——他们真正开始关心这个世界的命运并且希望通过自己力所能及的努力去影响世界。

能够认真面对这些变化的人将会是众多失败者中的成功者。你必须认真面对，这不是你最新的生产线延伸或产品品味变化，这是对所有变化的承诺。不幸的是，现实中我们未能真正地对待这些承诺，更多的是高调宣传，不管是雀巢称其正朝着这个方向努力还是吉百利推出的保健性巧克力产品。现实是**所有食品都应有益健康**，我们却还在创造并持续创造不健康食品。这一趋势必须逆转。

新的世界中没有不健康食品和绿色食品之分，只有健康食品。特别是食品公司，仅通过生产不同的口味，阻碍了这一必然趋势的发展。如果它们现在不行动，顾客就会自己行动或者政府出台立法。这些问题已经比品牌的生存更为重要，其代表了社会的生存。

世界上大多数健康服务未来都将受到肥胖流行病的影响

这是事实而并非虚构，新闻头条已经证明其真实性。不健康的生活方式将不再是社会的选择，健康生活成为一种社会特权。不健康的生活方式不再是品牌的选择，健康方式成为唯一的品牌选择。总之，这不仅仅局限于食品行业。这些问题及其相关问题都与快销品品类有关，还包括电子产品等。

16.5 现实点吧！

可口可乐公司的首席执行官 E. 内维尔·伊斯德尔对于其产业陷入肥胖症的争论中感到非常沮丧。最近的一次会议上，他强调其产品属于卫生健康类产品，产品中不含或者含有的少量元素，不会致人发胖（《纽约时报》，2007 年 3 月）。**开玩笑吗？**零卡路里将会是产品更好的描述，健康的对立面将会更明确。在美国销售额高达 680 亿美元的碳酸饮料市场仍很活跃，但消费者们逐渐选择瓶装水、泡沫果汁和绿茶饮品。2005 年美国碳酸饮料销量有史以来首次下降，可口可乐公司和百事公司都计划推出新的添加维生素和矿物质的碳酸饮料——健怡可乐（Diet Coke plus）和 Tava。

两年前，有点像一场营销博弈，百事可乐公司发起了一场大规模运动，这场运动中百事可乐充当了教育者角色（《广告人》，2006 年 8 月）。意识到美国人越来越关注保健和健康，公司开始用更有利于表明健康食品益处的信息包装其产品。这一运动被认为是明智之举，目的在于帮助消费者选择更加健康的产品，同时巧妙地宣传百事可乐公司生产的食品和饮料能满足一定的营养要求。

今天，百事可乐生产的250多种产品都贴上了绿色Smart Spot（聪明点）标志。这表明这些产品至少含有每日所需营养成分的10%，含有少量的脂肪、钠和/或糖，或者还含有类似全谷类的保健成分，益于健康。百事可乐公司负责公共关系的副总裁林·马克利说："2005年Smart Spot产品的销量是其他产品组合销量的2.5倍。消费者正在寻找更加健康的产品。很显然，我们满足了顾客的健康需求。"百事可乐公司不是唯一提出教育营销理念的公司。许多行业的几大品牌都运用促销来教育消费者不仅要关注特定产品，而且应该关注整个产品系列。结果，消费者不仅能够做出见多识广的正确购买决定，专家还认为他们对优惠券也更易于接受，因为他们更信任与自己有业务往来的公司。弗雷德·森认为：营销者可以通过教育消费者来改变他们的购买行为。

还有很多其他事例。**通用磨坊公司**（General Mills）2004年启动了互动性的网站BrandNewYou.com，该网站访问者通过进行卡路里计算，可以获得饮食控制和锻炼方面的常识。消费者可以从网站上获得通用磨坊公司的饮食控制配方，如一百卡路里的爆米花和汤的配方，还可以下载贝蒂妙厨低脂肪食谱。卡夫食品公司通过侧重利基市场进行教育营销："享瘦南滩。"一月份，当目标受众开始寻求年休方法时，位于诺思菲尔德和伊利诺斯州的公司启动了海滩巡回旅游活动，卡夫食品公司管理者巡游九个不同的城市，教顾客如何制作营养餐以及如何保持健康的饮食习惯，同时销售卡夫的健康食品。

我们必须再次强调，上述发展趋势是真实存在的，并且这一趋势仍在继续发展。这些组织并没有很好地整合这些重大问题，只是为了扩大销量。因此必须要谨慎，在顾客开始认真选择那些对重大问题实现承诺的公司时，机遇已经出现。正如像耐克这样的大公司所发现的，当世界开始告诫你的时候，这些重大问题已经对你的业务产生了非常负面的影响。耐克起初在远东地区血汗工厂采取的负面政策对耐克品牌造成了超乎想象的负面影响。

教育只是更大发展过程中的一部分，但至少是过程的开端。**通过教育顾客也可以更好地教育自己。**教育营销活动的成功关键在于准确发现顾客需求。信息越令人愉悦、越具有创新性，就越易吸引顾客，使顾客更易信任公司产品。教育营销成功的关键因素包括：

- 避免信息超负荷；
- 确保信息令人愉悦；

- 融入互动元素;
- 明确表明各自回报及利益点;
- 付诸行动。

试问自己几个问题:

- 从生态或道德角度来审视,哪些顾客愿意更多地了解产品,并且对产品发展历史感兴趣?怎样把产品发展经历与现有产品和新产品相结合?是否可以像乐购和天伯伦一样尝试发展高端品牌?
- 是否存在创立新品牌或把现有一个品牌转变为一个融入当地故事(超额边际)的真正地方品牌的商业机遇?是否应该与这一领域的新生力量合作?
- 我们是否能够在一些模糊或虚拟的产品中加入更多故事素材以便于顾客向其他人宣传产品?如果我们提供的大多数是更为主流产品的话,是否应该创立新产品?

这就需要教育,而实例比比皆是。在成熟的消费社会中,"二氧化碳排放量"已经成为家喻户晓的词汇,你完全可以通过预测消费者期望来调查特定产品的起源。几年前无人问津的事情现在却变成购买过程中必不可少的一部分,例如:产品是如何生产的?由谁生产的?如何到达销售地点的?购买后会对环境产生什么样的影响?英国超市乐购计划在其销售的70 000种产品上贴上碳排放量标签,便于顾客对比碳物质影响。这执行起来需要一些时间,目前公司正致力于研发一套被人们普遍接受并熟知的测量系统。

去年鞋类生产商**天伯伦**(Timberland, www. trendwatching. com)开始在每个鞋盒上贴上"营养标签",引导消费者了解他们购买的产品,标签中包括产品产地、生产流程、对环境的影响等信息。这是一个很好的尝试,将盒内信息"你会留下什么样的足迹?"传达给顾客,并号召顾客在购买后采取行动。

都乐有机食品(Dole Organic)让顾客"见证每种有机产品的产地"。在都乐有机食品的网站上输入水果标签上的三位农场代码,顾客就能看到其产地的背景信息,可以浏览到这个农场和工人的照片,并且能够了解更多关于都乐产品产地的信息。适用于香蕉的方法同样适用于鸡蛋,如位于英国的Chippindale食品公司是第一家为顾客提供所有鸡蛋可追踪的公司,它巧妙地命名公司网站为"wheresyoursfrom",同时推出了中介性的MyFreshEgg,为大量的农场和鸡蛋生产商提供同样的服务。Aceites Borges橄榄油将每瓶橄榄油都分批编号,告知消费者橄榄的产地、榨油日期、橄榄油生产商、榨油地、同一批号的瓶装橄榄油升数、装瓶日期、酸度、口感得分和品尝记录信息等。

现在有了“生命故事”标签。在日本，数百万的消费者都在具有摄像功能的手机上安装了条码识别软件，这意味着海量的信息（包括图片和影像）都可以“附加”在产品上，甚至包括最严肃的信息——自动指引顾客。尽快开始制定你的产品“生命故事”战略，也许是个不错的主意。

彻底消除产地和餐桌之间的距离，满足鸡蛋标签可追踪性的需要——例如，**英国的欧姆莱特公司**(British Omlet) 每天早晨都会把母鸡送到消费者的花园里，把新鲜的鸡蛋送到餐桌上。公司为市区和郊区的花园设计了特殊的鸡笼，其目标客户是初次养鸡户、家庭和环保主义者。如何实现这些服务呢？欧姆莱特公司以365英镑（700美元/550欧元）的价格来供应母鸡雏，这些母鸡雏都经过了有机饲养并充分接种疫苗。每个Eglu鸡笼可以容纳两只母鸡，这样的服务引人注目，并成为21世纪的鸡舍版本。在其经营的前三年，公司售出了10 500个Eglu鸡笼产品。目前，公司能够供应更大版的Eglu鸡笼，有的可以同时容纳10只鸡。

16.6 总结和机遇

你可能会把这些重大问题处理得非常完美，但是你还需要采取行动。教育是激励员工，为员工指引正确方向的关键。教育同样是未来获得长期忠诚度的关键。

- 机遇11：**使你的品牌成为更好的品牌**，使之完全社会化，并从顶层到底层与社会完全融合，完成彻底的变革。
- 机遇12：**成为重大问题的教育者**。对于我们所面对的重大议题，有社会和道德的责任对每个人进行教育，从员工到顾客。
- 机遇13：**成为重大问题的执行者**。改变你的整个产品线、包装、沟通方式和配送方式，从而映射出上述新的议题。不要再借助绿色进行虚假宣传，真正行动起来吧！

16.7 需要考虑的行动

1. 核查你的“重大议题”涉入的教育水平；
2. 找到一种途径，使公司成为“重大议题”的传播者；

3. 制订计划，在公司的所有行动中彻底落实这些重大议题；

4. 制订内部沟通方案和方法，从而对所有人就即将发生的变化进行教育；

管理行动演练见表16—3。

表16—3 **管理行动演练**

如何教育	教　育
重大的健康问题已经存在 你是否真的有助于公共教育	a. 分成不同的组 b. 针对健康问题和你的产品，列出你采取或将采取的教育公众的三种行动 c. 展示和讨论

5. 再次简述研发行动，以确保人们开始并将持续关注这些重大议题；

6. 确保关于重大议题的沟通是有意义的，而非以自我为目的；

7. 教会自己如何教育他人；

8. 若想要学习如何就重大议题教育他人，可以看一下戈尔的电影《难以忽视的真相》；

9. 不要再虚假宣传，行动起来吧；

10. 制作一本“重大议题”手册，向所有内部员工展示你正在做的和将要到达的地方。

17 自有法则 5：赢取“思维货架”

我们下面看一下货架的演进。图 17—1 描述了货架展示。

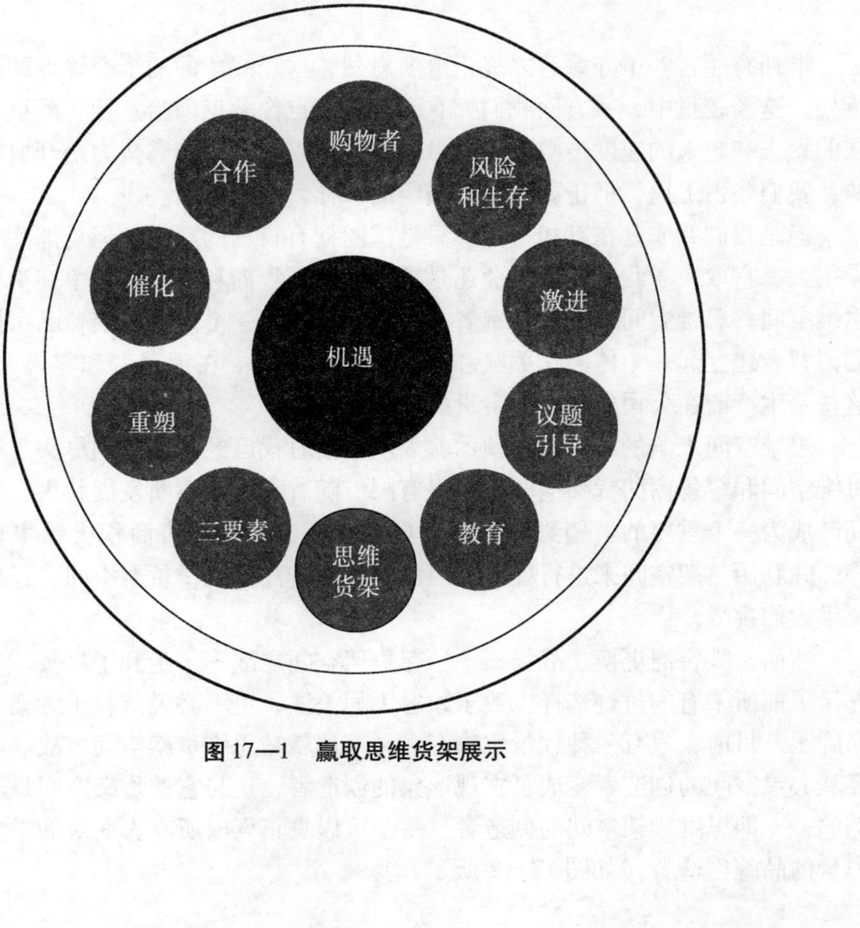

图 17—1　赢取思维货架展示

17.1 提要

- 这不是关于思维空间的。
- 这不是关于货架空间的。
- 这是关于思维货架空间的。
- 品牌已经从心灵空间的创造者变成了主观形象的创造者，而且与货架空间不成比例。
- 确保拥有你的市场份额。

17.2 为空间而战

谁拥有顾客？争夺顾客之战正愈演愈烈，这场战争的两个交锋点即思维和货架。这场较量中，一方面我们拥有品牌，有点像拳王穆哈默德·阿里凭借坚强的意志和超人的速度击败对手；另一方像迈克·泰森依靠蛮力杀开血路。是的，我们略占上风，但正如想象和描绘的一样，斗争不断。

但是我们并非是在互相搏击，只是试图拥有自己的空间。但是那些空间差异很大，它取决于我们是品牌商还是零售商。零售商和生产商在争夺消费者的思维空间。思维空间是有关消费者学习和记忆的，一个成功的消费品可以为终端消费者建立起一个体验、关联和购买习惯的网络。在消费者和零售商看来，这些是生产商在公司外拥有的宝贵的无形资源。

思维空间之争的古老战场预示着大众传播时代已经快要走到尽头。顾客的思维空间和零售商的货架空间已经很有限。随着零售商不断发展壮大，货架空间已成为一个重要的营销影响因素。更多富有经验的零售商积极销售自有品牌，并利用货架空间来进行促销。因此，对制造商而言，货架空间已经成为一项重大的挑战。

然而，零售商更换了战场——争夺货架空间之战——走到了尽头。货架因充斥了前所未有的过剩选择以致于顾客无暇关注，更不必说依赖于货架空间的品牌了。目前，只有一种较量比较有意义，那就是思维货架空间之战。品牌已经从心灵空间的创造者变成了主观形象的创造者，这与它的货架空间是不成比例的——即思维货架空间的创造者，一个可以真正驾驭所有人面对的重大议题力量的品牌创造者（如图 17—2 所示）。

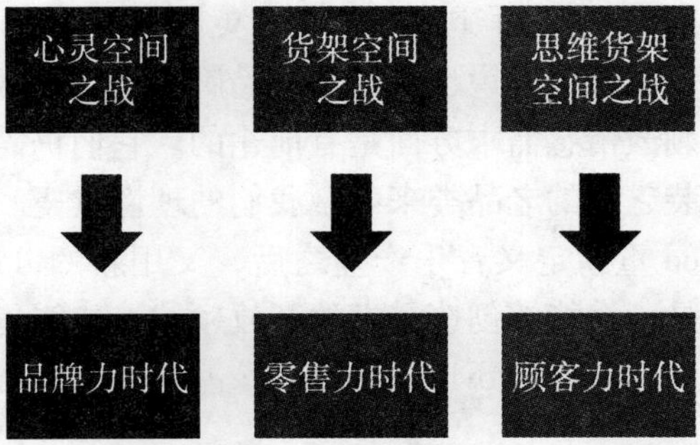

图17—2　空间争夺战

一旦你要增加思维货架空间，在所有营业区都要增加空间，包括网络空间，通过专门的分销或配送来完成，可以把商品储存在商店里或临时店，使得你的销售无所不及。在这种情况下货架已不再局限于传统的店面，它无处不在，在任何地方、任何环境下——这也使得品牌价值被边缘化成为潜在挑战。

17.3 未来的崭新货架崭露头角

来看关键的议题，销售才是重点。品牌似乎已经丧失了卖点，人们习惯上认为，视野范围代表购买水平，也代表着销售水平。但进入赛恩斯伯里超市我们看到，饼干区品牌产品高调地摆放在低层货架上，而赛恩斯伯里超市的产品则摆放在中高层货架上。谁更能吸引顾客的眼球？

或许我们可以通过把购买转变为思考来改变这一局面。将来，思考水平将代表购买水平。

之前的著作中已经谈及对品牌的需求已经发展到为顾客创造需求的阶段，而不仅仅是满足顾客的基本需要。当你渴望得到一个产品时，为了得到它，你会跑遍任何可能的地方。而当你需要一个产品时，只要到供应点购买便可满足基本需要。基本但微妙的差异对品牌力量的重建至关重要。

零售商通过自有品牌满足顾客需要。
你通过品牌满足顾客需求。

想想看，差异是有的。我们正从一个“**活着是为了吃饭**”的社会向一个“**吃饭是为了活着**”的社会转变。经历数十年劣质食品后，英国不再为饮食感到难堪。英国的食品和饮品经常在国际大赛上获奖，并且根据《餐厅》杂志报道，全世界最好的50个餐厅中有1/7都在英国。

对于电子工业和时装业来说也是如此。品牌在满足顾客基本需要方面已经没有前途，然而在刺激情感需求方面是有前途的。它们仍需要通过真正的产品创新，甚至重新包装乏味的老品类来刺激我们的理性欲望。最好的例子可能是苹果公司，在用iPod重新定义音乐产业之后，又用新的iPhone重新定义了手机产业。食品业也是一个能够创造需求的开放领域。达能集团——法国的酸奶制造商，已经通过发起的“Activia”品牌风暴占领了美国市场，该品牌的酸奶产品富含活性益生菌。

再来看一个丹麦品牌Aarstiderne，每周或每两周为顾客将装有有机蔬菜、水果、肉类、鱼类和面包的食盒直接配送到家。实际上该公司已经在顾客头脑中创立了思维货架，甚至不需要依靠实体店货架。三万个丹麦家庭定期选购该公司神秘的有机食品盒系列。顾客选择食品箱的型号和尺寸，提前一个月付款，食品箱内的食品类别由Aarstiderne的应时产品组成。

农场主托马斯·哈童和当地厨师索伦·艾杰尔森的最初想法是与当地家庭合作，改变人们对农业、食品和可持续性的一般看法。从当地农户和种植户中采购有机产品，开始运作Aarstiderne品牌。Aarstiderne的目标在于增强人们对可持续性和食品质量的意识。

食品盒连同有关种植户、农场、公司、食品和质量的资料和故事一起传递给了顾客。这种交流方式真诚且透明化——Aarstiderne让顾客知悉农户和公司的所有做法，无论消息好坏。

通过高品质有机食品与充满惊喜的食品箱的结合，以及资料和故事共享形成的社区意识，Aarstiderne既填补了市场空白又满足了现有有机食品市场的需求。相似的服务理念同样存在于美国（有机食品上门服务）、瑞典（Ekoladan）、荷兰（Odin）以及英国（Riverford）。这里我们只列举这几个。这不是一个全新的理念，却是一个日渐被广泛应用的理念！

最后，为什么不考虑改变你的配送货架？德国啤酒制造商Karlsberg（不要与丹麦嘉士伯（Carlsberg）啤酒公司混淆）确信其能够吸引越来越多的女性啤酒爱好者。在英国、西班牙等国家，男性和女性中喝啤酒的比例大致相同（大约为40%）。令人吃惊的确是，德国情况并非如此，德国女性认为啤酒不健康、致人发胖或影响智力。或许她们也言之有理！

因此，Karlsberg采用另一思路引入Karla品牌。它强调啤酒是一种天然产品，卡拉作为一种女性健康饮品逐渐推广开来。这种混合酒包装醒目，有两个不同品种。两种产品的酒精含量都很低（仅为1%），并且是啤酒和果汁的混合饮品。Karla Balance声称通过把啤酒花与香蜂草相混合实现“温和口感和营养均衡”，香蜂草以镇定特效闻名。

另一品种，Karla Well-Be 同样是功能性食品/保健营养品趋势推动下的产物。原料包括大豆卵磷脂（有助于改善人体内的胆固醇水平）、叶酸（适合孕期妇女）以及其他维生素成分。

对健康的重视促成了不同寻常的分销渠道：Karla 通过药剂师销售。在2005 年预售推广后，Karlsberg 近期又与营养品制造商 Amapharm 合作，向全德国的药剂师销售 Karla。

目前 Karlsberg 正在向国际市场扩张。管理行为演练见表 17—1。

表 17—1　**管理行为演练**

创造需求	需求，而不是需要
我们处在一个创造需求而不是仅仅满足需要的时代	a. 划分小组
这是像零售商一样进行思考的重要部分。	b. 想想你的品牌，弄清楚顾客需要什么
为了创造盈利的企业，我们不得不转变我们的思维模式，即从满足消费者需要到创造顾客需求	c. 想想你的品牌，弄清楚顾客需求什么 d. 展示并讨论

17.4 始终如一，一致性

影响商品长期头脑份额的关键因素就是一致性。首席执行官罗伯特·波雷特，在《财富》杂志（《财富》，2007）的一篇文章，以古琦（Gucci，意大利时装品牌）为例，有力地论证了这一观点的正确性。古琦是一个有着 85 年历史的老品牌，它把一致性作为其品牌生存和发展的关键基石。正如他所述：“把品牌想象成朋友，如果朋友变得前后矛盾，第一次你可以说，‘恩,奇怪’；第二次发生时你可以说，‘我不确定和这个人相处是否愉快，因为他难以捉摸’；第三次你可以说，‘我将找一个新朋友’。”品牌亦是如此，如果品牌管理不能保持一致，消费者就会对它失去信任，并转移到其他品牌。这就是品牌为何会消逝。我们将在下文讨论未来商店时详细讨论这一问题。

17.5 品类分解者

你可以运用该方法到思维货架中，直接打破并瓦解品类中的正常规则。正如我们所知，现在的顾客每天都受到来自广告、店内展示、商店货架以及其他车辆中的成千上万的产品和服务冲击。消费者在复杂的环境中注意到你的产品的可能性变得越来越小，甚至不太可能。然而，一切并非完全失去控制，这需要你更勇敢和更彻底地变革。

产品令人关注的唯一方式就是打破品类的无形规则。为了“成功”打破这些规则，你必须掌握两个基本技能。第一个技能是有一个基本原理去遵循。第二个便是相信与众不同是一件很自然的事情。

因此，如何打破品类规则？首先，考虑产品的三个要素（外观、形态、功能），然后决定产品三要素中哪个可以分解？是否应该分解？是否能够被分解？

外观：看一看相邻货架是如何分配的。是否可以做一些改变使自己脱颖而出？能否改变包装上的标签？能否把目前货架空间中没有使用的颜色充分利用起来？能否通过准确的产品货架定位更好地突出自己？能否清晰掌握你所供应的产品？能否为顾客提供他或她渴望的保健信息？能否使包装更精巧？能否看起来更加适应今天的顾客？

形态：或许你的产品能采用其他的包装形式而不是标准的箱或者瓶子。看一下你包装的结构并决定是否可以改变，不仅仅为了打破品类规则，还需要考虑顾客的体验。能否使用管状的包装而非盒子，使用袋子而不是桶？通常，通过改变包装方法你还可以改变店面位置，并真正地远离竞争。试想小包装的引进是如何把许多冷冻食品带入普通商店的过道柜台。

功能：分解品类并实现招牌品牌的一个重要途径就是评价包装的作用。怎样把你的产品包装成更方便顾客使用？近期对一个主要的糖类产品使用带有盖的塑料容器进行再包装，这样消费者就不需要再换容器。采用容器包装糖类产品，利于产品销售，易于储存，利于品牌识别。你能真正地使产品更加便利吗？

站起来，脱颖而出。有象征意义是任何品牌在相对短期内脱颖而出的基础。利用这些因素可以分解品类并真正独树一帜。

17.6 总结和机遇

目前只有一场真正意义上的战役，那就是思维货架空间之战。品牌已经从心灵空间的创造者转变成与其货架空间不相符的主观形象的创造者——一个思维货架空间的创造者，一个可以真正利用我们所面对的重大议题的品牌创造者。

- 机遇14：增强你的思维货架展示度。在店内，确保你的展示和产品直接与一些重大社会议题相联系。
- 机遇15：拥有思考空间和水平。

17.7 需要考虑的行动

1. 查看你所供应的产品，产品能否增强思维货架展示？
2. 描述可以改变产品的三种方式，以增强产品的思维货架展示效果。
3. 寻找拥有思考水平的方式。
4. 寻找分解品类的方式。

18 自有法则 6：创新、想象和涉入

这里我们将探讨如何把创新、想象和涉入这三个要素（如图 18—1 所示）的使用发挥到极致。

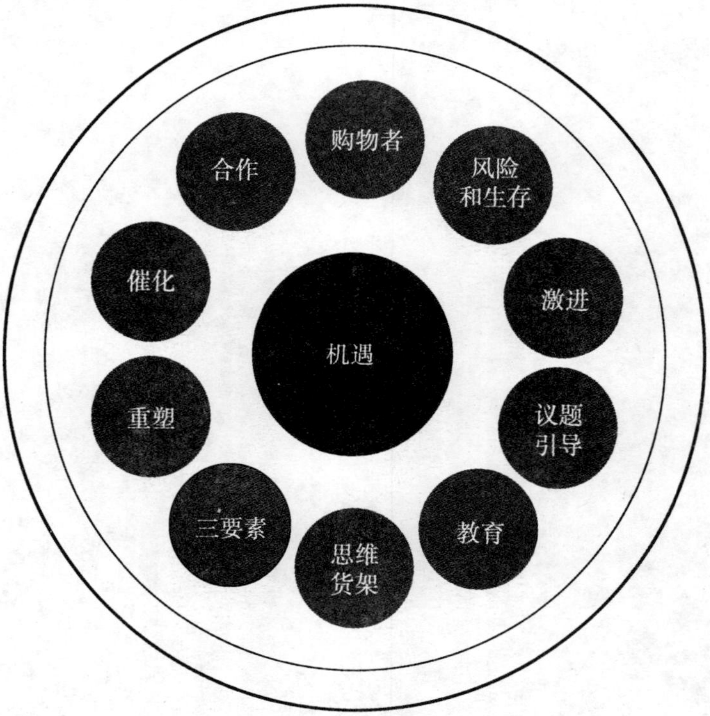

图 18—1　创新、想象和涉入

18.1 提要

- 进行前所未有的创新。
- 找回品牌形象的影响力。
- 使顾客参与其中。
- 做好以上三项并把它们的力量联合起来。

18.2 创新、想象和涉入

我们将战略集成起来，同自有品牌变体——普通商品、复制品和高溢价零售品牌进行战斗，并找到方法来使用“创新、想象和涉入”三要素创造性并有效率地定位自己。让我们来逐一分析。

18.3 创新

在快速品领域，你能很好地看到创新的效果，某类商品的创新速度显然与该品类中自有品牌份额紧密相联。果酱、油和调味汁都没能阻止自有品牌的发展（如图18—2所示）。低创新率一直是这些品类市场进入壁垒逐渐消失的原因。相反，洗涤剂和洗发水自有品牌市场份额较小。事实上，它们对创新的不懈追求已经使得简单的自有品牌很难进入市场。其实，当你开始思考品牌怎样才能真正实现创新时，还可以更深入地研究这个问题。是的，创新是关键。但是无论如何应把创新作为一件平常事对待。为了抓住自有品牌的机遇，你可能需要更多的创新。

近期，在23个国家专门进行了自有品牌在低创新品类中获得成功的研究（Kumar and Steenkamp，2007）。他们发现**在低创新品类中自有品牌的市场份额高达56%**。这似乎是需要更多创新的一个很好的理由。但是你要记住，即使在最具创新性的品类中也存在自有品牌。回想一下我们前面的描述。即使苹果公司都面临着来自自有品牌的威胁，其他任何公司都不可能完全不受影响，尽管创新会带给公司一定程度的安全。对于低创新程度的品类来说，是该大力搞研发的时候了。

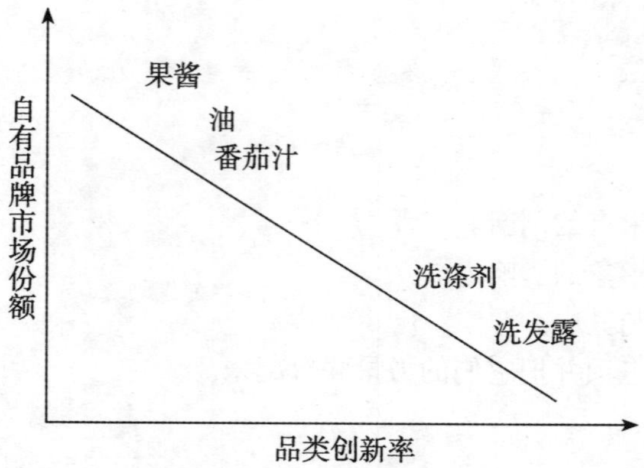

图 18—2　价值创新是最佳的防御

资料来源：Jean-Noel Kapferer HEC

图 18—3 表明，对于大多数品牌而言，真正的机会在于通过提高产品的性价比来提高销量和/或通过为顾客提供以多换多的高附加值产品来实现真正的价值创新。你的新产品开发（NPD）计划怎样才能最终实现真正的价值创新呢？前者实际上是一项防御策略，后者则为纯粹的攻击。真正使你的品牌一直保持新颖的唯一方式就是提供更多的以多换多的高附加值产品。

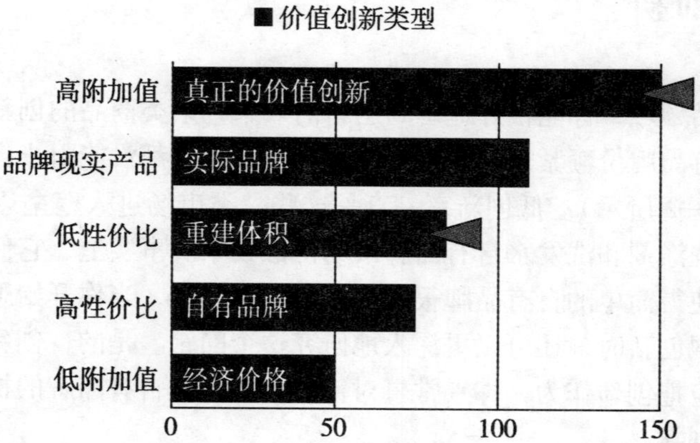

图 18—3　创新是催化剂

资料来源：Jean-Noel Kapferer HEC

当你审视自己的产品创新时，是否实现了这一目标？你的创新在**提供附加值**方面做到极致了吗？你的产品实现了**真正的价值创新**吗？图 18—3 中的图表（来源于吉恩·诺埃尔·科普菲尔，并经过改编），清楚地说明了品牌需要最大程度地进行创新才能够在与自有品牌对抗中获得成功。

审视产品创新并自问，创新后产品是否至少真的达到了更高的性价比了吗，或更加理想，是否提供了更具附加值的产品？后者是你的真正目标，必须不断地为高附加值而奋斗。

让我们看一下实际中的情况。如果关注一下游戏机行业（如表18—1所示）近期的创新情况，就会清楚地发现谁是一直的赢家：任天堂。你会发现为什么索尼会失败。是的，原因就在于大量的创新。难道玩游戏的男孩们就不需要买单吗？PS3（索尼公司的PlayStation3游戏主机）的价格至少为Wii（战国无双，任天堂在2006年推出的新一代电视游戏机）的两倍，所以你对PS3创新的期望会非常之大。而你得到的产品却没有什么突出的创新，如重新用盒子包装的蓝光光碟看起来大同小异。新品Xbox 360（微软第二代家用视频游戏主机）通过合适的定价手段或多或少地避免了这一失误，但是包装仍旧缺乏新意。实施低价战略的企业似乎对市场理解得更加透彻。它们意识到游戏机产品应更多地关注游戏的趣味性而非过度侧重高科技。它们还认识到我们通常使用的简单电视控制装置可以改进为游戏棒，玩游戏时可以使用游戏棒自由移动。走出去尝试一下，就会有意外收获，并沉浸其中。它们创造了真正的价值创新并给人们带来更多的附加价值。这就是为什么任天堂能够在这一领域获得巨大成功。

表18—1　**价值创新赢家**

游戏机	更多产品	更高价值	价格水平
任天堂Wii（战国无双）	是	是	100
微软游戏机Xbox 360	是	部分	150
索尼PS3	是	否	200

大多数人都很难做到这一点。他们生产所谓的产品线延伸的假创新产品并就此满足。坦白地说，这样做远不能击败自有品牌。正如斯堪的纳维亚一个大型零售商负责人近期对我们所说的："我对这些外来的品牌非常厌烦，他们一直声称在这个行业有一百多年的历史，知道应该知道的一切，'这就是我们产品线延伸出的新变体，给我们更多的货架空间……'我不想要这些。我需要的是真正的创新产品，我想要食品中的iPod。"

18.3.1　失去的创新优势

通常我们认为，零售商精通销售产品，但是擅长开发新产品的零售商却很少。这也被认为是品牌得以存在的理由。但是，由于痴迷于大批量生产，他们往往会把真正的创新与后续的特色延伸或大量的包装更新相混淆。生产同一类型不同品种的产品要比实现产品质的变化容易很多。许多从事快销品的公司已经忘记它们起初发家的法宝是什么。当谈到零售领域，当顾客努力寻找产品时，得到的往往是失望。现在许多公司都有了自己的品牌，但很少有公司拥有自己的产品。或者正如马丁·索莱尔先生所说："我们对烤牛排发出的滋滋声如此痴迷，以至于忽略了牛排。"品牌从来都不是解决方案，产品才是。W. 钱·金和勒妮·莫博涅在其所著的《蓝海战略》一书中研究了开发具有开创性和创造性的新产品而非现有产品变体的影响。他们得出的结论是：投放的新产品中86%都是现有产品的变体，占了总利润的39%；剩余14%的新产品才是真正的创新产品，占了总利润的61%。真正的新产品意味着真正的利润。

大众市场上最成功的品牌创造者是宝洁公司。宝洁已经在世界上建立起了最大的品牌公司，它比任何人都更熟悉其竞争环境。其发展的关键是不断的创新，不仅仅为了应对竞争，更是为了更好地发展公司。宝洁竞争优势在于通过一系列的创新不断地改进品牌，增强市场竞争力，有时还创造新产品构想和品类。

过去产品创新一直是我们成功的基石，将来创新亦是我们取得成功的首要策略。

摘自宝洁公司网站

宝洁公司一直都在试图赢得其经营的特定市场上的特定货架。此外，它的创新活动受竞争需要的驱使，掌握强劲竞争对手的情况并找到打败它们的方法。正是这一驱使让宝洁公司不断地以创新击败对手。保持领先水平是宝洁公司衡量的标准，也是一个非常成功的战略。宝洁公司有16个以上的品牌，其单品牌销售额超过了10亿美元，并且是全球4个核心品类的领先者：布料和家庭护理、美容护理、婴儿和家庭护理以及保健产品。在创造口碑营销方面，宝洁公司把这一创新做到了极致：青少年可以通过它的网站Tremor. com直接参与到产品开发和抽样中去，数十万青少年使用过这一网站，他们的口碑宣传能起到立竿见影的效果，公司直接对主要的目标受众进行传播，比如朋友和家人。

我们应该努力接近消费者的生活和家庭。

吉姆·斯登戈尔，宝洁公司全球营销官

其他的大品牌创建者如吉列公司数年来也遵循了同样的模式。吉列公司（Gillette）和宝洁公司一样，深知产品创新必须一如既往，才能取得显著成效（或者至少保证销路良好）。当前市场上，公司不能再依赖消费者忠诚度，相反，必须不断地把产品价值"卖"给消费者。Sensor品牌是1990年投放市场的，并且是25年来吉列公司引进的第一个主要的新产品。当比克公司（BIC）一次性用品威胁要利用廉价商品占领市场时，吉列公司进行了针锋相对的回应。一开始只有一个刀片和一个剃头，但逐渐地，刀片和剃头变得越来越多，并添加配备了浮动剃头，给顾客提供终极的剃须体验。一如既往的创新使吉列公司在竞争中一直独占鳌头——从Mach3到Mach3 Turbo，从M3 Power到Fusion系列。吉列公司一贯坚持的增值创新使它的品牌稳坐全球领先位置，该品牌仍占有全球70%以上的市场份额（日内瓦，2004），并在每次投放新产品后都能迅速抢占市场，这样的业绩对于高消费档次的日用产品来说是独一无二的。它从一开始就把竞争解读得很透彻，总是领先别人一步。

国际地铁报（Metro International）是另一个靠创新取胜的成功实例。在信息自由流动的互联网时代，许多报纸业务都面临着挑战。尤其那些小报的日子更加难熬。由于小报产品传播速度快、内容浮浅、极少关心质量等特性，读者更倾向于浏览网页，而不会关注质量的好坏。结果，很多小报经历了销量的下滑，从而导致广告收入随之下降，形成了任何人似乎都无法打破的恶性循环——直到国际地铁报公司彻底以新姿态出现，通过价格和分布方面的外部创新赢得竞争。它开始在大街和公共交通工具上免费发放报纸，成本费用由广告费来负担。第一份地铁报于1995年在斯德哥尔摩出版，现在在欧洲已经有58个版本，2006年新增的海外发行的国家和地区包括波西米亚、摩拉维亚、卡斯迪隆、加那利群岛、巴斯克地区、墨西哥城和克罗地亚（Mandmeurope. com，2006）。根据国际地铁报公司的网站，免费的都市日报是世界上最大、发展最快的国际报纸。都市日报已有70个版本，使用19种语言，在21个国家的100个主要城市发行，遍布欧洲、北美、南美和亚洲。它现在还是官方报纸！Metro是国际地铁报公司的旗舰，它已宣称是“世界上最大的全球报纸”，不亚于吉尼斯世界纪录。

18. 3. 2 共同价值创新

创新和知识是关键。创新不再简单地等同于新产品开发，而应该在满足与迎合顾客需求的基础上更加新颖。不以顾客需求为导向以及无法准确掌握市场动向的公司最终将被领先公司所俯视。正如道尔（Doyle）在1995年所指出的，上述情形正在杂货市场和快速消费品领域成为事实。所以，只有准确掌握顾客需求的零售商才能够控制这一局势。这同样已成为顾客增值的专业核心。市场营销的焦点应该围绕核心增值、业务处理、创新和顾客创造以及支持，而不是注重传统的市场营销准则。自有品牌的增长是现有业务中的最重大问题之一，这要求在顾客（而非消费者）营销中采用激进、创新的方法。改变价格战略、进行更多的定制产品创新和促销从长远来看并不能改变未来的前景。彻底改变对待自有品牌的方法，改变组织的看法以及应对的方式，这些是我们前进中所需要的动力密钥。

共同价值创新就是通过转变顾客的购物体验来创造一种新的资本，这一资本不是品牌或消费者的资本，而是顾客资本。品牌商和零售商需要合作，并在如何平衡和运用顾客认识方面达成一致，更深度的品牌参与及整个价值链的创新，实现盈利，建立伙伴关系，而不仅仅局限在生产层面，而且包括与顾客的所有接触点。这就意味着要考虑质量、价格、选择、便利性和越来越多不同方式的群体，缩短目前顾客的试购买行为与传递给顾客有益购物体验间的距离。

当然，创新只是机遇的一部分，其他两个要素同样关键。

18.4 想象

这些人对品牌的使用和我们差不多，他们相信品牌。不要被愚弄了。

保罗·波尔曼，宝洁欧洲公司前总裁，
谈到欧洲最大的折扣零售商阿尔迪时说

形象保持了强势品牌的力量。品牌拥有而自有品牌没有的就是形象。品牌在过去数年中已经花费几十亿美元来构筑差异化的形象，这听起来可能有些无聊，但是传统的市场营销和沟通方式仍然起着重要的作用。几乎所有的品牌研究都表明消费者在面对品牌和自有品牌之间的选择时都愿意选择品牌。一份针对拥有世界上最复杂的自有品牌市场的英国研究表明，消费者选择了 49 个他们最想从超市货架上购买的产品（杰罗尼莫，2005），第 50 个才是乐购奶酪。然而，在世界品牌的前 100 名中乐购凭借其 8 个产品成为第五大数量的品牌商。很明显它并不落后，但同时它还忽略了一个事实，正如我们前面所说的，**便利性原则。**我们可能喜欢品牌，但如果它们没有摆上货架，购买不是很便利的话，我们还会那么喜欢吗？你自己是知道答案的。

有时候你会看到希望的理由，瑞典市场偶尔会表现出我们希望的结果。隆德大学最近的一项研究测量了瑞典食品品牌和零售商品牌间的偏好，头号零售商 ICA，排第 34 位！在“理论上”被认为竞争最激烈的品类（奶制品）上，却拥有自己的品牌，产品来自顶级乳制品企业——阿拉乳品公司。

尽管零售商的运营花销越来越大，但是他们缺乏创造品牌需要的历史积淀，且这些积淀不可能在一夜之间获得。但是零售商变得越来越有势力。零售连锁店投放的形象广告远远超过任何一个品牌的广告花销。现在美国品牌广告费用最高的商家中就有 15 家是零售商。仅 2006 年上半年（adage. com，

2006)，在广告投入数百万美元的品牌中，八个最大的消费品牌都是领先的零售商品牌。另外，在我们看来他们的定位往往不是很清晰，尽管零售业引进了市场营销经验，但目前他们尚不能与品牌巨头相媲美。但将来会实现。

一直以来，品牌通过独特的销售主张（USP）或者独特专一主张来定义——这是广告业为了集中创意人员进行有目的、有意义的广告创作开发的一套系统。我们很难相信自有品牌具备了完善的USP。多年来大量的证据表明，好的形象能够改善品牌偏好，带来更大的销量。最好的形象通常是那些能激发情感的，如耐克和苹果电脑，而零售商广告还不具备同样的情感影响力，一贯的不得不触及价格的诉求让人感觉既过于理性又有些厌烦。

品牌形象力在过去的数年内已被淡化，但它仍是一个影响因素。大多数品牌的问题不是如何创造形象，而是如何去推广它。世界大众媒体的衰落趋势不可避免地导致了品牌的衰落。

让我们深入讨论这个问题并根据三要素检验你的产品（如表18—2所示)。让我们先看一下前面谈到的游戏产业。很明显，我们可以看出为什么任天堂不断取得成功。如果你把这三个要素应用到你的品牌中去，你就抓住了保持领先、保持独特的良机。

表18—2 **三要素测试**

游戏机	创新	形象	涉入
任天堂 Wii	是	是	是
微软游戏机 Xbox 360	是	部分是	部分是
索尼 PS3	是	否	否

另一实例是德国的**妮维雅（Nivea）除臭剂**。自有品牌占该品类价值的10%、销量的21%，自2000年以来其市场份额几乎翻了一番。与此同时，尽管价格是自有品牌商品的三倍，妮维雅的市场份额仍增长到了17%。在德国，除臭剂与其他所有品类相比较，妮维雅比大多数自有品牌的推动者做的都好。妮维雅所有品类（如身体护理产品和洗发水，以及除臭剂）宣传都强调品牌的可信赖度。经独立检验表明，妮维雅除臭剂能保持持久的效果——对德国消费者而言这就是重要的品质保证。妮维雅还是德国大多数广告宣传的品牌之一，同时除臭剂也获益于妮维雅过去创造的辉煌业绩。妮维雅在新的广告创作中仍然坚持该策略，在品牌与消费者之间架起情感的桥梁。妮维雅还通过不断地推出新产品支持其质量宣言。每一个品牌都有大量的广告和促销活动来支撑。

但是，该品类在两个关键属性上表现得不够好。消费者察觉出了制造商品牌与自有品牌之间高度的包装相似性，他们还认为全国性品牌制造商生产自有品牌。当零售品牌开始复制全国性品牌外观时，妮维雅的高度警觉性有效地抵制了这些问题。它还以令人难以效仿的速度引进新产品和变型品。例如，妮维雅近期还推出了一款不同类型的除臭剂，把纸巾敷在皮肤上以保持水润。最后，它不组织自有品牌生产并自豪地公开这一事实。在德国，妮维雅高效践行了几乎所有零售商品牌成功的核心驱动力，特别是它利用创新和形象来保持其竞争优势。

我们最后的一个实例是**英国的沃克斯（Walkers）薯片**——该品类中自有品牌份额占市场价值的30%。然而，沃克斯不仅击退了自有品牌侵犯而且市场份额明显提高。怎么实现的呢？在英国，薯片与其他所有品类相比，在所有零售品牌核心驱动力方面做得都很好。在英国沃克斯做了最正确的选择，从创造高质量的形象以保持顾客的高度信任，到建立一致的营销突出真正的特色。具体包括：

- 与自有品牌相比更有特色的包装；
- 短期——通常是季节性的——“引领”市场潮流的风味介绍并塑造创新形象；
- 新产品——高端优质产品和“传统”薯片——品种繁多来满足不同消费群体需要；
- 长期一致的广告和宣传（如十年之久的25个电视广告，加里·莱茵克尔专题节目，一直强调品牌的质量和卖点）；
- 大范围的促销活动保持产品的“新鲜度”——对沃克斯品牌的主要认知。

这表明，在本国运用自有品牌成功的相关驱动因素来管理品牌，能够在与自有品牌的竞争中增强品牌实力。三要素可以成为你保持优势的工具。

18.5 涉入

生活在不断改变，这对我们的顾客和新的涉入回报率产生了深刻的影响——我们对他们寄予希望。他们不再是过去的被动的消费者——唯命是从，并在购物时被大众传播工具牵着鼻子走的被动的消费者。现在他们有了自己的主见，并且你需要确保你的品牌在购买前、购买中和购买后被他们充分认知。你需要主动接近你的顾客，这么做的一种可能方式就是开始聆听他们说些什么，并开始与他们展开合作。你需要开始更多地“聆听你的顾客”。很多工作小组都提前制定了调查问卷并由主持人来完成调查，不管效果怎么样，这不是一个好的调研方法。调查应该是在放松、兴奋的状态下进行的。我们不应该把顾客当成实验室的白鼠，还应该避免进行平均的统计，这是因为平均的统计只会带来平均的结果。扔掉调研的玻璃镜，去和顾客对话，谈谈他们的生活和他们的购物经验——不只是谈产品，你可能会得到意外的收获。通过更有效的聆听，我们可以更准确地掌握品牌的真正购物性质。品牌是活生生的，品牌是包罗万象的，品牌不是老生常谈。品牌是一个矛盾体，品牌是与所有人对话，品牌是情感沟通。

参与可采取很多形式。

顾客想成为参与者而不只是旁观者。顾客希望被聆听，他们想知道自己买的是什么，他们想要知道购买的正是他们所需要的，无论从质量和解决“重大问题”方面来看都是如此。

顾客想要亲自参与到创新中去。大众所做的创新不是为了大众，而是为了他们自己，是顾客制造成了新的流行语（Springwise. com）。

顾客制造：“顾客制造是这样一种公司现象——通过与经验丰富、有创意的顾客进行紧密合作来创造产品、服务和经验，挖掘顾客的智力资本，作为交换（或对他们的奖励），顾客在实际产品的生产、制造、开发、设计、服务或加工等方面享有完全的自主权。”

下面是几个例子：

- **诺基亚概念手机设计大赛于**2005 年夏举行。大赛邀请了来自比利时、卢森堡与荷兰的设计师分享创意，并设计下一款很酷的新型手机。不出所料，在集全球设计精英大赛上，参赛作品各具特色。获胜者是一位土耳其设计师泰莫·那基斯，他设计的腕带式手机（诺基亚 888）一定会令中国和芬兰的手机制造商瞠目结舌。请注意，由于互联网的传播和影响，明天取得重大突破的设计师可能来自赤道附近的非洲，或者来自加利福尼亚，而且两者的概率几乎一样。
- **伊莱克斯设计实验室**2005 年吸引了来自全世界 88 个国家的 3 058 名设计专业的学生参加比赛，排名前六的国家有美国、英国、中国、印度、巴西和意大利。参赛者被要求为 2020 年设计家用电器，12 名决赛选手在斯德哥尔摩参加了为期六天的设计活动，包括研讨会、建模和以现金、电器等作为奖品的一场比赛。
- 另一个创造和销售的例子：乐高的乐高工厂享有盛誉，不失为一个真正进行全球头脑风暴的具有启发性的例子。它邀请那些公司网站的孩子和建筑爱好者来设计模型（使用简单易用、免费下载的软件）并参与乐高奖品的争夺中。去年的一种流行竞赛允许获胜者大量生产他们设计的模型，并在 Shop@Home 网销售，每销售一套可获得 5% 的提成。

创意来自各个渠道，不管是什么渠道你都要参与进去。创造力是大众合作的产物，价值链成为对话，共同创造价值的平台。管理行为演练见表 18—3。

表 18—3 **管理行为演练**

三要素	创新、想象和涉入
这三要素将有助于你集中精力	a. 构建一个三要素网格并为每一个要素填写三种机遇 b. 稍后介绍并讨论

18.6 总结和机遇

- 机遇 16：通过提供高附加值的产品实现最大程度的创新，把产品创造置于比公司形象维护更加重要的地位。
- 机遇 17：寻找**蓝海**——实施超越现有产品、进入新的更具活力的市场的创新活动，这才是**真正的价值创新。**
- 机遇 18：与你的**顾客共同创造**，使你的顾客直接参与到产品设计中来。
- 机遇 19：探寻了解消费者的生活和家庭的方法。
- 机遇 20：**与你的零售商一起创造，运行共同的价值创新项目。**
- 机遇 21：把你的**涉入回报率**最大化，确保你的顾客都参与进来，而不只是作为旁观者。
- 机遇 22：**彻底改变你的形象，**丢掉你原来老掉牙的形象，并通过新的充满活力的新时代通信方式进行健康的形象宣传。

18.7 需要考虑的行动

1. 建立一个三要素计划。
2. 评估你的品牌的三要素潜力。
3. 你是否投入足够高的水平进行创新？你的创新超值吗？

4. 建立一个顾客参与的计划。
5. 建立顾客制订计划和行动方案。
6. 坚持发挥你与众不同的形象优势。
7. 与你的主要供应商发起一个共同价值创新计划。

19 自有法则 7：重塑并彻底改造店铺

下面我们来看一下店铺革命（如图 19—1 所示）。

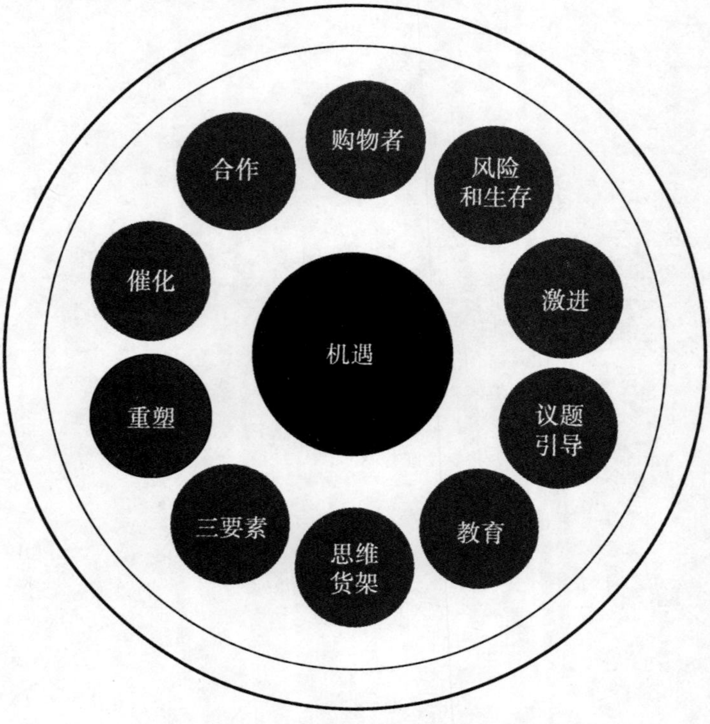

图 19—1　重塑并彻底改造店铺

19.1 提要

- 现在的店铺概念是为将来被动的消费者设计的。
- 这些店铺需要重新设计，以适应未来积极主动、见多识广的顾客的需求。
- 这些店铺需要重新设计，以应对制造业中悄然而至的“精益”革命。
- 这些店铺需要重新设计，以适应分销不断变化的特性。

19.2 未来零售店铺及其外观

这里运用“机遇车轮”的两个关键因素——店铺和思维空间。为赢得顾客，我们必须重新诠释未来争夺购物者的战场，这需要做得比自有品牌更好。为了做到这一点必须清楚我们从哪来到哪去。很明显，将来的零售店铺将大不相同；很明显，有一天你可以用与众不同的方式宣传自己品牌的地方就是店铺，在这里宣传的真正意义在于结束竞争。随着店铺外的媒体分裂，顾客越来越多地关注店铺内的情况，店内宣传回应者的真正数量反映了每日宣传行动的真正意义，现在和可预见的未来都会如此。

未来的超市可能会有两种形式：

第一种形式：包装过的食品只适合那些把便利性放在首位的顾客；

第二种形式：只供应新鲜食品，那里提供选择、新鲜感和健康规则。

你会选择哪一种购物形式？

店铺的基本性质会发生很大变化：

- **适者生存。**很显然，我们正在经历着剧变，而现在的品牌不一定就等于是将来的品牌。只有最强势的品牌才会生存下去，而拥有强势品牌的企业将来还会继续开发零售市场。顾客面对海量的选择，在做出决定时变得越来越慎重，其中，物竞天择将发挥作用。那些主张清晰明确的大品牌依然会鹤立鸡群，但是，大规模零售商是否允许它们鹤立鸡群则是另一回事。
- **势力换挡在持续。**在可预见的未来，制造商品牌力的时代很可能会一去不复返。相反，我们可能还看不到零售力时代的极限。恐龙的灭绝总是值得记忆的，它们的灭绝经历了相当漫长的一段历史。许多自然竞争对手都比它们更早灭绝。最后更加敏捷、更加灵活的哺乳动物得以生存下来——哺乳类是适应性非常强的动物，恐龙不能相提并论。然而，现在零售商仍将继续增强其自身盈利能力，并由制造商来买单，很明显，这一情况必将被厘清和改善。在未来世界中，努力争先，但不做品类第一，也许是赢得成功的秘籍。

- **每个品类中只会有几颗明星**。你现在已经能够发现——各个品类正在被两三个大品牌所主导，在国际水平上这一点更加明显，单纯的规模扩张也许会促使某些品牌获胜，也许不会。你会很容易发现50个零售品牌统治世界的情景，或许现在你可以为这一情景命名，同时你还有机会作出选择！一些创新的利基市场运营者依旧存在，并且这些利基市场很可能持续存在下去。制造商领域也很容易出现这一情况，除了作为商品制造商之外，其发展前景就只能是继续发展壮大，兼并或联盟。
- **范式将会普及全球**。不管这些零售巨头处于世界的何处，它们的范式将会更相似。不管是阿尔迪、宜家还是电子产品零售巨头万得城的大型店铺，范式上的本地差异化都将变得越来越小，其全球范式将会一致。这种范式的普遍存在或许正是你的零售机遇，如果你能够通过完全不同的方式销售和展示你的产品，你将会成为平淡无奇的世界中的一枝奇葩。
- **新生力量仍会出现**。纵观零售发展史，多少企业进入又退出零售领域。我们来看一下玩具反斗城公司，一直到最近它还统治着世界玩具市场。现在发展如何？看一下迪克斯，英国最大的老牌家电零售商，一夜之间关闭了所有门店，转向网络销售，等等。变化仍在继续，尽管速度较慢，但世界巨头的地位越来越重要，逐渐显现出来。

可能未来的超市只会存在一个品牌，各个品牌组合在一起，
在同一屋檐下为顾客提供品牌的终极体验。
他们可能只购买其中一个大品牌，然后再体验其他品牌。

- **极端情况会出现**。在Ko Floor的最新力作《店铺品牌化》中，将购物分为四个极端。品牌的主要问题是选择哪一类型发展？中间无路可走，必须选择好你的立场——它将决定你的命运。
- **居间者将吃尽苦头**。价格使得市场两极分化，中等价位的零售品牌将逐渐消失。低价格高价值的产品将主导市场，独特的高端品牌产品将继续开发有利可图的利基市场。即使再多的中国复制品也不能阻止日本人购买原版的 Louis Valliant 包（如图 19—2 所示）。

功能购物

日常的高效	些许愉快
负担得起的梦想	奢侈体验

感性购物

图 19—2　未来的零售极端

资料来源：Ko Floor-Branding A Store

中间商日益缺乏透明度和对顾客的适销主张。

- **我们都需要成为另外一个 iPod。**正如苹果公司的史蒂夫·乔布斯预见性地指出的："当我推出一款新产品时，我会假设它六个月后就会过时。"我们现在并非全是苹果。但是加速上市越来越关键，那些依赖其百年历史而不知创新的品牌将会被淘汰、被取代。
- **顾客导向将取代产品关系。**换句话说，店铺将比以往任何时候更加符合顾客的需要和购物情境。

加油站将更好地服务于奔波的人们，
玩具店将更好地迎合想见孩子的离婚父亲的需要，
时装店将变成身份店。

设计迎合**社会需求的零售范式**。确定顾客的情境需求并提供适合他们的购物体验/零售范式，主动接近顾客，不要指望顾客主动找你。

- **到处购物或根本不购物。**现在对零售商的要求越来越多，因此，品牌得能够提供多层次的分销渠道，包括网络、概念店、超市和品牌自动服务店，如果不这样做就会失败。这里说的就是多渠道零售。了解采用哪种形式的出发点就是**重新考虑你与顾客之间的关系，要考虑他们所处的环境而不仅仅是他们的特性。**这基本上是乐购所采取的方式，也是很成功的一种方式。当你那样做时，你会开始意识到你需要通过多种形式的零售方式把顾客从家里吸引到大卖场来。自问你现在是否已经行动？是否有创新分销体系来支持对顾客的产品配送？

把上述情况看做购物生活中的疯狂举动，以便当他们（购物者）需要的时候你的举动会及时出现，而不是在你出现的时候让其去适应你。如果 24 小时服务能够为顾客提供最好的服务，那么你就应该24 小时营业。如果送货上门能让顾客最满意，那么你就应该提供送货上门服务，或者至少从邮政服务或联邦快递找到这样的合作伙伴。因为如果你做不到，你的竞争对手就会做到，其中最大的竞争对手已经拥有了关键的分销优势——自有品牌（如图 19—3 所示）。

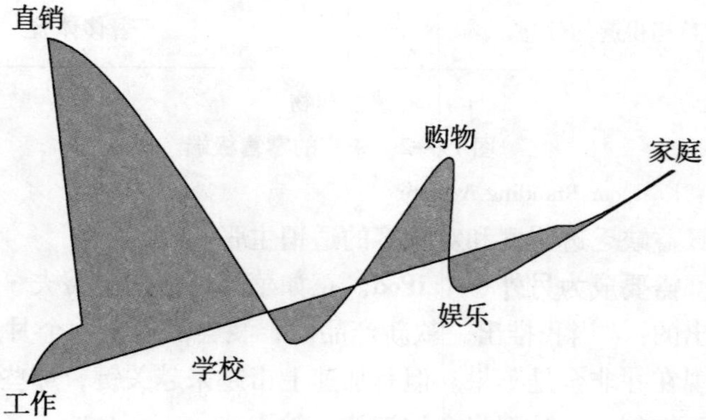

图 19—3　满足购物者的情景

可能我们再也不需要逛超市了，而是网上直接订购。
专门的本地理货中心可以让我们很便捷地快速提取订单货物。
我们只需要提供订单和收货时间，他们将直接送货到任何我们方便的地点如家、单位、学校、休闲娱乐场所。

满足购物者的情景可以改变很多。

保持新鲜很关键。零售环境必须使品牌每天看起来都有新鲜感，这可以包括超市的咖啡货架以及 H&M 服装，我们真的可以做到一直保持新鲜。随着从大规模批量生产阶段向更小规模的小批量生产阶段的过度，产品产量不断缩减。这一点在后面还会详述。

一场供应购物者的彻底变革正在发生：便利性零售业的变革和购物者产品获取方式的变革。

丹尼尔·T. 琼斯和詹姆斯·P. 沃玛克合著的《精益解决方案》一书中指出，店铺更像是滞销品仓库，仅有极少量的快销品。换句话说，就是众所周知的长尾效应。他们声称平均 6% 的库存单位（SKUs，stock-keeping units）占了制造商产量的 50%。这一点促使制造商将来供应更加精益的产品——从大批量产品供应商转向符合需要的少量精益产品供应商。他们认为如果操作得当，精益生产流程与传统大批量生产系统一样有效。到目前为止，生产领域一直由大批量生产能力推动。

日本丰田汽车公司是转型精益生产模式的成功实例：丰田正以稳健的步伐超越美国通用汽车，成为世界上最大的汽车制造商，其市场竞争力不断增强，其充足的现金流可并购其他任何竞争对手。

19.3 新鲜每一天

这种思维的一个必然后果就是，从理论上而言，加工食品也可以变成新鲜食品。现在快捷而又低成本的产品补给已经成为可能，当我们可以选择一周前生产的麦片时，为什么还要选择一年前生产的麦片呢？毕竟新鲜食品口味更佳。

零售商正试着接受这一新思维，开始意识到消费过程已经变得更为复杂。特别是乐购已经重新思考与顾客的关系，考虑顾客所处环境而不是特性。它开发了从家庭购物到大规模零售等多种销售形式。例如，乐购直销现在销售8 000个产品系列。它运用这些形式吸引更多的顾客，同时建立更好的顾客购买认知。这种做法在英国也被广泛应用，同样在美国该方法成功击败了沃尔玛。

类似的情况同样发生在日本七十一便利店。现在该公司的很多产品不仅新鲜而且购买便利。乐购对此也非常明白，除了快速补给之外还必须深入了解顾客。通过会员卡可以巧妙地了解顾客，同时掌握顾客的关键行为。便利性革命正在发生，食品销售方法同样适用于手机销售。

它将改变零售的本质，并且越来越多的零售商把家庭购物与本地店铺结合起来。顾客可在家订购产品，零售商从商店取货，然后送货到家、工作单位甚至本地配送中心（如学校）。本地化又回来了！

玛丽亚计划下班回家路上到本地店铺购买做饭原料。艾伯特正在装修房屋，他将停下来到本地 DIY 店逛逛，看看有没有需要的东西。尽管他已经订购了一些送货上门的材料。孩子们很少光顾“商店”，他们只有和家人一起去时才会寻找一些特殊商品。每个家庭都乐于使用居家系统掌管其需求并提供解决方案。

资料来源：未来的价值链，凯捷咨询

19.4 真正理解购物者

自有品牌开发不仅受诸如质量、价格、定位等因素影响，还受特定国家零售结构和根深蒂固的购物习惯的影响。因此掌握人们的购物方式是确定自有品牌或制造商品牌偏好的一个重要前提。这些事实清楚表明，现在比以往任何时候，品牌拥有者更需要深入了解家庭购买模式和动机以培养持久的忠诚度，从而抵御自有品牌带来的威胁。在这个背景下，突破传统的营销方法和观念，重新了解"消费者"和"购物者"成为成功与否的关键。

案例分析：　　苹果公司

在苹果公司痛苦挣扎、以沉重代价熄灭华灯之前，我给了它两年的时间。

零售顾问大卫·戈尔茨坦

借助店铺可以改变你的品牌，苹果电脑公司已经很好地证明了这一点。五年后，先前预言被证实是完全错误的。目前苹果公司被公认为世界上最好的、最盈利的零售品牌之一(《财富》，2007年3月)。

位于纽约第五大道的萨克斯百货旗舰店，每平方英尺创造的年销售额为362美元。百思买店铺销售额为930美元——在电子产品零售商中名列前茅，而蒂凡尼公司收入则为2 666美元。如果说蒂凡尼吃掉了奥黛丽·赫本的早餐，那么苹果公司则以每平方英尺4 032美元的年销售额吃掉了所有人的午餐。

伯恩斯坦公司报告中的惊人数字仅仅相当于苹果公司174家门店的平均销售额，每家店铺平均每周接待13 800名顾客（第五大道旗舰店每周的平均顾客量超过50 000人）。2004年，苹果公司年销售额突破10亿美元，成为有史以来发展最快的零售商；2006年，苹果公司实现了季销售额10亿美元。

你可以说苹果公司已经站稳市场——占据了社区和商场，首次荣登《财富》十大最受推崇公司排行榜。同行们已经关注其从计算机到音乐产品的垂直一体化发展模式。但一个高科技奇迹公司是如何成为美国最好的店主的呢？

以前没有人愿意花费这么多的时间、金钱和设计在店铺上。顾客是否了解这些并不重要，他们只是感受到了，感受到了一些细微变化。

史蒂夫·乔布斯，苹果公司首席执行官

早在2000年，公司越来越依赖于大型零售商——这些公司激励机制不完善，不重视培训，仅仅把苹果产品定位为有些特别的产品。"形势犹如，'我们必须做点什么，否则我们将会成为市场竞争的牺牲品；我们必须从不同的方向思考这个问题，我们必须要创新。’”

事实上，他们真正做到了创新。以下是几个实例。

他们租用库房，建造店铺原型，不断重建直至店铺适宜。也就是说，要像设计产品一样来设计店面。店铺盈利能力见表19—1。

表19—1 **店铺盈利能力**

零售商	2006年每平方英尺的年销售额（美元）
苹果专卖店	4 032
蒂凡尼专卖店	2 666
百思买专卖店	930
诺曼·马科斯	611
萨克斯百货店	632

资料来源：《财富》

他们有着极强的洞察力，意识到电脑已经从一个简单的生产工具发展成为一个集视频、摄影、音乐、信息等于一体的“中枢”。销售应更少地关注机器本身，更多地关注电脑的用途。在弗吉尼亚州泰森斯角开创的第一家店铺，只有1/4的空间与产品有关，其他的空间设置都与兴趣相关：右侧墙上是照片、影像资料和儿童游乐设施；左侧墙面上展示常见问题；1/3的空间——在后面设置了天才（牛人）吧。

今天电脑店铺出现的概率是1/3，他们明天的目标是2/3，最终像干洗店发展一样快。

然而最惊人的事应该是你所没有看到的。乔布斯把苹果公司的资源集中在20种产品之内，并稳步收缩其他产品销量，不断减少库存，实现现货量与销售增长量保持一致。

不管怎样，在最新的店铺设计中，仍缺少收银台。苹果公司开发的系统EasyPay可以使销售人员利用无线POS机在店内各个地方问顾客：“您需要结账吗?”

店铺不同于礼堂。或许，更像是一个俱乐部。从这个意义上说，拥有苹果就意味参与了一个重要的事。苹果公司想要使购买成为美好的开始而不是结束，并且它希望双方可以成为利益共享伙伴。

苹果公司已经改变了人们对零售的预期。

纽约斯诺克联盟零售战略，坎迪斯·科利特

当然，苹果公司与苹果店铺有所不同。但非常值得注意的是，直到2000年苹果公司还未涉足零售业，它涉足零售业的第一年，业绩并不景气。现实中任何有助于销售的都可以采用，完全由你决定。苹果公司和你一样面临同样的威胁，但现在苹果公司不必再担心这些威胁。

苹果公司案例很好地向你说明了如何取胜。你需要去发现，任何地方都存在机遇。

苹果公司为我们指明了方向。

在我们的前一本书《赢在货架》中，我们通过25个案例研究概括出了25种截然不同的成功途径。研究一下这些案例并自我反省，哪些方式适用于你及你的品牌与自有品牌抗争？这才是真正的机遇所在——一个允许你彻底重新考虑未来的机遇。表19—2描述了成功零售品牌的战略。

表19—2 **更多成功的零售品牌**

零售品牌赢家	成功战略
YOYAMART	掌握形势
GOOH!	彻底改变乏味的情况
INNOCENT	永葆天真
HOLLAND&HOLLAND	创造更多价值
REI	直播品牌体验
ZARA	反应快于预测
美国博士（BOSE）	努力、努力、再努力
奇堡（TCHIBO）	创造一个不成问题的“明星”
欧莉珂（OLIVIERS & CO.）	创造需求，而非需要
苹果	购买和体验合二为一
易捷航空（EASYJET）	创造选择
红牛（RED BULL）	改写规则
宝洁（PROCTER&GAMBLE）	关键时刻
吉列	不断创新
亚萨合莱（ASSA ABLOY）	解决问题
佩罗尼（PERONI）	挑战认知
H&M	四秒抓住顾客
库瓦西耶（COURVOISIER）	复兴
沁心侬（SENSEO）	品牌共同创造
星巴克（STARBUCKS）	成为人们第一要务
吉尼斯（GUINNESS）	改变货架
SUPERQUINN	顾客至上
全食超市	注重伦理道德
KARMALOOP	使顾客成为狂热者

19.5 涉入性零售

苹果公司的案例为我们特别指出了真正的零售未来——产品购买中购物者的参与。目前，在全球范围内突然涌现了许多试图使用这一方式的有趣的零售概念。对一个品牌而言，这是一种让自己与众不同并高度差别化的方法，我们称之为**涉入性零售**。

对以寻求感官刺激的消费者为目标的零售商，只提供商品和服务是远远不够的。零售商将越来越多地运用过去产品销售经验来销售梦想和产品，从而凸显其独特性。一些零售商将把情境和商业有机地结合，使销售和体验融为一体。体验零售将超越娱乐、教育或互动，以更加有意义的方式吸引顾客。在这种方式中，体验或活动成为顾客生活中真实的一部分，这有助于与顾客建立起一种社群感，并通过把品牌融入生活创造回头客。零售场所将成为一个消磨黄金时间的地方——并逐渐成为人们消磨时间、消费金钱的场所。这些零售商将扩大业务范围，使体验性的环境与商品一样有卖点。

Le Labo是纽约市一家新开业的香水店，它对现成的香水进行有趣的转变。Le Labo看起来更像一个实验室，但里面并非到处是烟雾和镜子。香水精品店现场制作各种香型的香水，这种理念确保新制作的香水有最佳的新鲜度，并把重心放在使用天然原料的质量上，而非将钱花在高档的包装或数以百万计的市场营销活动上。当顾客购买Le Labo´s 11种香型其中的一种时，操作人员会将一种已调配好的香精油混合物与酒精和水混合起来，这就完成了指定香水的配制过程。配制的过程大约需要10分钟，顾客有充足的时间浏览600平方英尺店铺内摆有的天然原料货架。调制好的香水分别出自八位调香师之手，他们所有人都为香水供应商工作，他们是：阿尔贝托·莫里拉斯、安尼克·梅纳多、达芙妮·比热、莫里斯·罗彩尔、弗兰克·沃尔克尔、弗朗索瓦丝·卡朗、米歇尔·阿尔玛依拉克和马克·巴克斯顿。

Le Labo通常将香精油冷冻，最后根据顾客要求调制香水，从而确保购买时香水的新鲜度。Le Labo是一家相对新型（2006）的独立香水店，它委托不同的香水商设计独特的香型。Le Labo香水标注了所有成分的名称以及各成分的具体指标。

另一实例是星巴克，不断消除产品创新与商业模式创新之间的界限。公司已经认识到仅仅每六个月推出新咖啡产品是不够的，必须寻找新的方式增加娱乐产品（如在店内出售光盘、宣传类似“阿基拉和拼字大赛”的电影）。星巴克现正通过在纽约市开设临时的文艺表演咖啡屋来增加其品牌体验。它暂时计划未来在旧金山、伦敦、北京和波士顿举行类似的“移动沙龙”，在非正式场所开设艺术和娱乐咖啡屋，其中沙龙以积极进取、卓有建树的艺术家为特色。

最后，伦敦的蓝知更鸟店因同时经营顶级设计师设计的流行服饰、装饰品、家具和图书，不断发展壮大。以前的蓝知更鸟食品市场如今的店铺宽敞、奢华。在蓝知更鸟店购物有种很独特的体验，同时给予了商店设计爱好者一定启发。数字康乐实验室通过与蓝知更鸟店、英皇道和切尔西合作，正在展示它的下一个作品系列“走进森林”。“走进森林”通过精选的产品、软件和艺术展示了技术与自然之间古怪而奇妙的关系。作品集包括一系列的数码产品，这些产品不仅使用天然材料包装，而且通过这些材料与电子元件或软件相互作用，而这些软件基于自然界中发现的数学规则编制而成。很明显某些企业已参与其中！

19.6 总结和机遇

通过彻底改造及某种程度上的店铺重塑去还原你品牌战略的中心，可以使你真正获得应对自有品牌竞争对手的竞争优势。你的优势将会是对顾客、顾客的境况以及顾客涉入品牌欲望的真正理解（如表 19—3 所示）。

表 19—3 **管理行为演练**

重塑你的店铺	
满足购物者在工作、休息和娱乐方面新的情景，这将决定未来的零售成功与否	a. 分组 b. 描述三种你的品牌可以采用的新的购物者情景 c. 展示和讨论

- 机遇 23：充分**利用网络**。考虑把所有的业务（或大多数业务）转移到网络上进行网上直销。
- 机遇 24：创办一家**品牌折扣**超市，或收购一家零售店根据需要因地制宜地进行改造。
- 机遇 25：**价格两极化**。把价格调低或调高。淘汰所有中间价位的品牌，它们的前景不容乐观。

- 机遇26：设计满足**社会需求零售**业态。确定顾客的情境需求，并提供适合他们的购物体验/零售业态。主动接近顾客，不要指望顾客主动接近你。
- 机遇27：重新审视你与顾客之间的关系，考虑顾客的**情景**而不仅仅是其属性特性。可参考乐购的发展模式。
- 机遇28：销售适合购物者的产品，而不是销售适合你自己的产品。不管身在何处、采取何种方式，只**销售适合购物者的产品。**
- 机遇29：**实现精益和鲜度管理。**把生产系统改造成小批量新鲜产品的精益生产系统，而非传统大批量产品的生产系统。
- 机遇30：人们需要了解的是买什么并不重要——重要的是你能够买到什么。**展示你所能提供的（产品或服务）。**
- 机遇31：如果你目前的零售行为是非涉入性的，那么就改变它们。接受涉入**性零售**的新理念。

19.7 需要考虑的行动

1. 你是否正在预想并适应未来的零售店铺？
2. 理解这些变化并制订计划以应对其可能的影响。
3. 理解未来货架的本质，并据此调整你的战略。
4. 重新审视你与顾客之间的关系，侧重考虑他们的情景而不仅仅是其特性。
5. 关注你的涉入性零售潜力。

20 自有法则8：沟通催化，让品牌摆脱对电视媒体的依赖

我们将讨论如何重新定位发展方向以及如何催化沟通的力量（如图20—1所示）。

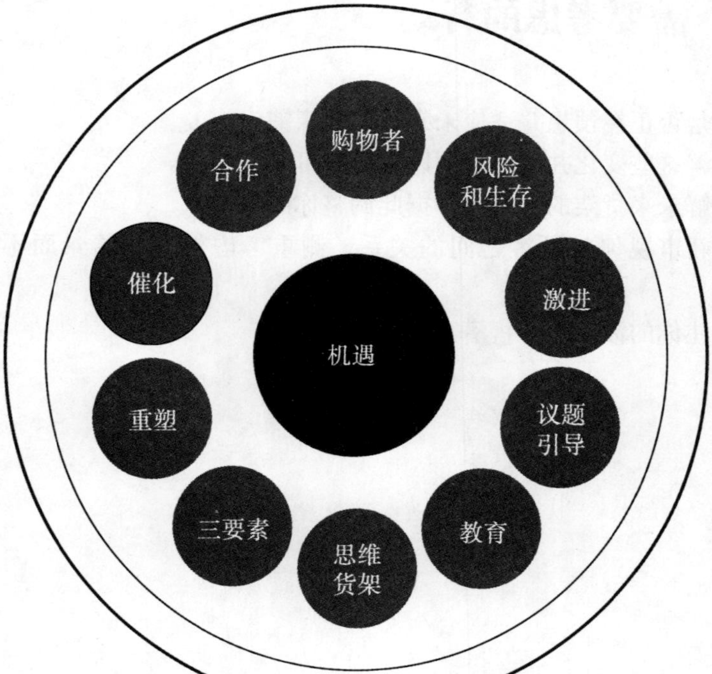

图20—1　沟通催化

20.1 提要

- 不是关于大众传播的。
- 是关于催化沟通的。
- 是关于在行动点促使事情发生的。
- 是关于促使事情发生从而推动购物者到达行动点的。

20.2 创新是全部——但应从哪里着手？

从某种意义上讲，随着彼此关联度逐渐增加，我们将机遇之环的全部要素结合起来。这些机遇之环均与沟通相关。这种沟通的本质已经发生显著变化，从二维被动式沟通方式逐渐转变为三维互动沟通方式。

媒介运用的改变和进化使得新议程更利于品牌。尽管存在着各种各样的宣传方式，电视仍是最有效的媒体宣传工具。电视是宣传方式中最佳的、与顾客联系最直接的媒体。但传统上媒体很可能被置于错误的位置。媒体不得不且不可避免地从沙发转移到店铺，并不断延伸。

最新的媒介之一，某种意义上最不发达的所谓新媒介便是店内电视——迄今为止，被认为是大众传媒电视的延伸。一直以来店内电视发展缓慢，主要有两个原因：第一，零售商试图控制该媒介，然后出售给品牌商。毋庸置疑，品牌制造商认为就算提供更多预算给零售商也几乎不可能增强其相对权利。第二，该媒体创新缓慢，播放与普通电视上内容相同的老广告很难有启发性。如果该媒介想要有真正发展前景，就必须要有实质性的内容。

然而，并不是所有的零售电视公司都一模一样，一些公司已经看到了机遇。瑞典一家备受关注的独立公司RTV已经开始探索这一领域，比我们以往见到的其他任何公司行动更明确。大多数店内电视公司隶属于各自零售企业，当然不是独立的——这正是大多数快速消费品公司误解的根源。结果导致该媒介从未得到充分发展。RTV已经意识到该媒体需要恰当包装——即店内电视里的内容，如何真正获得有益的、富有情感的、互动的内容，而不是通过传统的乏味的二维方式。结果，它正忙于将自己打造成为“加强版宣传者”——该媒体将购物行为转换为采购行为，即使购物者成为真正的行家里手。

这一催化式的沟通是必然的发展方向——催化意味着沟通和媒体行为必须发生在行动时点以及购买时点。正如我们在许多场合所说的，我们已经从大规模生产、大众传播时代发展到大众参与时代。在这个全新时代，人们看电视的时间超过以往任何时候，零售卖场成为购物者的收视通道之一，他们借此了解产品知识，增强品牌参与。店内电视能够有效提供上述功能，进而推动购物者向买家的转变。

但不仅仅是电视，随着数码革命的开始，网络与店铺的连接越来越迫切。现在购物者在进入店铺之前，会提前搜集许多核心品类的信息。若在购买点通过强大的数字宣传强化他/她的新知识岂不是很好？当电视成为一个更加有效的销售时点（POS）媒介时，这将逐渐成为现实。在竞争激烈的市场中，运用各种数码技术传递品牌信息同样有助于区别零售商。

上述内容是近期弗兰克·博伊尔斯肯斯——ShoptoCook 公司的首席执行官，在拉斯维加斯**内容（文化产业）战略及颁奖峰会**上发表谈话的核心思想。在这一领域，位于纽约州布法罗的公司在交互式数码顾客服务解决方面成为领先的开发商。

“发现型媒体”这一术语由博伊尔斯肯斯创立，用以描述互动性的店内媒介，该媒介有助于购物者学习食品解决方案和其他产品相关的使用信息，获得相关的促销激励。互动通过固定的亭式设备或者安装在购物车手柄上的移动数码设备得以实现。一个潜在的选择便是通过先进的移动电话引导“发现型互动”的实现。

根据博伊尔斯肯斯所说，今天制造商和零售商面对的问题不断驱动对发现型媒体的需要。对于前者，最具挑战性的是媒体多元化，这增加了品牌信息传递的成本和复杂性。对于后者，问题包括渠道模糊、大卖场（仓储式店铺）的扩张以及贸易美元的责任。

> 数字交互技术改变着我们购物、工作和生活方式。往日里销售商通过“推动”策略劝说消费者购买、向消费者“叫卖”的方式已经让位给多产的“拉动”策略方式，消费者有时会无视价格高低而去寻找理想的品牌。
>
> 弗兰克·博伊尔斯肯斯

博伊尔斯肯斯开发了 ShoptoCook 的软件，该软件涉及膳食计划、酒品调制、商品定位、价格检查以及卫生和健康。它基本的问答服务中心为顾客提供了一个极难得的机会，顾客能够发现新的令人兴奋的购物困境解决方案。顾客可以打印出喜爱的食谱、佐餐的想法和优惠券。问答服务中心通常安置在靠近超市肉类、海鲜、农产品、酒类和奶酪的部门。

> 我们提供给品牌制造商一个展销区域，进而将易变质食品放在一起，使用

售货亭作为推销品牌食材的途径，这一措施主要为顾客提供膳食解决方案。

弗兰克·博伊尔斯肯斯

遍布纽约州和宾夕法尼亚州的 Giant and Martin 店铺中的 200 多阿霍德（AholdUSA）部门均配备了 ShoptoCook 软件。

问答服务中心更多复杂特性包括：网上烹饪法，允许与零售商的网络结合；自有品牌，允许零售商根据店铺网点、季节性以及带有零售商特定商标和图案的促销活动自定义界面。

我们将继续努力为超级市场提供信息和资源，为易变质部门销售的所有产品、他们感兴趣的每一瓶酒、关系卫生和健康的每一品类提供全面的专家指导。所有这一切旨在一个目的：如果你想要建立忠诚度，必须帮助解决购物者的问题。忠诚度与问题解决相关，而不仅仅与销售相关。

弗兰克·博伊尔斯肯斯

例如，平均 200 家零售连锁店铺每年从 ShoptoCook 问答中心打印出 150 万份食谱。那么，平均一位顾客在打印一份食谱时，至少浏览 40 张食谱图片和 2 份食谱详单。此外，平均每位顾客光顾该中心时耗费 1.5 分钟时间，这反映出了顾客与该中心高度关联度。催化转变如图 20—2 所示。

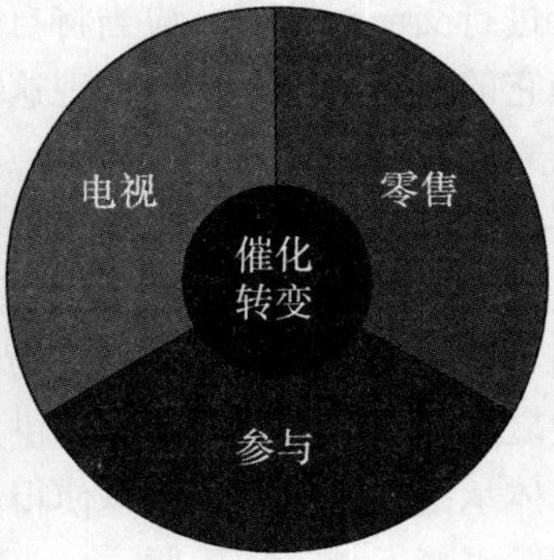

图 20—2　催化转变

20.3　为自己建造一个私人空间

你需要提出应对自有品牌的新创意方法，并且将威胁转变为机遇。这需要新环境下的全新理念，而不是无趣古板的旧规则。为了你的发展，为什么不构筑你的私有空间，引入竞争呢？真正将你的会议室空间的一部分改造成一个三维的自有品牌世界。利用墙壁实现这一行动。

在墙壁上展示全部内容：

- 自有零售品牌；
- 你的品牌；
- 自有品牌集成墙；
- 你的贴牌制造能力和基本原理。

将此房间作为自有品牌重要讨论、教育和培训、零售商和重要供应商洽谈、创意头脑风暴讨论会、联合创意讨论会的重要会议地点。随时随地关注自有品牌。我们相信，这一做法将更具创造性。

20.4 自主创意

最后一次有人建议用创造性的方法应对自有品牌是何时？从来没有！或许真是如此。

与你的代理合作组成一个创意工作小组，其工作超越品牌本身。记住你在和 T-Rex（一个全球零售商）打交道。你需要明智的解决方案——而不是愚蠢的。当你和所有合作伙伴进行交流讨论时，应当将自有品牌看成是一个主要竞争目标。盛世长城现在与它的所有品牌客户已实现这一行为的常规化，所有的代理组织应当站在同一个立场。

品牌化已经从理性层面发展为情感层面进而发展到精神层面。消费者经历了马斯洛需求层次的所有阶段：从物质需要的满足发展到高层次的个人导向的新的品牌需要。现在，当更多的消费者到达高层次的自我尊重和自我实现需要时，他们期望品牌同样发展到了新的高层次。品牌供应商必须通过品牌创建信任系统以巩固对客户的总体承诺。这一重大议题使得品牌、零售商和社会的联系日益紧密，同时这一问题也变得越来越重要。

你必须在尽可能多的方面具有创造力，在可能的地方，使你的品牌远离自有品牌的威胁。以喜力（Heineken）为例，喜力啤酒和一家法国小型设备制造商——赛博联合开发了“beer tender”，一个有 4 公升容量的家庭式散装啤酒桶，尽管价格高昂，它仍取得了巨大成功。除巩固品牌形象外，它也彻底改变了分销的性质。当消费者需要时，通过酒桶便可以在家享用真正的喜力啤酒。

另外，Gapa——一个把重大议题与可供选择的分销方式相结合的品牌。Gapa，在瑞典的标语是“张开你的嘴巴”（小手册非常有用），产品不含任何防腐剂，在瑞典第二大超市和四家豪华饭店采用快乐的包装方式销售，这一举动正好吸引了那些喜欢带小孩子外出就餐的父母。在美国，一些企业家已经开发了类似的概念，如加利福尼亚的 Homemade Baby 公司为婴幼儿食品认证的有机适宜产品保证了每天制作的新鲜度。为了强调婴儿美食重要的卖点，Homemade Baby 宣称“当孩子们知道真正的食品味道以及让他们的小肚子感觉良好时，他们开始走上为生活创造良好食品选择的道路。”他们需要知道我们先前有关肥胖的讨论。

加利福尼亚小孩还能够吃到 Bohemian Baby 公司提供的新鲜有机婴儿食品，该食品适合于6—15 个月大的婴幼儿。在洛杉矶，Bohemian Baby 提供送货上门服务。在东海岸曼哈顿 Evie's Organic Edibles 提供新鲜制作的食品，父母可以根据菜单选择菜肴，该菜单每周更新一次，并且设计开发了刺激味觉的种类。这些品牌大部分相对较小且处于地域开发阶段，由那些找不到适合喂养婴幼儿食品的父母们创建。我们还未发现任何一家主要制造商冒险投资于新鲜或者冷冻的婴儿食品。现在正是你建立生产线的时候！

你需要开发创造性工具推动这一行动的实现，需要将有创造力的供应商全心投入到这个过程中，需要让购物者直接参与到这一发展创造过程中来。

20.5 定制创造性反应

现有应对自有品牌的谈论大多围绕传统的大众解决方案，如提高质量、促进创新和降低价格等。当然我们能提出更多比这些方法更具创意的想法。表 20—1 展示了一些应对每个自有品牌变体的想法。

表 20—1　定制创造性反应

目标	价格变体	创造性战略
成为真实的变体	商品	忽略
阻止复制	复制	复制仿冒者
高端品牌	优质	超越高端

这样做的实际意义是为彻底的斗争提出更彻底的解决方案。难道你不厌烦自有品牌复制你的产品吗？为什么不嘲笑并超越那些复制者呢？正如他们所说，没有比模仿更好的形式了。艰难发展，复制更好的品牌。鉴于自身的发展历史，自有品牌几乎对仿冒者没有任何怨言。

以完全不同的方式发展，你甚至可以超越高端自有品牌。雀巢（Nestlé）

的 Nespresso 已经彻底改变了欧洲咖啡的零售方式。它出售昂贵的 Nespresso 咖啡、咖啡机给著名的零售商，且通过电话、传真、互联网以及 42 家全球性的 Nespresso 专营店提供 10 条封装的咖啡。它已经挖掘了客户环境，做出改变并迎合需要。它已经吸引了 25 万忠实顾客以及 6 亿美元的固定销售额，在不景气的咖啡市场中实现年增长率 30%。总之雀巢不必再担心自有品牌或者零售商的威胁。

20.6 保持创造性的惊喜

如果你去德国阿尔迪看看，会发现它提供了一个令人兴奋的非食品产品选择区，作为“惊喜购买”。里面商品每周四更新一次，存货仍保留，其中包括类似笔记本电脑的产品。阿尔迪做的正是复制奇堡（Tchibo），奇堡开发了这一做法，并成为了德国第三大零售商以及迅速在欧洲市场扩张的零售商之一。

是什么推动了品牌咖啡专营店的产生，并成为大型零售商重要的销售商品？每周奇堡为顾客提供消费品，即所谓的非食品类——基于公司自己的品牌 TCM。不论现在的主题是厨房、花园、体育和休闲、服装还是珠宝，主题活动的多样性和商品数量意味着一年当中必定有每位顾客属意的内容。

每周主题活动的构成基于销售开始之前开发的迎合当前趋势的想法。为此，产品经理需要从多种不同的视角考虑，同时监控最发达市场的发展。重要信息通过与时尚达人和市场调研公司合作定期获得，市场调研公司分析社会长期的发展以及对购物习惯的影响。这也意味着奇堡适应了顾客的当前需求，满足了顾客需要，迎合了生活方式的改变，满足了对现代技术的期望。

最初该领域只涉及一到两个品类，但很快就超出了“食品和饮品”领域。1980 年中期，阶段性销售出现，产品供应强调的中心主题每两周更新一次。从 1994 年开始，该阶段变为每周更新一次，而且是通过 TCM 品牌。奇堡现在销售所有品类产品——从手表到自行车到滑雪服装到平底锅到内衣——顾客能够找到所有有用的、实用的和期望的产品。今天“每周一个新体验”由大约 15 个与主题相关的品类产品组成。

奇堡已经把一个简单的咖啡店概念转换成为一个动态的日用消费品零售概念。通过提供每周一次新体验，它已经形成一种独特的、蓬勃发展的零售品牌体验。

一个简单的快速消费品牌凭借自己的实力发展成为零售之星。为什么你不能？为什么你不能带给顾客惊喜？还有竞争？你的品牌最后给顾客带来惊喜是何时？带给顾客的惊喜是什么？

消费者不断加强对传媒环境的控制。他们从事多项任务，定时移位，谈论并与品牌对话，这些是前所未有的事。

在此环境下生存，广告商必须发现新的、有创意的方法以接近他们的目标受众。与此同时，互联网使其成为可能（或许是必须）——为了组织去寻找新的、合作的顾客体验。这个新的视角为广告商利用顾客反馈提供了巨大潜力，通过品牌互动、对话、参与和授权——更多相关的、互动体验传递更大的情感冲击。源源不断的有创意的顾客参与到了共同创造产品、服务和体验的过程中，这影响了品牌。可见，消费者的共同创造能够成为一种强大的工具。

你需要明白，在整个营销组合内顾客参与和共同创造如何协同发挥作用。品牌应该如何处理客户关系以及他们如何使人们参与到新创意中？品牌、使用者和媒体所有者如何利用这一新思维？当消费者在博客和社交论坛上交换有关产品和服务的看法时，品牌和企业的机会或威胁是什么？找到最好的方式重新制定规则——使顾客参与和共同创造相结合，共同发挥作用。

最后，我们也可以在顾客没有期望的地方创造性地带给他们惊喜。三维网上世界七百万左右的**第二人生（三维网络世界）**网民，在他们的虚拟身份上已经花费了上百万美元，包括化妆、服装及其他产品及服务。但是这些游戏玩家会为自己买什么呢？像锐步（Reebok）、阿迪达斯（Adidas）、美国服装公司（American Apparel）和 1-800-Flowers. Com 等零售商和制造商都在第二人生网站上设置店铺，希望使用者引导其化身走进这些店铺并且购买商品送到其真实住处。

到目前为止，零售商声称他们期望不高，但是有人认为试验人们如何在网络环境中操作是非常重要的一课。第二人生最成功的商业应用之一就是锐步的虚拟店铺，在该店铺中用户可以为化身和自己量身定做锐步鞋。本杰明·詹姆斯（Rivers Run Red 旧金山办事处的负责人）代理并创立了第二人生网上锐步店铺，该网站在最初的 10 周里出售了超过 27 000 双数码鞋。詹姆斯并不知道有多少人通过点击锐步网站而购买与其化身虚拟鞋一样的实物，但是他说从十月份开始，效果开始显现，网络店铺的确有助于真实商品销售。他认为“在虚拟世界中，虚拟店铺中的产品更让人们感到舒适”（《纽约时报》）。

20.7 努力提升零售定位

拥有良好形象的零售商品牌已经存在。但整体来看，仍有别于传统品牌，零售品牌尚不成熟。若想更好发展，自有品牌需要加强科学定位，如果他们改变品牌定位使其更具零售倾向，这对品牌来说是个机遇。这种方法强迫品牌商作更多思考，考虑他们的零售竞争以及通过零售思考的力量有效加强顾客与品牌的联系。换句话说，就是**零售化**。更直接地说，挑战零售品牌。在我们的前两本书中已经探讨了这一问题并且建议更多地使用以零售导向下销售定位（RSP）。

零售导向下销售定位（RSP）的简要形式：

- **货架**：你产生了什么样的新想法？是否应该发展新货架形式？
- **环境**：你有什么促进更好地参与竞争的新想法？
- **购物者**：关于购物者，你有新想法或见解？
- **产品**：可有形象重塑以及是否在零售环境中发挥作用？
- **零售**：描述革命性的销售情形。
- **沟通**：推崇什么样的沟通方式以激励购物者并引导他们走近货架？
- **组织**：做出哪些改变和采用何种结构形式以使组织的零售能力达到最优化？
- **大零售观念**：这是一个简单的术语，其形象表述了零售观念的本质，它应该是充满活力、灵活刺激的行动号召。

我们需要 RSP 瞄准购物者而不是消费者。这些 RSP 必须是可参与的、令人愉悦的和鼓舞人心的。我们需要更加集中精力为购物者聚集主张，即 USP（独特销售主张），从而实现 RSP。产品和沟通一样是使 RSP 发挥作用的重要部分。

20.8 更加密切

许多零售商已经能够通过店铺和自有品牌品类吸引或取悦消费者了，这一方式在 19 世纪 90 年代发展迅速，并伴随冒险开发独特定位的自有品牌从而促使店铺差异不断显现出来。产品开发方式稍后会在品牌化的一些新方法中有所反映——这些方法可供直接学习，在美国这一点尤为明显。这些零售店与购物者之间的紧密联系，以及对未来挑战者品牌像斯奈普（Snapple）或班杰瑞（Ben & Jerry's）一些创意的借鉴，导致其营销活动和店内促销做法比较新奇（有时候完全离奇）。一些新奇的品牌化的最好例证来自于美国乔氏超市——阿尔迪旗下的美国专业超市连锁。这样的品牌建设活动能够给零销商提供新的机遇，例如 2006 年中期，Wild Oats 开始在亚马逊网站出售其自有品牌产品，开启了一个新的利润源，而之前这是无法做到的。

著名品牌制造商与超级市场合作至关重要，有利于发挥超级市场真实数据库的杠杆作用。然而，单独依赖零售商对消费者的知情权（守门人功能）而直接营销和了解消费者内在需求是不明智的——特别是当品牌目标与零售商自有品牌项目相冲突时。在此情况下，公司建立自己的消费者数据库非常有意义，既可以实现直销的目的，同时又可以从消费者行为中获取独特的内在需求。互联网为实现这一目标提供了一个极好的方法，允许品牌所有者直接与消费者交流，避免了零售商和其他中间商的介入。特别是当传统广告中消费者信任降低的时候，建立一个有吸引力的互动形式成为一种极好的方法，不仅可以提升消费者对既有产品的认知，而且有利于建立并完善消费者数据库。

20.9 店内创造性扩展

作为品牌我们必须通过所有可能的沟通方式努力寻求创造性选择，确保突出的卖点是当务之急。在特定产品有限的营销预算下，包装是其中一个最重要的途径，这种情况下，自有品牌能够获得消费者关注。同样，包装在质量认知方面也扮演着非常重要的角色，自有品牌在这一领域仍需不断加强。零售商越来越多地投资于令人瞩目的包装上，正如许多事例表明的：包装使得货架突出。西班牙零售商梅尔卡多纳（Mercadona）最近引进一种新的自有品牌产品——Gel ChampuparaHombre，并命名为9.60。2006年，法国家乐福推出了子品牌Carrefour Kids并将其产品扩展到了柔软沐浴露。

另外一种有效使用包装的方式是采用与主流颜色不同的颜色在特定通道或固定装置上。这个策略已经被一些品牌采用，例如联合利华的多芬（Unilever's Dove）在自家不同产品捆绑销售时，已经尝试建立一面“颜色之墙”。其他与自有品牌有关的促销方式包括：

- 店内展示。跟包装一样，在拥挤的环境下，店内展示是攫取注意力的一种关键方式。
- 取样。为了缓和消费者对自有品牌质量的担心，取样是一项非常有用的活动。当零售商进入高于平均价格的自有品牌范围时，取样活动非常重要。
- 担保。为了进一步降低试用风险，美国超市通常为其自有品牌产品特别提供退款保证。

20.10 让他们来爱你

真正的第一，必须为人所知，必须为人所爱。

金炳国，三星电子首席执行官

最后，我们的确要加强沟通效果来获得更多人的喜爱。自有品牌的增长是今天商业领域最大的一个问题，同样，这便要求有一种根本的、创造性的途径进行零售思考和顾客营销。改变定价策略、定制包装或者更多的促销，从长远来看并不能改变这种局面或者释放自有品牌潜能。顾客接受自有品牌，但他们仍想要品牌，尽管品牌不再值得探讨，不再受重视，不再受信任甚至于不再被欣赏等等。进而，那些成功的品牌商和零售商将来就是那些受顾客喜爱的，这种深厚的感情纽带意味着如果该产品没有存货他们就会离开零售店，或者如果他们不能买到他们想要的产品，他们就会走进专卖店。简言之，品牌拥有者和零售商围绕自有品牌开展的胜负之争根本在于他们是否能够设法激发顾客超越理性的忠诚。

在盛世长城看来，这意味着帮助品牌完成从受尊重的、令人信赖的产品到至爱品牌的发展历程。这种思维方式改变了当前顾客尝试、购买和体验产品、品牌、服务甚至于零售环境的方式，而是应该提供一种更加富有情感、更加有益的经历，围绕顾客真正关心的事物为其创造激情。换句话说，要以不同的方式思考价值平衡点——质量、价格、选择、方便（还有越来越多的社区和可持续性），而且在每一个与顾客的接触点，使用神秘感、亲切感、感官享受以及至爱品牌的终极本质来讲述故事，激发感受，提供微小但意味深长的善意举动。图 20—3 展示了盛成长城的至爱品牌。

品牌已筋疲力尽，世界上越来越多的人对产品、服务和体验的期望不断提高。大多数情况下，我们都如愿以偿。汽车一次性就启动了，薯条总是酥脆，餐盘闪亮如新。几年前，盛世长城密切关注了这个问题：是什么使一些品牌鼓舞人心，而其他的品牌却在奋力挣扎？答案就是至爱品牌。他们声称至爱品牌超越了品牌。它们出色的性能远远超出您的期望，就像那些大品牌一样，它们位居深受尊敬的行列——但是在那里相似性终结了。至爱品牌占据你心灵的同时也占据了你的头脑，以此建立一种亲密的情感联系，它在你的生活中已经变得不可或缺。向来如此，减掉一个品牌，人们就会找到一个替代品牌。但减掉一个至爱品牌，人们就会抗议它的缺失。至爱品牌就是一种关系，而不是纯粹的交易。你并不只是为了购买至爱品牌，而是深情地拥有它们，这就是为什么你永远都不希望它离你而去。简言之，至爱品牌激发了理性之外的忠诚度。

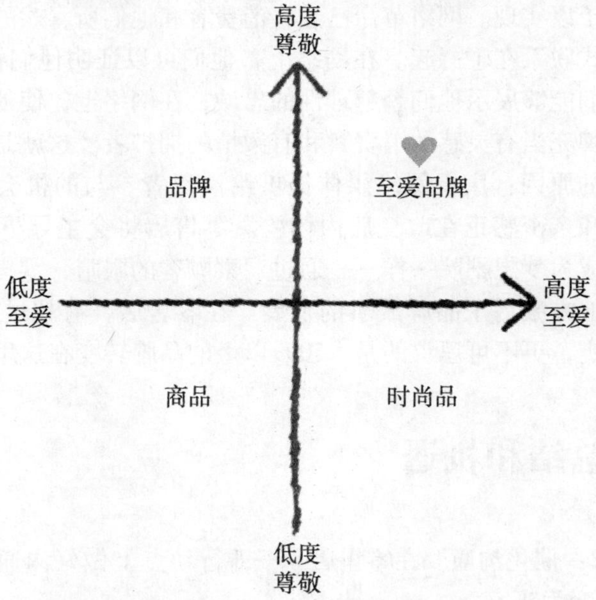

图 20—3　盛世长城的至爱品牌™

每个至爱品牌的核心是尊重。不被尊重，那它就不是至爱品牌，就这么简单。检查至爱/尊重核心，看看你最喜欢的品牌处于何种地位，一个至爱品牌的高度至爱性是由三个无形的、却又真实存在的要素所决定，即神秘、感官享受和亲密。神秘汇集了故事、比喻、梦想和符号。它使过去、现在和未来合为一体。神秘增加了关系和体验的复杂性，因为人们易被他们未知的事物所吸引。毕竟，如果我们知道一切，将没有什么东西值得我们去学习或质疑。感官享受促使视觉、听觉、嗅觉、触觉、味觉 5 种感官对新的质地、耐人寻味的气味和味道以及美妙的音乐保持持续的关注。我们的感官协同工作来提醒我们，提升我们，令我们心醉。当它们被同时激发的时候，结果令人难以忘怀。通过 5 种感官，我们体验这个世界，并产生了我们的记忆。亲密意味着共鸣、承诺和激情——紧密的联系赢得高度的忠诚，恰如小小的完美的姿态。在功能和效益消失很久以后，这些都会被经常忆起。没有了亲密感，人们就不能感受到他们拥有了一个品牌；没有了这样的信念，一个品牌永远也不会成为至爱品牌。

至爱品牌随处可见，但有三个地方对联系消费者至关重要：屏幕上、网络上和店内。数十年来，不管是电视还是电影，屏幕都不可替代，其诱惑力是无法抗拒的。21 世纪，屏幕家族有了更多的成员，无论是手机还是电脑，无论是掌上电脑（PDA）还是数字广告牌。但是，屏幕的扩展不应该成为复杂化的借口。其实，它是进一步接近消费者的一种方式——通过创造至爱品牌，超越理性的忠诚予以实现。网络革命已经将消费者和他们所喜欢的产品以一种不同寻常的新方式联系在了一起。在网络上，他们可以证明他们拥有这些品牌；在网络上，他们能够展示他们超越理性的忠诚；在网络上，使他们有新的机会为所钟爱的品牌充当有灵感的消费者和有激情的拥护者。这就是盛世长城创建至爱品牌网站的原因：庆祝网络媒体提供给消费者参与的机会。最后，神秘感、感官享受和亲密感正在改变店内体验。零售店将会主导下一次创造性变革，正如它们成为梦想剧院一样——通过观察顾客的眼睛，零售店内的至爱品牌在其重要的地方激活了品牌故事的发展。在零售店，有超过80%的消费者决策在这里制定，更不可思议的是，50%以上的品牌转变在这里发生。

20.11 总结和机遇

- 机遇32：**催化沟通**。在零售店——即行动点上做好沟通工作，将你的顾客转变为买家。
- 机遇33：寻求**具有高度创造性的解决方案**。让你的代理商将他们创造性资源投入到这一目标上。
- 机遇34：**实施品牌对比**。花精力、时间和金钱向顾客展示品牌差异，不要想当然。传统产品优势正在逐渐消失，必须重塑优势。
- 机遇35：想方设法给竞争对手和顾客以**惊奇**，你自己也一样。
- 机遇36：尽力**接近顾客**，从网络开始。
- 机遇37：扩展并优化店内创造力。
- 机遇38：**享受关爱**。运用盛世长城至爱品牌方法，帮助你得到顾客更多的关爱。

20.12 需要考虑的行动

1. 审查你的沟通计划，看看它们是否允许你全面优化重大议题定位。
2. 寻找一种新型店内媒体作为更加有效的品牌信息诱导者，该媒体有助于将购物行为转变为购买行为。
3. 建设一间“私室”，在此你能够充分理解并创造性地提升你的地位。
4. 运用创新力作为你的主要手段，将自有品牌带来的威胁转化为机遇。

5. 创新发展定制化的自有产品解决方案。

6. 在 Tesco Finest 存在的地方，为什么不以完全相同的价格生产类似的产品？并在有竞争力的零售商那里销售。

7. 为什么不利用弹出式商店（网络窗口）做“体验差异”试验，就像早期百事可乐/可口可乐之战一样？

8. 他们拥有最优的产品……你可以推出其最佳产品。

9. 使用弹出式商店做一个“品牌健康检查”，向外界展示你产品的营养性。但首先自检，确保其真实性！

21 自有法则 9：通过竞合实现协同合作

让我们看一下未来合作的多种途径。让我们去面对它，这样就可以发现大多数自有品牌的战略和执行策略。品牌商或者选择与其他品牌商合作，或者选择与零售商合作（如图 21—1 所示）。

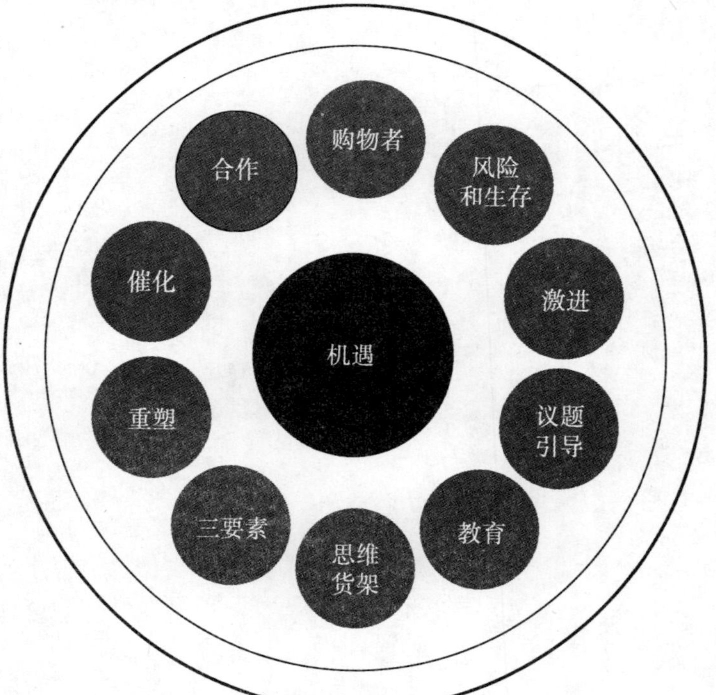

图 21—1　通过竞合实现协同合作

21.1 提要

- 首要的是竞合。
- 与你的竞争者竞合。
- 与你的供应商竞合。
- 要么竞合，要么消亡。

21.2 竞合

当今，在大多数商业理论中，竞争被视为保证公司结构精简、驱动革新和保证客户满意的关键动力之一。但是，这种观念受到了许多学者的质疑，如哈佛的亚当·布兰登伯格和耶鲁的巴里·纳尔巴夫两位学者。他们应用博弈论的部分观点进行分析，认为合作与竞争的巧妙结合可以让企业在商业活动中取得优势。与供应商、客户以及生产互补或相关产品的公司进行合作，可以实现市场拓展，形成新的业务关系，甚至可能产生新的企业形式。为了诠释他们的理论（合作与竞争相结合），他们于1996年出版了一本以“竞合”为标题的书籍，该书成为了畅销书。竞合理论与零售势力的增强相伴而生。依我们看，有两种可供选择的途径：一是与其他品牌商进行竞合；二是与零售商进行竞合。

21.3 品牌商的竞合

品牌商需要逐渐让零售商知晓他们的侵略性策略是有极限的。零售商是可以越做越大，甚至可以拥有更多的自有品牌，但物极必反。零售商必须意识到，同时经营品牌和自有品牌是最好的长期获利方式。超市模式（连锁）就像一个品牌商一样，也是一个成长模式，并且其目光从未脱离成长目标。在过去的10年里，由于超市连锁一味地追求增长，英国已经失去了近万个经营食品、糖果和烟草的独立零售商，以后也许还会失掉品牌商，但品牌商总会找到与零售商规模扩展相匹配的适应路径和办法的（如图21—2所示）。

成为销售巨人！关于这方面已有一些讨论，但现在到了需要认真对待的时刻。大的品牌商似乎应该聚集起来以扩大其销售范围，从而在采购和销售环节

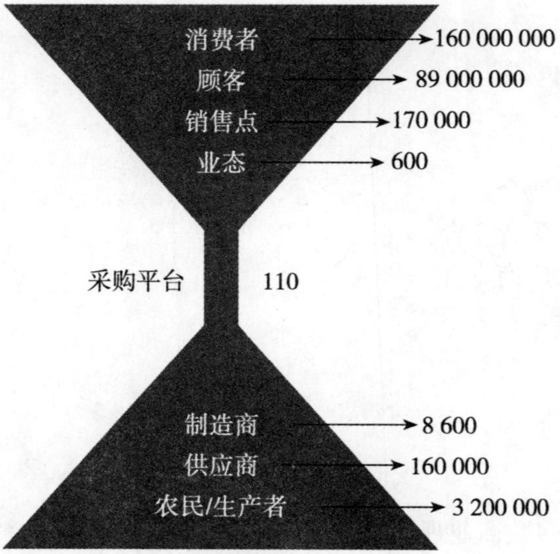

图 21—2 欧洲食物供应链

形成更大的影响力。但是，他们为了获得成功需要接受竞合这一全新的理念，制造商必须把自有品牌视为竞争产品，而不一定非得将其他制造商视为竞争对手。

如图 21—3 所示，零售商联盟中的零售商已经向这个方向发展了，他们不满足于现有的规模，正在组建全球联盟以获得更大的规模，全球联盟的形成可以增强联盟内部成员购买力。既然零售商们可以这样做，那么品牌商为什么不能这么做呢？对我们来说，这非常合乎逻辑。

品牌商必须反击。最近，宝洁收购吉列被看做是此类大型品牌制造商合作的第一步。今后，两个、三个，甚至四个大型的食品公司合二为一也并非没有可能，早晚都会出现卡夫—雀巢—宝洁联盟。

变得更为强大的另一条途径是收购——包括收购零售商，毕竟大家都在从事销售，而你的份额却正在消减，为什么不收购它从而成为一个大型零售商？以有竞争力的价格进行收购，并将它打造成品牌。或者与其他品牌商进行合作竞争，以保证你拥有必要的购买力。这样，零售商依然是零售商，但制造商已经成为零售商的一部分，从而使交易变成关联销售。所以，他们进犯你的领地就是进犯他们自己的。由于购买者可以在网络上在线购买，零售场地在以后几年会更加便宜。若以英国为例，可能 40% 的繁华街道都将被抢占瓜分，要积极寻找讨价还价的空间。

如果你看一看大的私募股权组织，就会发现他们正忙于圈出大型的零售

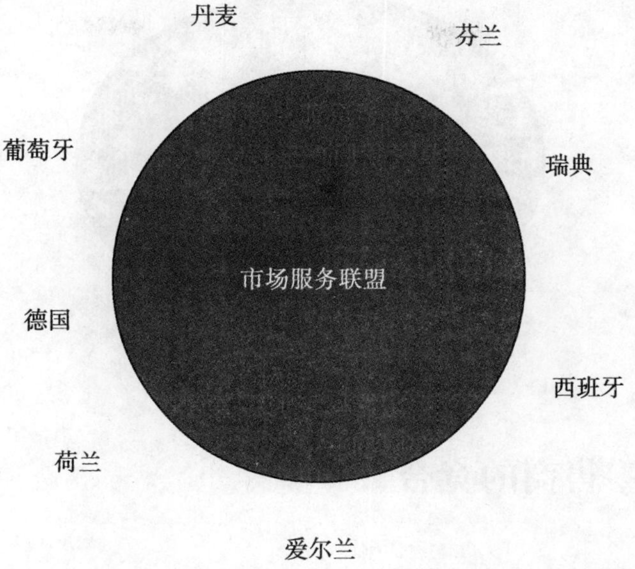

图 21—3 零售商购买势力联盟

商，如赛恩斯伯里、博资和家乐福。他们已经做足了功课，发现这些零售商是很廉价的，特别是当对零售商的不动产进行估价时。具有讽刺意味的是，这些零售商中的家乐福，这个世界上第二大的零售商正处于压力之下。既然家乐福正处在十字路口，而我们又何尝不是呢？当然，你不必买下太多，10% 的股份就足以换来一个董事会席位。然后，你就可以看到，一旦你在董事会，他们是如何对待你的品牌的，我们保证你会看到差异。

之后，考虑把品牌商之间的竞合作为塑造品牌卖点的一条途径。如果品牌商已经充分地认识到了这个议题，那么就应该采取相同的路径。如果有人复制你，无论是零售商还是自有品牌供应商，都要不计代价地对其进行控诉。因为你的智力财富只归个人所有，没有了它你就一无所有。这对于每个品牌所有者都应该是"必须的"，而且应该不假思索地加以执行。

最后，你可以将品牌竞合的理念扩展到网络上。品牌商为什么不注册一个网站，并为那些与其志趣相投的同行们提供服务，以便他们向品牌社群的其他成员提出问题。很明显，这些问题主要是关于如何应对自有品牌的。该网站提供了一个结构明确的"一站式服务点"，并为专业组织提供了网络通信工具以便于它们之间的联系、合作和共同创造，挖掘"集体智慧"。它可以为热点问题的问和答提供浏览结构和检索工具，同时分享大众的反馈。当然，这只是一个构想（如图 21—4 所示）。

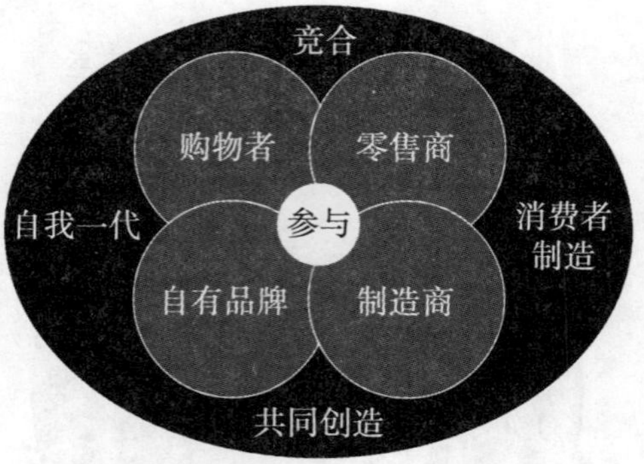

图 21—4 各方的协同

21.4 零售商的竞合

对于“零售商竞合”的各种定义略有不同，简单来说，它就是指零售商和制造商之间的合作竞争，这种合作竞争在促进双方成为一个有机整体的同时，可以有效发挥双方的优势，促进业务的增长。

品牌商应以他们的创造力为驱动来促进合作竞争，他们应与零售商一起组织创造性会议，共同创造性地开发某一品类和可能的产品。本质上，就是要共同创造合作竞争。哪些方面有可能创新？推销有哪些改进的可能？联合攻关呢？以品类增长为导向的协作呢？联合价值创新呢？如果想向双方证明联合更有优越性，这些讨论就变得非常关键（如图 21—5 所示）。

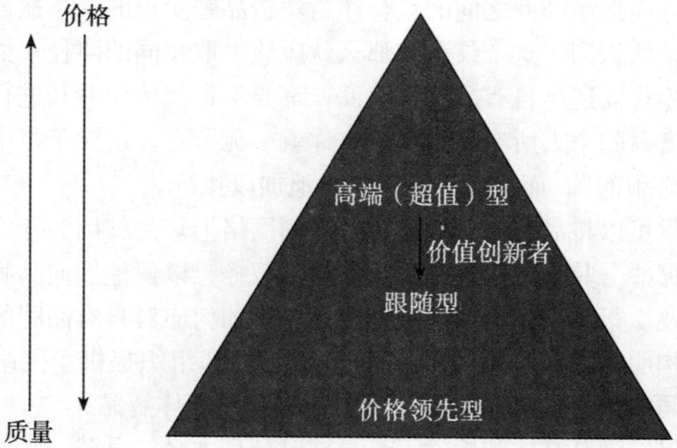

图 21—5 联合价值创新

表21—1是一个零售商和品牌商之间为什么需要彼此帮助的小清单。我们确信你能增添这个清单的内容。当你看到他们所提供之物存在如此大的差异时，你就会惊诧为什么零供战争仍在上演。但事实是，它正在上演，而且相当普遍。这种战争存在的原因常常是不合逻辑的，这是显而易见的事情。

表21—1 零售商与品牌商彼此互相需要

品牌商需要零售商	零售商需要品牌商
分销	形象
销售力	选择性
具有竞争力的环境	创新
促销	利润
成长性	成长性
顾客知识	消费者知识

21.5 总结和机遇

- 机遇39：成为一个并购巨头。为了提升你的势力，在具备条件的地方结成联盟。
- 机遇40：起诉仿冒者。不论什么原因，都不能容忍自有品牌抄袭行为的发生，坚定不移地与仿冒行为做斗争。
- 机遇41：学习真正的竞合。品牌商需要零售商，同时零售商也需要品牌商。
- 机遇42：开发一个自有品牌论坛——一个彼此可以相互学习的合作性网站。

21.6 需要考虑的行动

1. 通过收购成为一个零售商。

2. 在你的主要零售商那里购买一个董事会席位，你将会看到你们之间的关系改善。

3. 寻找任何可以竞合的途径。

4. 为每个零售商专门生产独一无二的产品。

5. 寻找联合价值创新的选择和机会。

22 自有法则 10：购物者解决方案——攫取钱包份额

在这里，我们重新回到钱的问题上。的确，我们都想获取利润，甚至更大的利润份额。提供购货者解决方案将有助于我们攫取利润份额，我们的终极目标就是实现三赢，赢得零售商，赢得购货者，赢得品牌所有者。在努力实现三赢的同时，也要注意不利方面（如图 22—1 所示）。

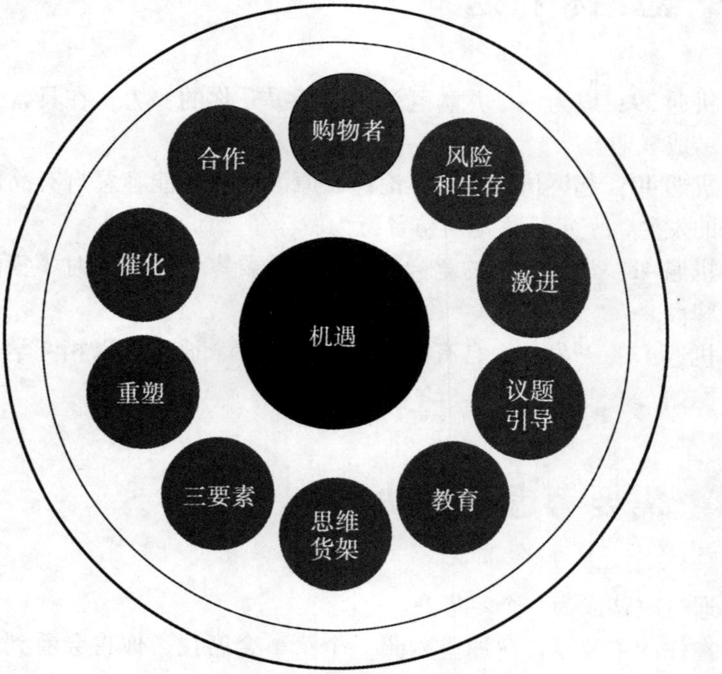

图 22—1　购物者解决方案——攫取钱包份额

22.1 提要

- 我们已经来到了疯狂购物的时代。
- 你需要引导趋势。

22.2 金钱，金钱，金钱

很多重大的思想都是历经一个多世纪后，才得以影响全球，法西斯主义、共产主义、民主、宗教都是如此。但却只有一个到达了顶峰，其强大的吸引力使其追随者完全丧失了理智和良好的判断力，它带来了不能持久的不平等，并且威胁到了社会的组织结构，它比任何动机都更有力量，甚至超过了宗教，已经遍及了全球各个角落——它就是消费者主义。我们成为了大批购物狂，承受着来自各种媒介的广告冲击，似乎消费越多，生活就会越好。购物等同于快乐、满足和自我认同。消费者主义不知不觉地掌握了我们的生活，购物已经成为了一种娱乐活动。我们已经超出了购物只是交换生活必需品的那个时代，它现在关系着身份和地位、娱乐与友谊，甚至关系着人们生活的意义。

消费者主义也正在扼杀这个星球，仅仅转化为“有伦理”的购物并不够，我们需要的是减少购物，以减轻不必要的身体负担。

引用一首知名歌曲：一切皆为钱。但是赚钱（赢得利润）必须与我们所详述的变化一起发展（社会的变化必须与购物者环境的变化共同进行）。有时，它只是一个小小的例子，告诉我们这些改变在哪里主导了我们。

以学校午餐为例，这是整个世界的热门话题：从英国著名厨师杰米·奥利弗的Feed Me Better（让我吃得更好）到Two Angry Moms（两个愤怒的妈妈），都试图改善美国学校的午餐，都是希望丢弃垃圾食品，引进天然食品。

在荷兰，孩子们通常都是回家吃午餐，学校自助式食堂是不常见的。但是最近，越来越多的荷兰孩子留在学校用午餐，而汽水和薯条随处可见，童年肥胖症正在与日俱增。有两个企业家对午餐问题提出了他们的解决办法：

推出Lunch4Kids。Lunch4Kids就像麦当劳的Happy Meal一样进行打包，每个午餐盒里有三明治、饮品（牛奶或果汁）、一片水果和一份小吃（酸奶、巧克力、小黄瓜等)。父母可在线提出要求，指出哪些食品不能给他们的孩子吃，以及他们的孩子对哪些食物过敏。午餐盒每天早晨就送到学校，发票直接交给父母，这样对学校来说任务就轻多了：无需管理和冷藏任何食物。

除了食物营养平衡和多样化的明显优势，Lunch4Kids 还很便利。父母不必担心里面装了什么，或害怕他们的孩子吃了装新鲜面包或果汁的包装盒。参加该项试行活动的父母表示，这不但减轻了他们早晨的压力，还能享受到与家人一起共进早餐的乐趣。Lunch4Kids 已经在 5 所小学实现了“软着陆”，不只是父母和学校积极响应，大的食品品牌商（包括联合利华和达能）都希望能参与到该项目中来。我们不能责怪他们，因为这个商业概念包含了最大的和持续的趋势，从对健康痴迷和渴望便利，到设计和顾客化/个性化的力量(trendwatching. com)，而且避免了自有品牌的竞争！

我们已经进入了一个只可能三赢的世界：赢得品牌供应商、赢得零售商和赢得购买者。自有品牌已经在很大程度上让我们意识到了这一点，但自有品牌只是一部分，是很明显的一部分。此外，其中还贯穿着以下内容（见表 22—1）。

表 22—1 **购物者防御总结**

重建感知	重建差别	重塑新差异	提高涉入度
与自有品牌直接作质量对比	升级所有主打产品	在新品类中采用新发明	网络营销和事件指引

在本书中，我们主要讨论了机遇而不是威胁。很明显，如果你认同该观点，那么你的整体观点就发生了变化，很多机遇也就向你敞开了大门。让我们一起看一下这些机遇，它们可以让你实现三赢。如果你从大局来看，那么很显然，品牌商和零售商不一定必须是对立的，如双方都在为购物者寻找相同的解决方案和机会，而合作就能达到这一目标。

合作的关键是认识到，价格不一定是市场上唯一的角力点。在过去 5 年里，你可以看到人们已经意识到了像可持续发展、区域性和原产地等概念的重要性，在此之前人们第一关注的是：“这个多少钱?”正如 IGD 的高级分析员 Geraldine Padbury 指出：“这些年，消费者变得越来越关注健康和道德规范等，而非便利和价格。”(《每日电讯》, 2007 年 6 月 2 日)

购买者要求更好的品牌，他们担心糖和盐的含量，环境问题正使他们更加关注食物里程。“零售商甚至在上一年就已经注意到了消费者消费观念的变化。”赛恩斯伯里品牌总监巴彻勒·朱迪思说：“由于人们越来越关注可持续发展和社会问题，价格已经不再是最值得讨论的问题了。我们的公平交易业务在过去一年里翻了一番以上。消费者掌握了更多的信息，他们准备为充分了解的产品支付更多的钱，他们不仅仅在乎产品的味道，也在乎产品的来源——他们的食物从哪里来，是如何到达那里的。”

而且，优质终端的发展有助于提高整体食物链的标准，所以大型超市的产品也正在改进。

22.3 观念，观念，观念

如果你想保持领先和赚钱，那么就必须引领潮流。一个世界上最大的广告机构已经定义了70种一流的产品、趋势和服务，并认为这将在2007年席卷全球。其中，影响最为深远的是借助网络实现免费呼叫的技术，而下一代游戏平台，如任天堂Wii、社会联网商务以及微技术都排进了前5名。世界智威汤逊公司首席市场官玛丽安·沙姿曼说：“趋势可以用产品和服务来阐明，通过调查什么能使消费者产生共鸣，我们可以确定在今后几年影响我们生活的更大模式。”

这是写着70个相关预言的清单。如果你想在未来的世界具有竞争力，那么也许其中任何一个对你来说都是有意义的：

1. 基于网络的免费电话
2. Wii和下一代游戏系统
3. 社交网络商务
4. 弹出式商店、旅馆和酒吧……带装饰风格
5. “微型美观”技术（平而隐藏的电视，更微型的iPod，更小和不易见的话筒等等）
6. 纳米技术的崛起
7. 永续建筑/绿色建筑
8. 氢燃料电池技术
9. 低碳公交：如以生物柴油为燃料的校车
10. 反式脂肪酸副作用
11. 真人秀天才搜寻
12. 俄亥俄州篮球新秀现象，如格雷格·奥登
13. 对农业恐怖主义的担忧，如转基因
14. 清真食物
15. 参与广告（如用户生成的广告和音乐视频竞赛）

16. 优质水吧
17. 有机面料
18. 干细胞研究
19. 冰岛
20. 杂交狗
21. 本地溯源生产
22. 教会经济：大财团式的宗教
23. 人工授精所引起的伦理问题
24. 按下关闭按钮：要求停工
25. 印度跨界女演员艾西瓦娅·雷
26. 家庭教学
27. 自然建筑材料，如石头和木材
28. 极寒
29. 个性化饮食
30. 品牌“果馅饼”
31. 现代化传统
32. 中印大同
33. 阿尔法妈妈（美国独有的母性公演）
34. 互联网电视
35. 市民新闻
36. 简单讯息聚合订阅
37. 新鲜直送
38. 谷歌的统治（谷歌作为收购方，微软成为谷歌的追随者）
39. 移动视频
40. 烹饪女王瑞秋·瑞（美国）
41. 隐式消费
42. 电视选秀冠军丽安娜·刘易斯（英国女星）
43. 追梦女郎的女配角珍妮佛·哈德逊（美国演员）
44. 环境原因
45. 公司走向绿色
46. 巴拉克·奥巴马
47. 柔软而自然的头发
48. 微时代（能量自给自足）
49. 青少年聚会计划

50. 为用户生产内容付费

51. 超级紧腰裤

52. iPhone（苹果手机）

53. 联合品牌（例如耐克+苹果）

54. 艾米·怀恩豪斯（英国女歌手）

55. 狂欢的复兴

56. 节能灯泡

57. 萨莎·拜伦·科恩（演员）

58. 混搭式应用（音乐，网站，应有尽有）

59. 日本服装连锁“优衣库”

60. 自我品牌的兴起

61. 电视系列剧（如《丑女贝蒂》、《实习医生格蕾》、《超能英雄》、《犯罪心理》）

62. 多语种的电影

63. 老少皆宜的节目

64. 变形金刚（电影）

65. 网络小额信贷

66. 宽宏大量

67. 阿尔·戈尔，环保人士

68. 非战略性联盟（帕里斯和布兰妮，汤姆和布鲁克，老布什和克林顿）

69. 欧洲人变得更胖

70. 年龄穿越（如40岁看起来像20岁）

公司正逐渐利用这些趋势，以使其在将来吸引更多的注意。顾名思义，套话就是天生的真理。所以一说起“今天的商业中永久不变的就是变化”时，就会觉得有些厌烦，但我们却不应忽视这句话的基本事实。毕竟，变化是商业生存与商业发展的关键，特别是商业服务常常就是要针对需求不断变化的顾客。我们认为，趋势本身就是掌握变化的途径。随着消费者观念和行为的不断发展，趋势就为标记、构造和理解这些变化提供了框架。只要这些趋势被认真地观察、验证和交流，它们就会成为刺激消费者神经并实现业务增长的有效工具。然而，趋势常常不能像所期望的那样成为增长的催化剂，缺乏清晰性、非结构化思维、证据不足和不真实的传递都会限制趋势的作用，瑞士雀巢的Nadine Critchley在伦敦2006年9月欧洲市场研究学会上如此说。这种方法已经被用于设计趋势方案，真正实现了雀巢的业务增长。

22.4 总结和机遇

所以，要实现三赢，关键是真正了解你的购买者，并用新的、有意义的创新持续地轰炸，那么到处都会涌现出机会。但为了赢得关注，请为你的未来考虑以下四个基本问题（如图 22—2 所示）：你真正吸引购物者了吗？你满足他们购物需求了吗？你的品牌真的具有吸引力吗？你进行价值创新了吗（能与搭档合作更好）？

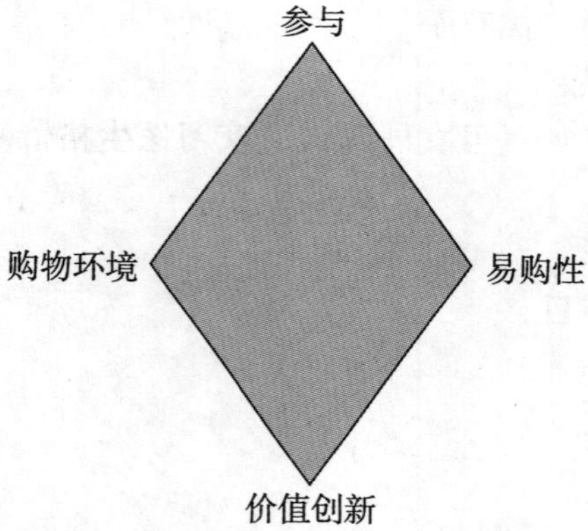

图 22—2　未来购物者要素

- 机遇 43：到处寻找灵感。
- 机遇 44：采取多层次战略。如果它能拓展自有品牌业务，它一定也能拓展你的。详见第四部分描述。表 22—2 展示了管理行为演练。

表 22—2　**管理行为演练**

购物者的愚蠢	购物者
在了解了我们的销售范围和已经进入这一领域的竞争对手，我们就必须将注意力转向购物者 了解购物者是最后一块拼图，它可以使我们创造出有效的盈利产品，以及有意义和鼓舞人心的零售经验	a. 分组 b. 把你的顾客看做购物者而非消费者，列出可能改变你策略的三件事 c. 公示与讨论

22.5 需要考虑的行动

1. 检查你的新想法生成能力，并予以增强。
2. 进行一些购物者研究，你可能到现在为止都没有做过。

第4部分

零售商的机遇

在这里，我们向您展示如何充分认识到自有品牌扩大这一现象给品牌商带来的机会，本质上，就是零售化你的零售品牌。

沃尔玛自有品牌是世界上最大的品牌，比可口可乐大6倍！

零售商机遇的实现

存货还是不存货——的确是个问题。

使购物者免于产品脱销的痛苦与困境，或向生产商抗议，并通过赢得心灵空间来结束这一切，这些是不是很高尚的行为？

退市：自我发展，没有品牌，通过放弃品牌来表明我们不再维持低利润和定向销售市场。

这正是我们真正想要的——为了去存货、自我发展和自我控制，却偶然销售了更多的自有品牌！

唉，存在一个矛盾——对于这种选择有限的店铺，一旦失去主打品牌，将来又靠什么来吸引购物者呢？

Corstjens and Corstjens，2000

23 每个机遇中都蕴藏着更大的机遇

太多的人只想着自身的利益，但是商业机会很少会眷顾那些以自我为中心的人，因为没有消费者会永远只去一个商店取悦店主。

稻盛和夫

23.1 负责任的零售商品牌的崛起

这也到了零售商抓住真正的自有品牌时机，比已经意识到的机会更大。简单地说，不是利用这个机会进行简单的扩张，而是利用这个机会转型成一种新型的零售商——零售商足够成熟到能够妥善处理各种长期后果，同时也能成就合作伙伴和供应商。你可以继续把自有品牌当做工具来扩大你的竞争优势，但是我们要提醒你：客户，即购物者，正在经历深刻的变化，除非你的自有品牌能顺应这种变化，否则你的消费者就会越来越少。而一群有知识的购物者将加入体现其个人信仰的组织，他们会自动放弃其中的一些产品。品牌商很早就犯了这个错误，并正急于修正，你要确保他们没有联合在一起。你最终要取悦的是消费者，而不是你自己。在某种意义上，今天相对于昨天，已经很完美了。回想起我们起初的想法，在很久以前，零售商品牌正在向品牌商靠拢，但最终又回归到零售品牌。新的循环将可能在你的眼前展现：在有责任的品牌的时代，这里没有单独的获胜者，就其本质而言，一个有责任的品牌可以是一个零售品牌/传统品牌。

下一步需要知道何时抓住机会，在生命中最重要的是知道何时放弃优势。

本杰明·迪斯雷利（1804—1881）

就像迪斯雷利先生所说的一样，你需要以新的视角来看待自有品牌，你可能为了获得更好的长期机会必须放弃短期机会——为了明天的优势放弃今天的优势，因为今天的获利是为了明天的可持续增长。当然，这与零售商历史上所做的一切都矛盾。“往前看 3 天，未来会根据它自己的需要而出现”需要变成“往前看 30 年，未来今天就会到达”，要想这样的观念被接受，那么需要在现在的零售商或将来潜在的零售商中发动一场变革。图 23—1 展示的是负责任品牌的崛起。

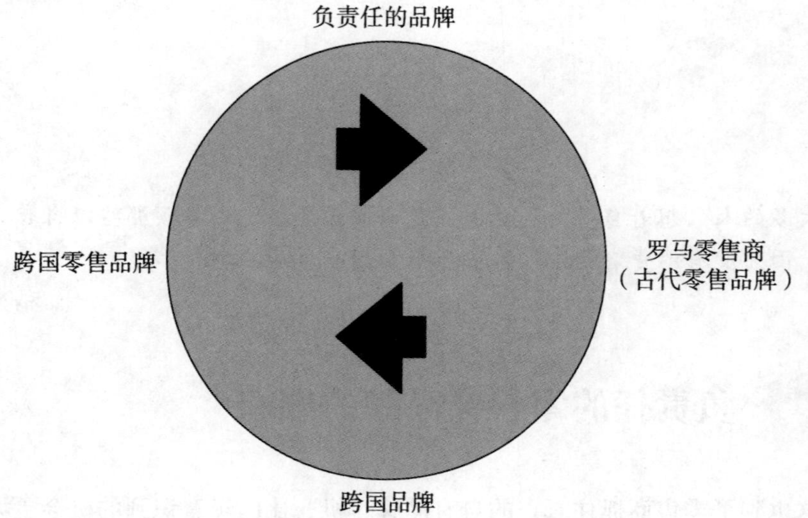

图 23—1　负责任品牌的崛起

（品牌商注意：你可能选择跳过这一节，请不要这样做，我们所说的，更多与你相关。零售商注意：先阅读第三部分）

23.2 新的和下一个是什么？

零售商建立他们自有品牌组合的第一个挑战（同时也是机遇），是首先要与消费者建立良好的关系，但不是靠价格。本质问题是：价格相同时消费者是购买零售商品牌而不是制造商品牌吗？至今，很少有零售商能回答这个问题，哪怕是只针对有限的品类。正如我们所指出的，我们相信价格本身并不足以驱使我们，你将需要更多的理由，而这些理由提出了很大的挑战。

第二个挑战是用统一的方法有效管理多种自有品牌组合，这样可以保证你进一步发展并区分你公司的零售信息。迄今为止管理是很有效的，但一些组合变得难于处理。乐购自有品牌拥有 12 000 个以上的产品线，数量远远超过了任何的独立品牌。既然自有品牌代表着世界上一些最大的品牌，它们将碰到以前从未有过的品牌管理难题。此外，它们品牌的日益国际化不仅实现了多种机会，也带来了很多问题。请牢记，在国际品牌管理上没有一夜见效的，这是一个漫长和痛苦的过程。不要以为你已经掌握它了，你还没有。

第三个机会和挑战是以你的自有品牌为手段做得更好，将自己转变成为能够不断发展以满足未来社会需要的零售商，正如我们之前已经讨论过的重大议题。可以证明没有一个品牌能从整体上真正满足社会需要，但是，考虑到他们的规模和商品选择，在理论上，关心、同情人们和社会需求的零售商是有可能存在的。随着全食超市（一个最近被评为全球最好的零售商）的出现，这在一定程度上已经出现了。之前我们已经提到过这个零售商，但现在我们想多说一些。

23.3 全食超市——前行之路

坦率地说，任何地方都是好的商业场所。

马丁·索罗，WPP 集团总裁

全食超市于 1980 年成立于得克萨斯州的奥斯汀，起初只是一家小商店，现在已经成为全球天然和有机食品领域的首位零售商，它在北美和英国共拥有 189 家店铺。

我们认为有必要重申他们的一些主张，这些主张似乎在任何地方都会不断受到赞扬。最近，全食超市被英国食品商杂志的专家小组评为世界上最好的食品零售商。

全食。我们的产品来自当地或世界的其他地方，通常是由小型的、独特专用的食品工厂加工而成，我们力求提供最优质的、最少加工的、最美味和最天然的保鲜食品。凭什么这么说呢？因为食品都处于最纯净的状态，不添加人工添加剂、甜味剂、染色剂和防腐剂，是最好吃和最营养的食品。

全员。我们尽其所能招募最好的人员，使其成为我们团队的一部分。我们允许他们自己做决定，以创造融洽的工作环境，在这里人们被公平对待，他们有着极高的热情去追求成功。我们寻找对食物有热情的人，团队成员也是全面发展的人，在可盈利社区开设店铺的过程中他们发挥了重要的作用。

全球。我们认为公司就像个人一样，它们作为这个星球的一部分必须承担相应的责任。我们在全球范围内积极支持有机农业，这是促进农业可持续发展、保护环境以及农场工人的最好方法。在当地，我们积极参与到社区之中，支持食品银行，赞助社区活动，为参与社区服务工作的团队成员提供报酬，而且至少捐献盈余总额的5%给非营利性组织。

由于拥有令人惊愕的创新产品线范围和高品质的食物，在这里，食品购物作为一种纯粹的休闲活动。

Leathams 的零售总监西蒙·贝尔

这是最好的自有品牌、最好的零售品牌和最好的品牌，这是一个任何品牌都很难比拟的品牌，那些世界上的大型零售商都可能举手投降说："我们不可能做得这样好。"

我们认为你可以而且必须这样做，这是全球零售业的未来。事实上，大型的全球零售商只是略微考虑了这一理念而没有真正付诸实践，是时候改变了。如果你看一下全食超市的爆炸式增长，这并非偶然，它唤醒了今天的购物者，因此今天的社会需要明天的零售商，这种呼声越来越高。

23.4 健康红绿灯

请不要忘记那些不断要求零售产业和品牌所有者做出积极回应的政客们。如果你不改变，那么你将被换掉，法律将改变你的业务。英国政府希望引进他们的信号系统用于包装标签，这将改变消费，自有品牌和品牌将大大改变市场份额状态，购物者也有史以来第一次意识到什么对他有好处，什么对他没有好处。在消费者对自有品牌和品牌产品感知发生戏剧性变化过程中，两者都有危机。而且，这不仅仅发生在英国，欧共体马上就要实施，美国也已经在考察之中。

只看一眼食物标签就可以帮助你选择均衡饮食，但就消费者需求而言，仅仅看加工食品包装的前面，观点则会有所不同。

英国食品标准局（FSA）认为食品包装上面应标有红色、黄色和绿色，为了推行在食品包装上标上红绿灯标签，英国食品标准局已经花费了200 万英镑。标签显示了关键的营养信息，例如脂肪和盐的水平，英国食品标准局希望食品工业对加工食品都采用该方法。2005 年，英国食品标准局调查了2 676 个消费者，发现购物者更有可能使用 TL（红绿灯）系统来确认产品营养含量（如图23—2 所示）。

但是，英国的食品和零售行业希望引进它们自己的系统——GDA。英国食品分销协会开发的 GDA 标识，以我们一天所需关键营养元素的最高水平为基础，但是没有红绿灯颜色标识，它们不显示产品营养的高、中、低水平，只有每种营养元素的含量以及 GDA 百分比。无论那意味着什么，这项只以 GDA 来作为包装前面标识的运动已经花费了 400 万英镑。20 多家食品公司都已经废

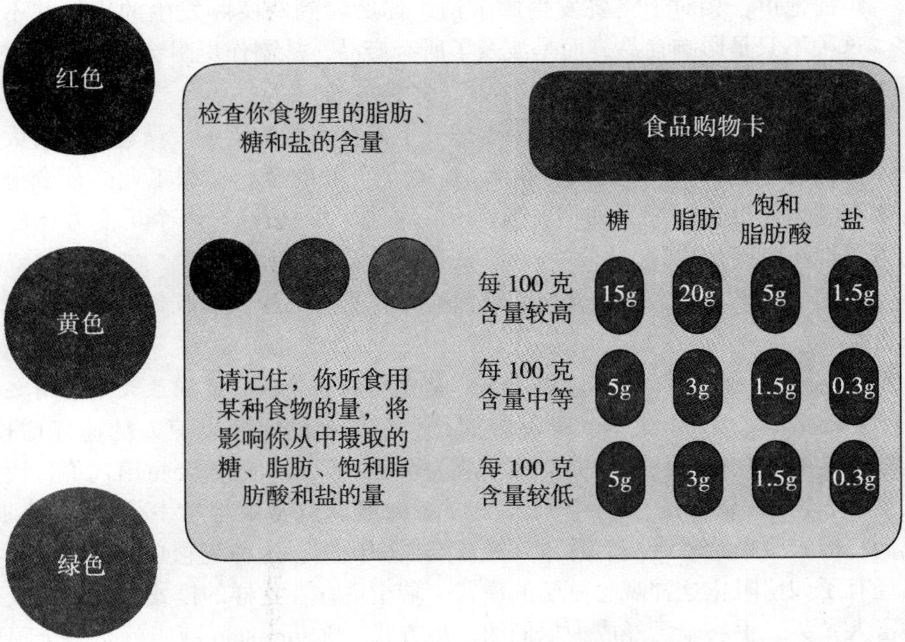

图23—2　英国健康红绿灯系统

弃了红绿灯颜色标识，并加入到由食品及饮品联会组织的GDA运动，包括乐购、联合利华和雀巢。

去年，消费者游说组织（www. which. co. uk）调查了636个消费者，每一个都被问及四个商标类型（TL和三个GDA变体）中的一个。虽然GDA和TL都能帮助人们识别更健康的产品，但是有效性却不同：采用英国食品标准局的TL标识，有97%的人能够从相似食品中辨认出更为健康的食品，而采用GDA运动推出的受欢迎的标识，有87%的人能够进行辨别；采用TL标识有更多的人可以判断食品营养水平，50%的人能正确辨别脂肪、饱和脂肪酸、糖和盐的水平，而采用GDA标识这一比例只能达到5%。因为生产商和超市之间没有就采用哪种标签达成共识，因此英国食品标准局已经指定了独立专家团对包装前面商标方案进行审核。

事实上，这场逐渐升级的公共战争已经引起了英国食品和零售行业的不良反应。TL系统明显更优越，但他们通过不断斗争所取得的是消费者和媒体对他们真正的动机怀疑。看来，重拾品牌信任任重而道远。

在英国食品行业历史前所未有的大众消费模式下，TL系统将引发最大的变化，没有品牌商或零售商能够幸免。当然，最好使你的战略与这场不可避免的变化相适应。

坦白地讲，相对于将要发生的事情，你所看到的实际发生的事情并不算多。这种不只是影响食品，而是波及了所有产品，从制作更耐穿的衣服到生产可生物降解的电子产品。

举个例子，让我们花些时间来考虑一下来自衣服的废料。最近，剑桥大学一个被称为 Well Dressed 的报告指出，1 万亿美元的全球纺织工业必须变得具有生态意识。报告探究了如何开发“耐穿衣服”——这与一个千变万化的时尚世界似乎有些矛盾。

我们的研究显示，消费者对环境问题变得更为关心，而我们不想在眼皮子底下被抓。

迈克·巴里，玛莎企业社会责任领导人，英国最大零售商之一

由于 Zara、H&M 和 Gap 等品牌的存在，使新的时装以惊人的速度增长，这些时装的大众价位使全球时尚逐渐成为可能。但是，这需要付出代价，代价就是旧衣物堆积如山。世界各地二手服装的概念被看做是学生/穷人的追求，我们将旧衣服捐给慈善商店并最终送往发展中国家。这种观念必须停止，现在已经有了如何阻止这种观念蔓延的模式。瑞士就存在这样的模式，无论穷人还是富人，买二手衣服已经成为他们的生活方式。Stadmission 商店就是一个很好的例证，它将慈善转变为对社会有强大积极意义的商业。

23.5 真正的利益是什么?

零售商必须平衡自有品牌成功与全面成功，他们需要回答一些基本问题：

- 自有品牌利润比品牌利润更高吗?
- 它是否提高了我对品牌制造商的议价能力并促使其发生改变?
- 它真正地改变了我的整体形象吗?
- 它是我的消费者真正想要的东西吗?
- 它会让我处于领先吗?
- 如果品牌不存在，我的生意会变得更好吗?

23.6 总结

对零售商来说，自有品牌依然是重大的机遇，但它需要以成熟为契机，以反映未来购物者的需求和企业愿景。挑战越大，回报越高。

24 零售商自有法则1—5

前面我们讨论了重大议题，它们和其他的法则一样，与你息息相关（如图24—1所示）。

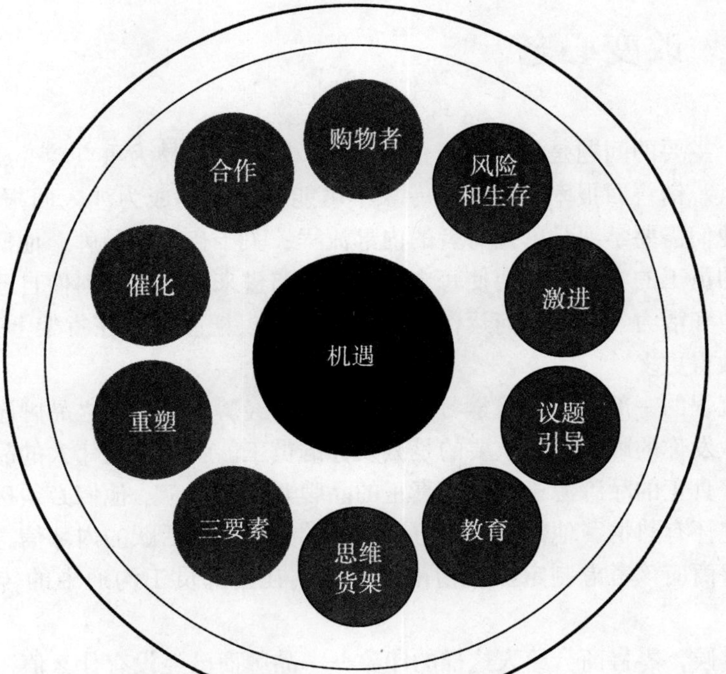

图24—1 前5个法则

24.1 学会接纳

回到我们的机遇轮。为什么零售商应该关注自有品牌呢？因为，毕竟是他们将自有品牌推到了现在的高度。但是事情并不像你想象的那样简单，零售商需要解决几个基本问题来进一步发展自有品牌。这些问题简单地归纳为：

- 学习如何真正地做品牌；
- 确保它们不会枯燥无味；
- 利用并驾驭大议题；
- 学习如何竞合；
- 利用创新的力量；
- 学习如何能更好地满足客户提出的条件。

24.2 改变心态

一个主要的问题是如何改变企业文化，即从以贸易为重点转变成以品牌建设为重点。销售回报率（ROS）专家不可能一夜之间成为涉入回报率（ROI）专家，他们需要学习品牌拥有者的内部流程：关于自己的品牌，他们是如何教育他们的员工的？他们如何使每个股东都参与进来？他们如何使自己的品牌拥有生命力和活力？他们如何运作国际商务？仅仅把品牌放在货架上是不够的，你还要做得更多。

该流程的一部分是应该学习与品牌有关的经验教训。建立品牌愿景，它将会真正激发你的顾客，更重要的是激发你的员工。就像任何伟大的品牌告诉你的一样，真正的品牌源于内部，真正的品牌开始于员工。他们必须接受这一品牌并对它怀有热情，他们必须学习该品牌的知识。在活跃的内部信息交流过程中，零售商应该考虑制定操作指南，发挥其在内部员工沟通中的传播和串联作用。

有时候，零售商会给人这样的印象——品牌商已经没有什么值得他们学习的了。真相远远不是这样，品牌商能够教给零售商一些他们真正需要知道的东西：如何保持他们的长期形象，并且继续全方位地塑造它。现在，我们还不清楚零售商是否愿意尽心尽力地这样去做。

自有品牌策略不再是一个极简单的、仅仅具有价格优势的策略，消费者会迅速转而期待更好的价格——然而，传统的打造强势品牌的原则和促使消费者做出明智决定的观点依然存在。其实，真正的诀窍在于以一种简单的、吸引人的加强功能性利益的方式提供该品牌的信息。而且，最重要的是，要在购买点采取行动。毕竟，自有品牌就是在此处赢得该场战斗的。就像品牌一样，真正成功的自有品牌取决于多种因素，价格只是其中之一。

你甚至能够找到人为你讨价还价。在市场上购买新车的美国人，如果不想为最好的价格苦苦搜寻或讨价还价，现在有了一种选择可以帮助他们避开常见的经销商困境——**不还价服务（No Haggles）**，这种新型的购车服务承诺，他们将代表顾客就所有购买细节进行谈判，以达到给顾客省时和省钱的目的。由先前的汽车经销商开始，**不还价服务商**和经销商在顾客区域就价格、融资、担保和折旧津贴进行谈判，必要时只收取少许费用。

顾客通过电话或者电子邮件直接与**不还价服务商**联系，来了解他们正在寻找的汽车品牌和型号方面的信息，包括任意所需的配置或特殊性能。当地经销商的不还价商店为顾客寻找最佳价格的车辆，并且协助完成整个交易过程。在整个交易过程中，顾客只和不还价服务商的代表联系，该代表甚至作为顾客签约代表参与交易，并且给顾客提供一份详细的谈判报告。此外，代表在整个销售过程中全程参与，包括车辆运输和检验。

尽管某些经销商早已推行了不还价定价方式，但是**不还价服务商**是独特的，因为它不隶属于任何特定品牌商或者销售商，顾客能够通过该服务就任何品牌和型号的汽车进行销售谈判。目前，**不还价服务商服务**的顾客遍及美国，但是这一最佳的不还价交易概念很容易被复制或扩展。实际上，该公司正在和美国最大的汽车保险公司一起运作一个测试市场计划，以进一步为顾客服务。

24.2.1 停止掩饰

你几乎会认为自有品牌使零售业处于尴尬的境地，看看让一个零售商评论自有品牌在其所有品牌中的作用有多么困难，尤其是在瑞典！最大秘密是什么？你要么成功，要么失败。如果你已经成功，你也不必为此感到惭愧。在我们生活的世界里，透明度就是成功的关键，对顾客透明，对供应商透明，对自己透明。你已经使自有品牌成为促使你的顾客信任公司品牌的一个重要因素，如果你的自有品牌真的能够持久，那么它们也需要证明自己是值得信任的。当涉及我们所面临的重大问题时，你敢举起手并说你的每个子品牌都是“一流”的吗？当谈到顾客透明度的时候，你敢说自己是“最好的”吗？

零售商需要顾客的信任，他们也需要品牌拥有者的信任。

24.3 抓住大议题

可持续发展对我们公司是有益的。

沃尔玛

热情地拥抱大议题。对于我们之前列出的大议题，零售商和任何人一样与其息息相关。关于他们的参与有很多说法，但是行动往往相去甚远。最近的一份英国调查显示，至少有一个大型零售商使用13个塑料袋去带走39件商品：每袋3件商品——一点也不环保。通常的情况是越健康的食品系列越昂贵，低成本的自有品牌食品与价格昂贵的竞争对手相比，健康性要差得多。在过去的两三年里，市场已经发生了变化。

在今天竞争白热化的市场中，计算机和零售行业的公司为了建立和保持竞争优势不懈努力。鉴于消费者的期望正在逐渐改变，许多公司都正在转向环保，通过提供更环保的产品来区别于竞争对手。由于竞争的根本转向了环保，各公司的投入成本一浪高过一浪，都希望自己能够成为领域内最环保的公司。

零售商将不得不改变他们的商业模式以与这次运动保持步调一致，因为最终政府会就环保立法，那时他们将别无选择。更像萨班斯法案和千年虫，对于大零售商来说，最明智的事情莫过于现在就开始制订计划。

弗雷德·克劳福德，Alix Partners公司的常务董事

有趣的是，环保竞争带来了意想不到的后果：环保竞争压力加速了这些行业的变化速率，行业领导者（如沃尔玛、乐购、戴尔和惠普）为了争夺顾客的心理、思想和钱包份额，已经加入到了激烈的战斗——当谈到环保的时候都开始针锋相对（Wordpress. com）。由于对绿色产品的需求有所加快，这些公司已经越来越多地采用道德和环境作为卖点来销售产品，但缺少或根本没有被报道的证明资料。

营销人员不断吹捧他们产品的绿色性，这导致人们无法分辨出哪个环境主张是真实的，难怪一些行业专家发出了“绿色疲劳（green fatigue）”的警告。

过去，市场是由价格所驱动的，但是那么多价值在产品降价过程中被剥离出来，顾客对这样的做法已经很熟悉了。

斯蒂文·艾瑟姆，英国维特罗斯超市（Waitrose）公司常务董事

英国国家消费者委员会分析指出，多数底层的减价商品包含更多盐分、略多的糖分，甚至和超市里自己品牌的竞争对手比起来都是如此，在贫穷的顾客可能购物的超市里，健康食品的促销更少，这根本不是严肃对待“重大议题”

的态度。调查中，几乎所有的超市都很少宣传健康饮食方面的信息，并且有些超市过分依赖它们的网站或杂志，但是都不能直接应答顾客的询问。健康是一种凭借自身力量才能得到的生活方式，确保你以一种有意义的方式身处其中。

那些过分依赖便宜货的顾客正在明显地受到亏待。

国家消费者委员会的威蒂公爵

24.4 多层次自有品牌战略

如果你能让顾客购买自有品牌的有机食品和其他高端产品，那么将会增加自有品牌的总体销售额。但是，或许更重要的是，实施这样一个多层次的自有品牌战略将会提升顾客对零售店的忠诚度。

最新一项针对美国自有品牌消费者的大型研究正在进行，该研究由卡塔丽娜营销（Catalina Marketing，提供消费者行为研究成果的机构）和达曼国际（Daymon Worldwide，自有品牌产品的经纪人）组织实施。研究的目的是为了对自有品牌的购买者有个充分的理解，并增长见识以实现销售增长。

这些公司组成了一个研究小组，挖掘零售数据库以了解了1亿多个家庭的购买行为，该小组成员对自有品牌面对的销售机遇以及自有品牌对连锁店的顾客忠诚度的影响进行了定量研究。他们认为，自有品牌已经超越了给制造商品牌提供低价替代品的有限作用。除提高利润之外，自有品牌新的作用更加强大。在零售连锁店和零售渠道中，自有品牌能够真正地定义形象、个性和强大的差异点。

达曼国际的营销总监派姆·博因顿说："在20世纪80年代和90年代，自有品牌开始跟随制造商品牌。在21世纪，我们看到的是自有品牌开始引导品牌风范，此时此刻它正处在一个令人兴奋的地位。"

该研究评估了自有品牌产品的四个层次：品牌对价型、溢价型、价值型和有机型。埃尔莫尔指出，提供多层次的自有品牌对于满足消费者的需求至关重要，有超过一半（55%）的顾客在两个或两个以上层次购买自有品牌。他们还发现，同时购买四个层次自有品牌的消费者是最宝贵的消费者，只购买一个层次自有品牌的消费者每年花费934美元，而一个同时购买四个层次自有品牌的消费者每年花费5 000多美元，实际上，他们的价值是那些仅仅在一个层次购买的顾客的5倍多。

为了确定多层次购买是否与忠诚度有关，该研究采用了卡塔丽娜的忠诚度商数，它给每个家庭打分以确定其在连锁店中消费的比例，例如，一个高度忠诚的顾客在一个连锁店中花费超过 80%。研究发现，消费者多层次购买提升了其忠诚度，仅有 27% 的非忠诚顾客购买自有品牌的层次超过一个，然而，在中度忠诚和高度忠诚的顾客中，分别有 58% 和 64% 的顾客跨越了多个自有品牌层次；仅仅购买与制造商品牌等价自有品牌的顾客往往对连锁店的忠诚度最低，最忠诚的顾客则是那些购买多层次自有品牌的人。只购买一个自有品牌层次的消费者每年花费约 3 000 美元，而同时购买四个层次自有品牌的消费者每年花费 6 800 多美元，后者是前者的 2.3 倍以上。该研究证明“最容易实现的机遇目标就是扩展产品种类，并将它们渗透进你既有的自有品牌顾客之中”。

这里罗列了一些其他的重要发现：

- 在过去的一年里，自有品牌的增长速度超过了整体零售店的增长速度，二者的增长比率为 2∶1，这一增长在很大程度上是由层次分化推动的。协同营销努力已经推动了价值型自有品牌的增长，溢价型和有机型自有品牌增长率超过了与制造商品牌对价型自有品牌的增长率。
- 平均来看，溢价型自有品牌对自有品牌总销售额的贡献率为 9%，但是溢价型在一个或更多连锁店中对自有品牌总销售额的贡献率为 16%，这增加的 7 个百分点能够帮助你理解：当溢价型是你的重要特色时，它对自有品牌总销售额的贡献会得到多大程度的提高。
- 价值型在整个行业中占自有品牌总销售额的 4%，但是最好的零售商的自有品牌销售却达到了 20%，5 倍的增长有助于你理解：如果价值型是你的差异等级，20% 就是你能够达到的高度。
- 有机型在整个行业中占自有品牌总销售额的 2%，但是最好的零售的商该比例可以达到 70%，这是一个为家庭需要而新兴的产品层次。

该研究也考察了与制造商品牌对价型的自有品牌，并且考察了能给自有品牌销售带来多大的机遇。如果该层次自有品牌的购买者仅多购买一个产品（自有品牌）类别，那么每个零售店每年的销售额将会增加 15.9 万美元。通过了解哪个品类是你顾客的入口点，那么你或许可以评估你的自有品牌战略。

该研究指明了 5 个推动**与制造商品牌对价型**的核心品类，按重要性排序，它们分别是纸制品、速冻蔬菜、软饮料和水、奶酪以及适用的药品，这里的策略就是让顾客更多地参与到他们现在购买的层次之中。

最后，当然了，这样的多层次战略恰好与品牌有关。

群体的力量，就是人群为了得到他们想要的东西能够实施的影响力，这本身没有什么新鲜的（trendwatching. com）。然而，新鲜的是那些志趣相投的、准备行动的市民和消费者现在都能够上网并联络，这是如此令人目不暇接和自由自在，这最终将对全球产生影响，我们称其为群体力量或群体意识，它会使零售商忧心忡忡。

群体意识：“因某个特定原因，在网上组团的市民/消费者，可以是政治、市民或商业性质的，目的几乎无所不及：从打垮政客到强迫供应商极不情愿地降价。”

那么，为什么**群体意识**具有如此强大的力量呢？

- 首先，现在有10亿人在上网。我们强调一下，这个令人难以置信的统计数据不够充分。无论你计划建立的商业是什么，只要它是基于网络的，你现在就会有潜在的受众。并且，这些受众能够通过虚拟方式接触到，没有营销预算可言，正如由于博客圈的存在，好的想法会在瞬间传播一样。
- 其次，这个广大的在线受众实际上也要在线购物。在美国，去年顾客在网上的消费（包括旅费）超过了2 000亿美元，同期欧洲人购买网上商品和服务支付了1 000亿欧元，亚洲的在线销售额也有数百亿美元。（来源：Forrester，Shop. org and eMarketer.）
- 再次，因为过去几年出现了全体参与决策的模式。在网络世界中，顾客由过去的访问者转变成了参与者，很多顾客现在可以参与更多的活动和像**群体意识**一样的商业模式，顾客现在既是观众又是参与者。
- 最后，个人档案和个人博客的整体基础结构现在已准备就绪。例如，**聚友网**拥有1.5亿份个人档案，脸谱网（Facebook）有1 800万注册用户，而总部设在英国的Bebo网站拥有800多万用户。这潜在地给予了顾客一个直接的、秘密的出口，详细列举并标注他们的意图。智能的中介机构甚至社交网络都会扑向这一机遇，并且促进集结的进程。同时，关注社会商业网站的扩张：StyleHive、CrowdStorm、Yahoo Shoposphere等等，上述只是将来许多具有强大**群体意识**的网站中的几个而已。

那么，谁打算充分使用它呢？留心一下中国的**群体意识**创新，其更加靠近letsbuyit. com的再生。特别有趣的是团购（“团体采购（team purchase）”）现象，一群陌生人围绕一个特定的产品或服务自行组织起来。想想电子产品、家具、车辆等，然后在一个约定的日期和时间，这些志趣相投的人会合于现实世界的零售店和展厅，开始真正地围攻销售者，在现场谈得一个团体折扣价。首先存在一些允许群体在网上组团的流行网站，然后再计划如何在现实世界围攻零售店，这些网站包括中国团购在线、淘宝和篱笆网（该网站最近被51团购网收购合并），它们现在拥有几百万的注册会员，取利于广告和/或供应商佣金，供应商实际上也很欢迎团体（购物者）的光顾。

另一个来自印度的范例也很有趣，**Offers For Shoppers** 是个网上优惠券网站，专注于群体意识的汇集，可以让顾客贴上任何有意思的供应信息从而揭示他们的意图。当潜在顾客数量达到预期的总量时（供应商作为批量采购的数字），顾客就会被告知并且提出一个可以接受的最低批量价格。很明显，这复制了社会购物网站的模式，而且这类网站现在在美国大量涌现。

再来看一个创新的例子：法国**CrowdSpirit** 现在处于试用模式，希望可以进行群体的全面创新——参与，不仅要在消费电子方面提出构思，而且还要参与产品生命周期中的每一步，直到最终得到销售。在计划的第一个阶段，将聚焦于市场价格低于 150 欧元（190 美元）的产品。具体运作措施如下：

第一步：群体提出创意，进行微调并从中选出最佳创意。

第二步：最佳创意及其产品规格将由 CrowdSpirit 的研究和制造合作伙伴联合确定。群体投资者开始为产品发展筹措资金。

第三步：第一个原型测试并接受群体微调。

第四步：顾客购买产品作为对 CrowdSpirit 的供应链的答谢，群体继续支援产品并向零售商推荐该产品。

暂定的发布计划定于 2007 年夏天。我们谦恭地建议，每个从旅行食品到饮料的 B2C（企业对消费者）行业是不是都应该进行此类试验？并从中感受到"普通消费者"创新能力。

24.5 总结和机遇

重大议题与零售商和品牌持有者都相关。实际上，因为品牌商会抵制大零售商，所以重大问题对于零售商或许具有更高的相关度。自有品牌实际上成为了有效面对这一挑战的途径。

- 机遇 45：**未雨绸缪**。开始更长远的思考，而不是通常的短期被迫性思考。
- 机遇 46：**超越价格**。对于新的未来，你需要采取价值超越价格的定价方式，确保你已经做到了。
- 机遇 47：修改并完善你的**品牌架构**。现有的品牌结构是给过去用的，确保你已改变预期。
- 机遇 48：向**品牌商学习**，现在你已成为其中的一员。
- 机遇 49：对于自有品牌的成功要**透明**。

- 机遇 50：在**群体意识**反对你之前，让**群体意识**为你而工作。
- 机遇 51：使你的品牌成为**更好的品牌**。将你的品牌完全社会化，并且使它完全符合对所有变化所作出的承诺。
- 机遇 52：成为**大议题的教育者**。对于我们所有人所面对的大事件，你有社会和道义上的责任，教育每一个人，从你的雇员到你的顾客。
- 机遇 53：成为大议题的实施者。改变你全部的产品线、你的包装、你的宣传和你的经销，以反映这一新的议题。别再名不副实了，开始动真格的吧。
- 机遇 54：审查你的**多层次**战略并且优化它。

24.6 需要考虑的行动

1. 从国际视野思考自有品牌的影响，它逐渐成为一种跨国经营。

2. 开发一套自有品牌工具包，它不仅说明了自有品牌对组织（现实和愿景）的真正本质，而且清楚地展示出管理自有品牌的信念与准则。

3. 把工具包展示给你的供应商，使他们真正理解你试图实现的。

4. 对自有品牌进行审视，全面评估在与主要自有品牌竞争时，你累积的竞争优势。

5. 重大议题仍然存在。让我们清楚地了解它，为什么不使其成为你零售的组成部分呢？展示企业正在服务大局，并以直接的方式参与社会。

6. 审核你的“重大议题”参与程度。

7. 总结一下，你如何能够使你的公司成为一个参与解决“大议题”的公司。

8. 制订计划，将那些议题落实在公司所做的每一件事上。

9. 制订内部沟通计划和方法，以告知员工未来的变化。

10. 确保研发部门正在着手解决大议题。

11. 确保有关大议题的宣传是有意义的，而不是自谋私利。

12. 避免遭受打击。

25 零售商自有法则 6—10

早先我们讨论了有关品牌的未来店铺。当然，对零售商而言，这些评论同样重要。作为零售商，一样在为新的业态、新的战略、新的空间而斗争（如图 25—1 所示）。还有其他的……

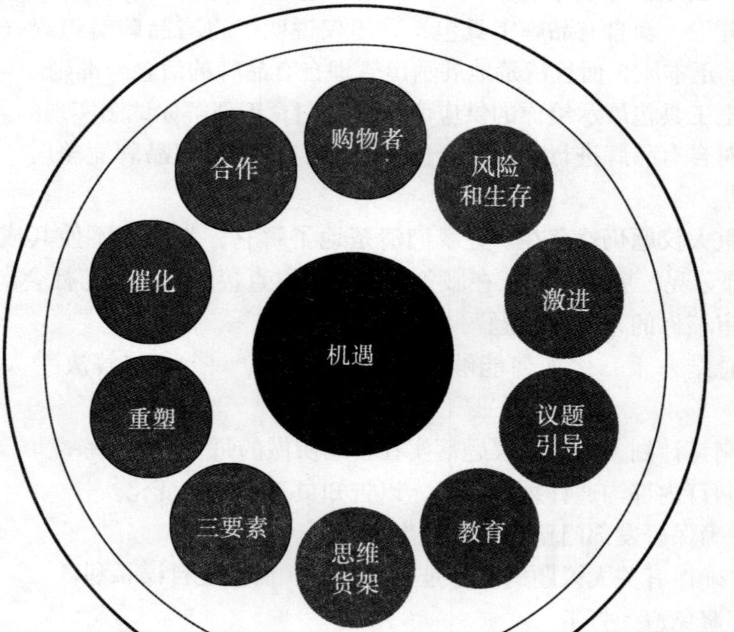

图 25—1　余下的 5 个原则

25.1 意愿经济

准确定义意愿经济的是赛尔斯博士，意愿经济归根结底是使顾客的购买意愿明晰，吸引一个或者多个供应商为此竞标（trend-watching. com）。

赛尔斯认为："意愿经济是建立在真正开放的市场上，它不是店铺的集合。在意愿经济中，顾客不必从一家店铺跑到另一家店铺收集交易信息（以及不可避免的炒作），像蜜蜂在花丛中采蜜一样。在意愿经济中，买方首先发布市场购买意愿，卖方为满足买方需求而相互竞争。"

就这么简单。在意愿经济中，一位汽车租赁客户可以在汽车出租市场上发布消息，"3月20—25日我要去帕克城滑雪，需要租一辆4轮驱动的SUV（运动型多用途汽车）。我是Avis Wizard、Budget Fast Break 和Hertz1 Club的会员，不想预先支付汽油费用或购买任何保险，哪家公司有意愿与我合作?"——同时使销售商为顾客生意相互竞争。

如果这种方式流行起来，我们将生活在一个非同寻常的零售世界里——一个顾客主宰的零售世界。现在，虽然越来越多的中间商帮助个体消费者获得基于他们意愿的报价或出价，这个空间仍然非常广阔。实际上，这些经纪人关注的大多数信息仅仅是一个产品/品类（抵押贷款、游轮、飞机票），而要为每一个个体意愿找到合适的网站是非常麻烦的事情。同样他们许多人也与一些固定的供应商（非常）紧密合作，使得这个招标过程变得有点照本宣科，最终的结果是并没有特别显著的折扣。

因此，当 cruisecompete. com 从游轮旅行社那里获得报价的同时，Priceline公司让顾客制定自身可接受的价格，然后与航空公司、酒店和汽车租赁公司提供给 Priceline 公司的最低价格相匹配。对于那些可以处理每一顾客多种意愿，并且真正为顾客服务的经纪人来说，这个空间前景广阔。

为了获得真正的灵感，学学这些"intention 2. 0"公司，它们正在动摇芬兰、英国、荷兰以及美国的传统的、非透明化的房地产世界。

- Igglo。芬兰房地产网站Igglo让潜在的顾客"提前预订"还未上市的房屋。Igglo已经对赫尔辛基和其他几个芬兰城市的每栋房屋进行拍摄，并将这些照片与卫星图像和地图结合在一起。每栋房产均登记在册，不仅仅是已投放市场的房产。它们的标语是："你的房子已经在Igglo上了。"——潜在的顾客能够指定他们感兴趣的一栋建筑、街道甚至邻居，并且在网上提出报价。这样可以让那些潜在的销售商了解他们的房地产多么受期待，即使他们还没有主动考虑销售。当顾客预订的房产或者宅基销售的时候，他们也会得到提醒。若供需相匹配，Igglo 会收取一定的中介费用，但收取的费用低于普通的房地产代理商（少于 2%）。低收费之所以能被接受，是因为直到买卖双方相互发现时，Igglo 代理商才介入其中。顾客喜欢这种形式：该网站每周吸引 5 万多个访问者，并且该公司现在开始扩张欧洲业务。

购物者从有爱心的零售商处预订健康生活方式难以想象吗？

- Zillow。**支持意愿经济的**，还有总部设在美国的 Zillow。它让业主掌握主动性，允许他们设定一个可浮动的价格而不必真正将房产置于市场中。一旦业主设定了一个价格（“你不能拒绝的神奇数字”），潜在的顾客可通过电子邮件与他们匿名联系，然后由业主决定是否出售。在这里，意愿是关键：若业主打算近期出售，该服务机构会搜集对其感兴趣的信息；或者，他们可能有长期的销售计划，但是若报价合适，也可能会改变主意。启动匹配服务需要全力以赴，并将 Igglo 和 Zillow 的意向性服务相结合，以创建一个完全透明的房地产超级网站。
- Eventful。除了上述，还有更多的实例。如果他、她或他们刚刚来到某一国家或城市，怎样才能找到想拜访的艺术家或乐队？进入 Eventful，用户不仅可以在世界任何地方找到和发布当地的活动，而且可以让他们需求的活动和表演在当地举行，最终使梦想成真。最新统计显示，在 Eventful 网上有超过 126 000 个需求活动，这有助于说服知名艺术家改变其现有的演出日程，进而发挥长尾效应造福于利基观众，最终成全利基艺术家、利基活动和利基演出。

一旦顾客购买或以非同寻常的方式考虑购买时，潘多拉魔盒才真正被开启，任何事情将不同于以往。当你看到顾客只从那些真正关心大议题的零售商那里购买东西时，不要感到意外。目前他们可能购买很少的东西，但是最后会越来越多。

25.2 学习如何创新

顾客购买新产品时是很挑剔的。结果，超过 80% 新上市的快消品由于销路欠佳很快下架。去年有 33 000 种新产品进入美国，根据研究员明特尔调查，近18 000种产品是食品饮料类，其余产品则是保健、美容护理类以及日用百货。

通常认为，如此高的失败率不会发生在自有品牌产品上。分析家认为零售商新产品有较高成功率主要有3个原因：

- 零售商拥有货架，并能够保证商品长期在架。
- 零售商更接近顾客，并且能更好地了解其需求。
- 零售商能够很快生产出那些适应品味要求、迎合潮流的增长迅速的品类。

分析人士指出，在委托自有品牌制造商生产特定品类的自有品牌之前，零售商首先会确定新产品的最保守销售量。例如，现今，随着顾客越来越愿意花高价购买优质产品，零售店推出了更多的高档和专业产品。例如，只能在克罗格（Kroger）零售店出售的系列产品，拥有迪斯尼的 Magic Selections 品牌和特色食品，迪斯尼公司和克罗格之间的联盟使其100多种健康食品更具特色，该产品系列包括12个品类，分别是水、果汁、牛奶、水果、蔬菜、通心粉、汤类、面包、酸奶、肉类、奶酪和定额的零食（如冰激凌和饼干），这是迪斯尼公司第一次允许食品零售商销售其自有品牌商品。

但目前自有品牌逐渐延伸超出了传统食品范畴。其目标是，凭借新推出的洗浴**护理**部分（包括20个新品牌），在健康和美容品类中寻找发展自有品牌业务的机会。**全食超市**在其**全身保养**部门为顾客提供了**矿物融合**系列天然化妆品；好事多（Costco）的**办公印象**系列拥有112种办公用品；仅仅第一年，喜互惠（Safeway）的新有机产品线拥有150多个品目，第一年便售出了1.6亿美元的销售额。

所有这些零售商都正在推出具有创造性的自有品牌并获得了成功，因为这完全迎合了顾客的需求。最近的全国调查显示，自有品牌杂货商品在美国零售店中越来越受欢迎。

国际市场研究公司的研究同样显示：

- 未来，中等收入（3万~7.5万美元）及高等收入（超过7.5万美元）的消费者将比低等收入（少于3万美元）的消费者更倾向于购买大量的自有品牌产品。
- 几乎一半的受访者表示，现在其日常购物篮中有1/4或更多的商品是自有品牌。在研究中所有的消费者，他们购买自有品牌产品的平均比例为32%。
- 杂货类自有品牌产品的流行会给存在于超市以外贸易渠道中的非杂货类自有品牌产品带来积极的影响，产生晕轮效应。约1/5的顾客表示他们经常购买自有品牌产品，涉及健康和美容、家庭办公、家庭以及家居装饰类产品；3/4 的受访者说，对非杂货类自有品牌产品的高度满意将极大促使他们将来购买更多的此类产品。

尽管绘制出了自有品牌发展的宏伟蓝图，但并不是一片光明。坦白地说，迄今为止零售商仍不是优秀品牌的创新者。为什么会这样？原因很简单，他们还没有真正投资于创新以使其发挥作用。通常模仿别人比真正做出特色要容易得多，跟随型自有品牌变体产品清楚地证明了这一点。很大程度上，他们很乐意把冒险的创新活动留给品牌商，他们为自己保守却不激进的思维而高兴。这其实是头等大错。图 25—2 展示了自有品牌偏好度。

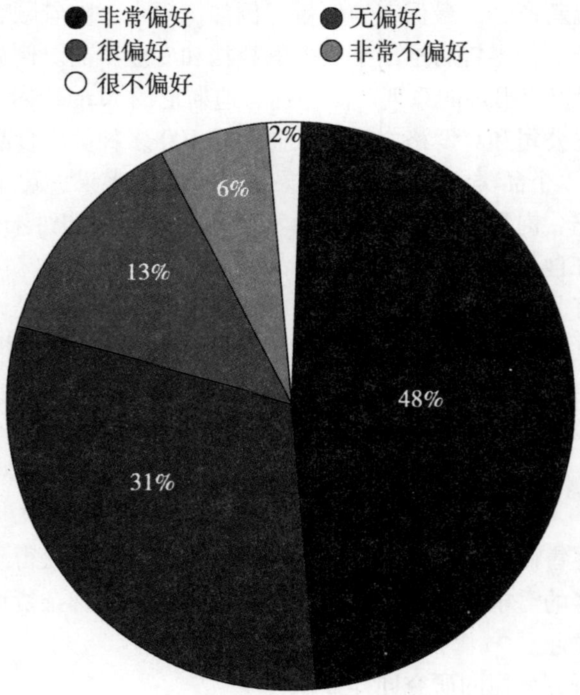

图 25—2 自有品牌偏好度

资料来源：英国 ISPSOS 消费者调查

品牌商之所以成功在于，在整个发展历史中，他们不断进行着创新性地飞跃和冒险。大多数失败了，但一旦成功，就是真正的差别。零售商品牌的最近的创新和冒险是什么呢？我们忽略了这样一个事实：很明显，实际上顾客期待未来的自有品牌不断创新。我们的盛世长城的调研也清楚地表明了这一点。

有趣的是，当谈到创新时，在零售商、顾客以及品牌拥有者之间存在着清晰的、持续的不和谐因素（如图 25—3 所示）。美国和英国的零售商认为，在

100% 的时间里，自有品牌与品牌一样在不断创新，顾客认为大概 50% 的时间是这样，品牌拥有者则认为是 25% 的时间如此。我们把这种差距归因于零售商的无知或品牌拥有者的无知或偏见。这并不重要，重要的是这种差距的确存在。

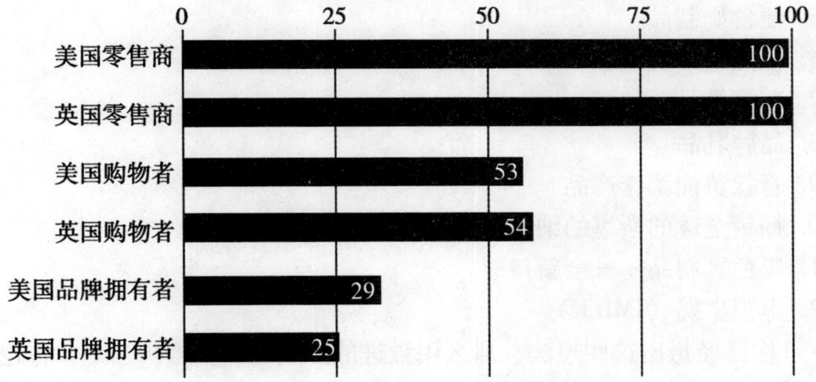

图 25—3　自有品牌创新性

资料来源：盛世长城的研究报告

显然，购物者认为创新需要投资，最重要的是，它需要创造力。零售商所面临的问题就是，相对于创造而言，创新是很容易被复制的。当零售商在进行模仿时，或许应该看看一些世界领先的文化和品类，除了极少例外情况，它们使得通向商品化的道路变得平坦。

走向伟大创新之路从不平坦，这也是多数人失败的原因。然而，创新带来的回报却非常丰厚。试着列举一个品类并想出 25 个疯狂的点子，看看这些激进的想法是如何引领你前进的。下面为奶制品品类的 22 个点子，设想一下如果没有这些点子，难道你只想销售一个商品？

1. 富含有机成分的有机牛奶（可被证明或检测的）
2. 生产自有奶制品——混合搭配
3. 超低盐乳品——低盐产品系列
4. 优质的健康标签乳品——代替警告标签
5. 真正透明产品——对产品一目了然
6. 奶吧——零售店
7. 移动的乳品店——路边的临时店铺
8. 漂亮的简易乳品——去除食品的复杂元素
9. 高能量乳饮

10. 定量包装乳品
11. 消费者自主设计的奶制品
12. 高钙奶制品
13. 香辛乳制品
14. 奶味肉品
15. 便食奶制品
16. 低热量牛奶饮品
17. 慈济乳品
18. 品牌乳品
19. 管状黄油调味产品
20. 畅销全球的斯堪的纳维亚乳品
21. 黑色乳制品——全新口感
22. 虚拟牛奶（IMILK）

一旦你已经想出这些想法，那么用激进的方式加以实施。当然，你也可以采取苹果公司的创新路径。苹果公司以创新而闻名，但它并不认为自己在不断创新，而是在重新设计产品。iPhone 为最新的例子——由消费者发起的产品创新，而不是制造商，制造商未能实现产品创新的延伸。

或者你也可以选择三星的创新路径，每个星期一他们宣布自己的产品处于危机状态，需要来创新。这样的持续创新改变了传统意义上的陈旧品牌，并在五年内使三星发展成为世界领先的创新者。

25.3 学习如何涉入

记住你并不能掌控。参照 Godin（1999）的提法，在这个新型市场中，是自私的顾客在掌控，并不是营销者。如果他或她的问题没有解决，顾客不会对制造商、产品和品牌感兴趣。传统的营销管理和品牌管理试图像罪犯一样困住顾客，同时基于权限和相互关系的营销，试图为顾客提供有关信息、教育、娱乐甚至现金方面的具体诱因来吸引其注意力。

正如我们前面所说，在将来涉入是一个关键因素——一个创新品牌拥有者正在不断投入的因素。**涉入性零售**不仅与品牌商有关，零售商也一样，以一个品牌为例，例如 Karmaloop，一个总部位于波士顿的服装网络零售商，它将创新权利赋予了顾客。Karmaloop 帮助其合作伙伴品牌迅速进入多变的 18 ~ 30 个早期采纳市场。Karmaloop 拥有上百万在线顾客电子邮件清单，能够使自己的品牌出现在在线消磨时间的时髦风尚者面前。Karmaloop 让宝洁参与了它们的 Tremor 项目，在该项目里它们已经组建了一个青少年社区。Tremor 是一个市场营销服务项目——由宝洁公司提供技术支持——发展青少年口碑市场营销计划，招募青少年，以帮助开发刺激的、与产品相关的构思以及青少年乐意谈论的市场营销方案。Tremor 与不同行业的公司开展了广泛的合作，例如娱乐业、时装业、音乐、食品业和美容业，它们的会员直接参与创作，并且宣传公司的理念和项目，以在青少年中树立口碑。在短短的 2 年时间里，该项目与 28 000 个年龄在 13 ~ 19 岁之间的美国青少年签订了合约，青少年团队负责将货样和优惠券分发到网络上，并积极推销新产品给自己的同龄人，优惠券和产品样本可能被要求摆放在他们的卧室、学校或其他相关的场所。

正如我们前面所描述的，**苹果**是顾客涉入的最重要的倡导者。对这种做法的痴迷，使**苹果**在 5 年时间里成为美国收效最大的零售商。直到它认为已经超出了产品本身，否则苹果是不会善罢甘休的。所有的零售商，从大众快销品到服装，都应该实行顾客涉入，苹果在这方面已经做到了极致，它将 75% 的楼面面积作为非产品区域——培训区、娱乐区和参与区，以方便顾客更好地了解。楼面面积的巨大投资回报，不仅使**苹果**领先于竞争对手，而且超越了其他任何公司。结果就是，零售业的顾客涉入带来了最好的回报和从本质上彻底改造了零售业的公司，你能重塑零售业吗?

人们需要明白买什么并不重要，重要的是允许你做什么

25.4 学习如何去想象

学习如何用伟大的想象力创造伟大的品牌。

产品是工厂里制造的东西，品牌是顾客购买的东西。产品可以被竞争对手复制，品牌却是唯一的。一个品牌可能会很快过时，一个成功的品牌却是永恒的。

我们回到之前的引证，因为它清楚地显示了制造商和零售品牌之间另外真实存在的差距：形象。当零售品牌能够精于塑造优秀形象时，它们将成为真正的品牌大师，相应肯定会回到罗马论坛。如果你看过 2006 年度 Interbrands 世界最优秀品牌的年度评价，就会发现排名前 100 里面没有一个大众快速消费品品牌。宜家位居 42，Gap 紧随其后，位居 52，Zara 排 73 位。

你还记得什么优秀的零售广告吗？你看过哪些自认为改变了自我的零售广告？你看过哪些零售广告被认为永恒？为了自己的利益形象而痴迷于理性交付，这已经妨碍了发展些许感性形象，其将引起经得起时间考验的真正伟大的战役。

一切源于行色匆匆。下面是两个来自于三星的引用，其无可争辩地成为近年来最成功的品牌建设者，时间和坚持就是那把开启成功的金钥匙，还有爱心！

三星已经创造了奇迹，现在必须确保顾客依赖其品牌。一个品牌的成长通常需要数十年，未来在任何地方，我们都将取得成功，成为顶尖的竞争者，但在一些方面仍容易遭受挑战。做真正的第一，必须为人所知，必须为人所爱。

金炳国，三星首席执行官

一旦你穿上红舞鞋，就必须热舞下去。

你不能仅仅做了一年后，因为生意不是那么好，下一年就不做了。

如果你放弃了，先前所做的一切就都浪费了。

金炳国，三星首席执行官

25.5 关系营销

我们日益受到关系营销管理的影响。那么今天呢？当我们进入信息时代，信息技术作为一种工具推动了关系的发展。当公司及其市场营销员共谈前景时，沟通不仅仅是说服—推动式，它将会被允许—拉动式所代替。在关系营销管理中，基于形象塑造的沟通能增强顾客所追寻的经济利益，以及功能和心理属性的身份象征和生活方式意义，这是至关重要的。我们前面提到的盛世长城的**至爱品牌**(Lovemarks™)，就是实现这种形象的一种有趣方法。

我们认为，零售连锁企业在营销渠道获得权力的原因之一是，他们已经了解了上述需要，并且根据自己的品牌选择来满足它。零售商们正试图通过更便宜的、更具创新性的品牌创造新的顾客价值。同时，与制造商相比，零售商已经获得了更高的利润和地位。从某种意义上说，正如制造商品牌所示范的一样，价值就是与顾客共同创造而不仅仅为了顾客，当我们向前发展时，需要进行更多这样的思考，仅依靠广播信息和营销沟通是不够的，基于涉入的内部沟通也是必不可少的。

实际上，这就仿佛回到历史上的推销时代。那时候，制造商只是生产者，零售商是最后的环节，与终端顾客直接联系。零售品牌管理比以往任何时候都需要遵循这一发展，并且受到关系营销这一新的营销模式的影响。这种新的模式是一种战略性的公司理念，产生了一种推销零售品牌（可以说是传统品牌）的新方法。品牌被认为是建立和加强顾客关系的一部分，也是整体战略决策的组成部分。今天，我们依然需要遵循顾客导向，这就意味着在某种意义上为顾客树立品牌！

25.6 保持简单

那么，为什么欧洲的零售商能够通过商店货架成功地推进自有品牌日程呢？答案就在于人类行为和动机的基本信条。重要的是，零售商已经理解了顾客对于简单化的基本需求。在经营触角遍及全球后发现，顾客在一些品类商品的购买上花费的时间越来越少。在非食品领域，这种时间缩减已经非常显著。一个惊人的发现就是，在自有品牌不断增长的品类中有超过 3/4 的品类，顾客主要关注的是品牌的功能性利益而不是情感属性。如洗碗机等清洁产品，如果自有品牌表现的“和领先品牌一样好”，那么它很容易出售。我们已经回归了理性，为满足顾客基本需求，提供一种超乎寻常的集中功能性利益，在一个低端的自有品牌上设法创造新奇的信息，利用营销工具去吸引那些在购物决策中寻求简单的顾客。

顾客头脑中依然存有大量的品牌，他们运用一系列复杂的规则做出购买决定。在他们浏览零售货架上某些品类时，这些规则迅速集中，假如他们的购买决策基于简单的功能利益，自有品牌就会轻而易举地获取胜利。更有趣的是，自有品牌关系开始承载品牌价值，顾客逐渐开始将零售商品牌权益转移到它们的自有品牌上。

如果一种产品失败，将会影响整个品牌。

25.7 学习如何做品牌

在建立零售品牌时，零售商面对的一个问题就是使完全复杂的需求简单化。人才、技术、质量控制、市场营销、顾客调研和供应商关系都需要长期的投资，没有一样省心的。

一些大型零售商已经开始着手做这些事情，并在不同程度上取得了成功，但是他们还有很长的路要走。即使沃尔玛有着 5 亿美元的宣传预算，但是跟像宝洁一样的大品牌动辄数十亿美元的投入相比，简直微不足道。

很明显，网络将改变零售和品牌的性质，并且其速度远远超出了我们最初的想象，其中之一就是对零售空间造成了影响（《每日电讯》，2007 年 2 月 23 日，零售店在缩减）。

零售商正在缩减其零售店规模，并且逐渐远离商业街。

约翰·克莱尔，Curry's and PC World 公司首席执行官，英国

很清楚，网上购物的增长预示着零售商不再需要同样的占地面积。仅仅在 3 年前，预测说互联网销售最终将占据英国电子销售的 10%！现在，据估计 60% 的零售店顾客都会事先浏览其网站。**互动媒体零售集团**预测，仅仅在英国，2007 年的网上销售额将会突破 420 亿英镑，互联网泡沫的威胁性革命已经到来。结果就是，零售空间的额外需求正在下降。有趣的是，我们注意到有半数新的英国零售空间来自于一个零售商——乐购，在理论上，其只占了钱包份额的 13%。很明显，该趋势仍在继续。

过去 3 年，英国零售销售额实质的增长都在网上。

25.8 应对变化

最后，零售商也必须处理与供应商关系的变化，由于关注自己的零售品牌以及建设自己的品牌力量导致的零供关系的变化。不用公开，不是天才也可以看出在很多情况下这些关系已经很糟糕。

一直以来，制造商对零售品牌并不是非常感兴趣，因为他们一直认为投资自己的品牌更好些，制造商也希望能够独立。虽然如此，研究显示，零售品牌能够影响零售商、批发商和制造商之间的战略关系和优势地位。通过组织间协调，一种双赢的局面才可能出现；更重要的是，零售商正在研磨他们的自有品牌战略，通过聚焦在驱动主流制造商品牌增长的传统武器方面。零售商正在致力于：

- 与制造商合作，扩大和发展产品线；
- 投资于市场调研、产品开发、销售和产品促销；
- 创建多个品牌、商标、外观和价格；
- 联合品牌产品。

在短期内，双方之间不满的加剧可能会引发战争。确保避免此类战争，学会竞合，从长期来看，这对零售商和品牌商都是非常重要的。**竞合从你开始**，它影响着你的短期、中期和长期利益。

25.9 面对现实

在零售行业，冲突和合作是真实存在的。供应商和零售商可以有共同的目标，但也存在截然不同的目标。必须面对这些分歧，否则关系会停滞不前，双方都将失去灵活性和发展潜力。因此，重要的是，要以建设性的方式处理冲突。由于地理因素，冲突的程度会被显著放大。理论上讲，零售连锁企业和制造商应该变得更加密切，并且应该发展联合战略。总之，他们服务于同一个目标受众——顾客。在美国，这种现象已经出现，然而在欧洲却越发困难，法国大型零售商特别倾向于抵制这种合作局面。然而，英国的零售连锁企业，例如乐购，与制造商的合作日益紧密了。

25.10 总结和机遇

- 机遇55：在**意愿经济**包围你之前，尽早成为**意愿经济**的一部分。
- 机遇56：设计满足**社会需求零售**的业态。确定顾客的情境需求，并且提供购物体验/零售业态以迎合顾客，主动接近顾客，不要期待顾客来找你。
- 机遇57：重新审视你与顾客的关系，要考虑他们的**处境**而不是他们的属性特征，效仿乐购。
- 机遇58：销售适合顾客的产品，而不是销售适合你自己的产品。**有针对性出售**，不管身在何处、采取何种方式。
- 机遇59：成为一个**风险创新者**，这是真正创新者的标志。
- 机遇60：考虑**重新设计**创新——将已经存在的产品以一种非常不同的方式推出，而不能单纯地复制。
- 机遇61：创建像真正的品牌一样的**永恒**品牌。
- 机遇62：最大化你的**涉入回报率**。确保顾客都是参与者，而不只是观众。
- 机遇63：**催化沟通**。在店铺的行动点（购买时点）加强沟通力度，将购物者转化为买家。
- 机遇64：寻求**极具创意的解决方案**。让你的代理商将他们的创造性资源投放到这一目标上。

- 机遇 65：**竞合从你开始**。它影响着你的短期、中期和长期利益。

25.11 需要考虑的行动

1. 你是否期待并能够适应未来的零售店？
2. 理解这些变化，并且明确它们对你的影响。
3. 理解未来货架的本质，并且调整你的战略去适应它。
4. 创造能驱动顾客需求的品牌。
5. 真正理解你的购物者。
6. 真正理解顾客的意愿。
7. 当进行创新、创造时，切忌复制。
8. 考虑重新设计。
9. 切记处于长久的危机中，坦然面对危机。
10. 最大化涉入回报率。
11. 力求创立永恒品牌。
12. 坐下来开展酣畅的集体讨论会（头脑风暴）。
13. 保持激进。
14. 让你的代理参与进来。
15. 检查宣传计划，看看它是否允许你全面优化你的大议题定位。
16. 寻找一种新型店内媒介作为更加有效的品牌信息输出者，该媒介能将购物行为转化为购买行为。
17. 建立“私人空间”，在那里，你能够完全理解和创造性地发展你的定位。
18. 将创造力作为发展自有品牌的主要工具。
19. 利用创造力开发个体定制服务。
20. 寻找能够竞合的任何方式。

第5部分

总结

这里我们得出了一些结论，充满期望地将其归纳起来！

乐购拥有12 000多个自有品牌产品线，

并且几乎每个英国邮编能覆盖的区域都有一家零售店。

26 共同实现机遇

创新应来自品牌和自有品牌。我们并没有推动自有品牌超越顾客期望的日程表。敲敲门，问问我们如何能够帮助你建立自己的品牌。

贾斯廷·金，赛恩斯伯里首席执行官，IGD 贸易简报

2007 年 6 月 7 日，伦敦

上述援引已经明了，你们必须共同抓住机遇，或者什么也不做。我们已经进入一个世界，在那里三方共赢是唯一的潜在可能，赢得品牌供应商，赢得零售商，还要赢得顾客。自有品牌在很大程度上让我们意识到了上述赢取，但是自有品牌只是故事的一部分，尽管是非常显著的部分。通过这本书，我们探讨了机遇的实情多于威胁，显然，当你站在这个立场上，你所有的观点都将转变。在你面前，一个机遇的世界为你敞开大门，让我们一起来看看这些机遇吧，这些允许你实现三方共赢的机遇。当你把他们看成一个整体，很明显，品牌商和零售商不一定是冲突的，因为他们双方都是为了购物者寻找同样的解决方案和机遇。一起合作，这就是你能够实现的。

然而，要完全认识到那里潜藏的所有机遇，我们需要考虑 4 种交互的力量，这 4 种力量相互配合给市场带来了创新——联合价值创新（如图 26—1 所示），它们是：品牌拥有者、自有品牌制造商（也可能是品牌拥有者）、零售商和购物者。从某种意义上讲，在追求联合价值创新的过程中，所有的力量都应当彼此配合，因为它事关所有人的利益。

公式不是那么复杂。我们都需要彼此，是否有让各方更好地合作的方式？是否有让各方更好创造的方式？是否有让以上各方帮助我们维护社会的方式？从理论上讲，至少应该有 64 个机遇（4 的三次方等于 64）。

- 购物者需要零售商。

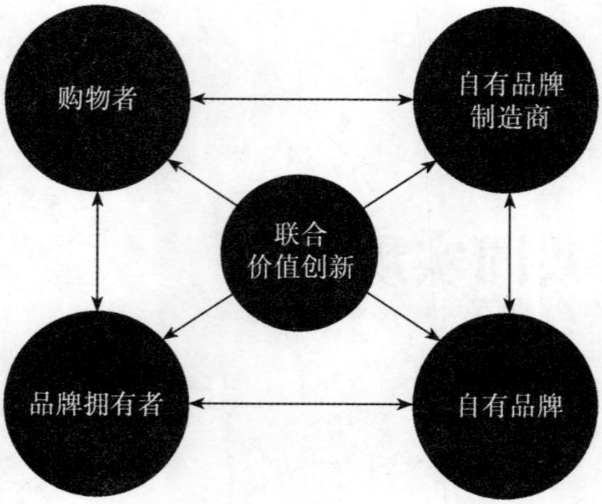

图 26—1 四方共赢

- 零售商需要购物者。
- 购物者需要品牌。
- 品牌需要购物者。
- 零售商需要品牌。
- 品牌需要零售商。

……

- 自有品牌需要所有的人。

让我们来看看，到目前为止我们已经确认的所有机遇，共 65 个！

26.1 品牌商机遇总结

品牌商机遇之环如图 26—2 所示。

- 机遇 1：成为**自有中心**。彻底改变你的组织结构以应对当今自有的世界，让自有品牌总监在对内和对外沟通中发挥最关键的作用。
- 机遇 2：成为**积极自有者**。采取前瞻性的解决方案去应对自有品牌问题。被动的日子已经一去不返，应该主动地去做每一件事。
- 机遇 3：让顾客的**品牌选择专有化**，而不是选择自有品牌。让顾客不断认识到品牌与众不同和特别的原因——并且是专属于他们的。
- 机遇 4：把你的品牌变成一个**激进的品牌**。开始思考立即可用的解决方案，列出你可以打败自有品牌的 10 件激进的事。
- 机遇 5：**复制跟随型产品**。仿照自有品牌生产产品，但要提供更好的价值。

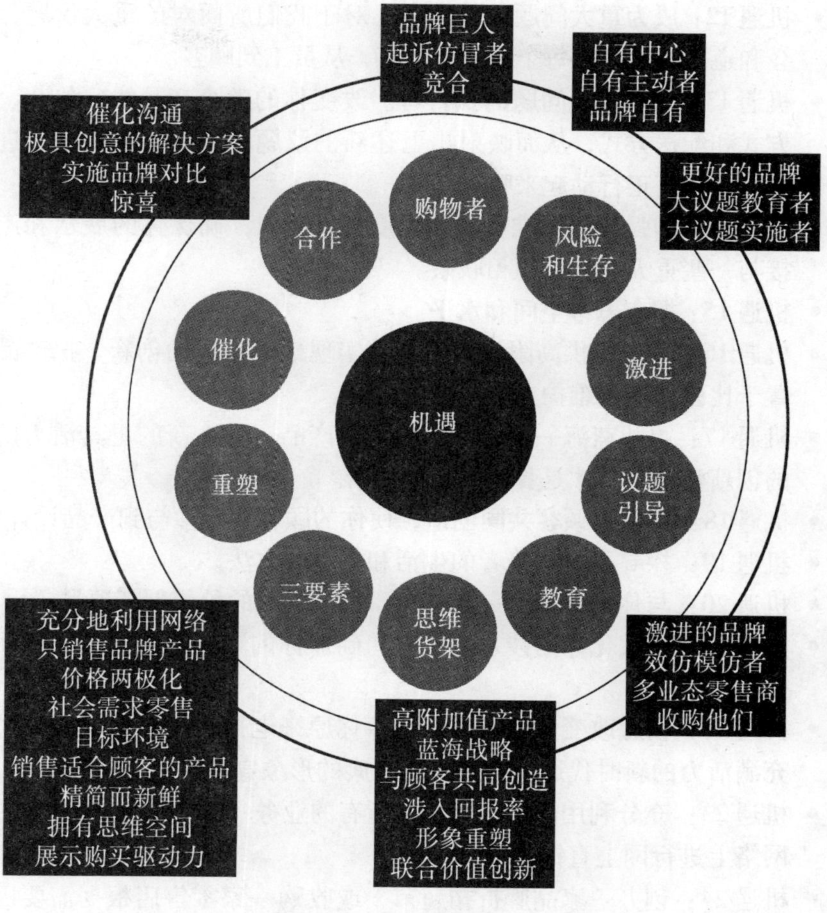

图 26—2　品牌商机遇之环

- 机遇 6：成为**多元化品牌销售商**。探索所有的分销选择，从网络营销到本地市场，拓宽选择，后续再详述。
- 机遇 7：如果你不能打败零售商，那就**收购他们**。并购零售商是一项便宜的投资，至少，可以并购他们大部分的股份并和他们脚踏一条船，你会惊讶地发现他们的态度在一夜之间发生的转变。
- 机遇 8：确保你不是一家伪环保的公司，确保你是一家**真正实现改变**的公司。
- 机遇 9：成为市场**重大问题**的领袖，同时成为响亮的倡导者。
- 机遇 10：将涉入回报率最大化。这一点将在以后章节中详述。
- 机遇 11：**使你的品牌成为更好的品牌**，使之完全社会化，并从顶层到底层与社会完全融合，完成彻底的变革。

- 机遇 12：**成为重大问题的教育者**。对于我们所面对的重大议题，有社会和道德的责任对每个人进行教育，从员工到顾客。
- 机遇 13：成为**重大问题的执行者**。改变你的整个产品线、包装、沟通方式和配送方式，从而映射出上述新的议题。不要再借助绿色进行虚假宣传，真正行动起来吧！
- 机遇 14：增强你的**思维货架展示度**。在店内，确保你的展示和产品直接与一些重大社会议题相联系。
- 机遇 15：**拥有思考空间和水平**。
- 机遇 16：通过提供高附加值的产品实现最大程度的创新，把产品创造置于比公司形象维护更加重要的地位。
- 机遇 17：寻找**蓝海**——实施超越现有产品、进入新的更具活力的市场的创新活动，这才是**真正的价值创新**。
- 机遇 18：与你的**顾客共同创造**，使你的顾客直接参与到产品设计中来。
- 机遇 19：探寻了解消费者的生活和家庭的方法。
- 机遇 20：**与你的零售商一起创造，运行共同的价值创新项目**。
- 机遇 21：最大化你的**涉入回报率**，确保你的顾客都参与进来，而不只是作为旁观者。
- 机遇 22：**彻底改变你的形象**，丢掉你原来老掉牙的形象，并通过新的充满活力的新时代通信方式进行健康的形象宣传。
- 机遇 23：充分**利用网络**。考虑把所有的业务（或大多数业务）转移到网络上进行网上直销。
- 机遇 24：创办一家**品牌折扣**超市，或收购一家零售店根据需要因地制宜地进行改造。
- 机遇 25：**价格两极化**。把价格调低或调高。淘汰所有中间价位的品牌，它们的前景不容乐观。
- 机遇 26：设计满足**社会需求零售**业态。确定顾客的情境需求，并提供适合他们的购物体验/零售业态。主动接近顾客，不要指望顾客主动接近你。
- 机遇 27：重新审视你与顾客之间的关系，考虑顾客的**情景**而不仅仅是其属性特性。可参考乐购的发展模式。
- 机遇 28：销售适合购物者的产品，而不是销售适合你自己的产品。不管身在何处、采取何种方式，只**销售适合购物者的产品**。
- 机遇 29：**实现精益和鲜度管理**。把生产系统改造成小批量新鲜产品的精益生产系统，而非传统大批量产品的生产系统。

- 机遇 30：人们需要了解的是买什么并不重要——重要的是你能够买到什么。**展示你所能提供的（产品或服务）**。
- 机遇 31：如果你目前的零售行为是非涉入性的，那么改变它们。接受涉**入性零售**的新理念。
- 机遇 32：**催化沟通**。在零售店——即行动点上做好沟通工作，将你的顾客转变为买家。
- 机遇 33：**寻求具有高度创造性的解决方案**。让你的代理商将他们的创造性资源投入到这一目标上。
- 机遇 34：**实施品牌对比**。花精力、时间和金钱向顾客展示品牌差异，不要想当然。传统产品优势正在逐渐消失，必须重塑优势。
- 机遇 35：想方设法给竞争对手和顾客以**惊奇**，你自己也一样。
- 机遇 36：尽力**接近顾客**，从网络开始。
- 机遇 37：扩展并优化店内创造力。
- 机遇 38：**享受关爱**。运用盛世长城至爱品牌方法，帮助你得到顾客更多的关爱。
- 机遇 39：成为一个**并购巨头**。为了提升你的势力，在具备条件的地方结成联盟。
- 机遇 40：**起诉仿冒者**。不论什么原因，都不能容忍自有品牌抄袭行为的发生，坚定不移地与仿冒行为做斗争。
- 机遇 41：学习真正的**竞合**。品牌商需要零售商，同时零售商也需要品牌商。
- 机遇 42：开发一个**自有品牌论坛**——一个彼此可以相互学习的合作性网站。
- 机遇 43：到处寻找灵感
- 机遇 44：采取多层次战略。如果它能拓展自有品牌业务，它一定也能拓展你的。详见第四部分描述。

26.2 零售商机遇总结

零售商机遇之环如图 26—3 所示。

- 机遇 45：**未雨绸缪**。开始更长远的思考，而不是通常的短期被迫性思考。
- 机遇 46：**超越价格**。对于新的未来，你需要采取价值超越价格的定价方式，确保你已经做到了。

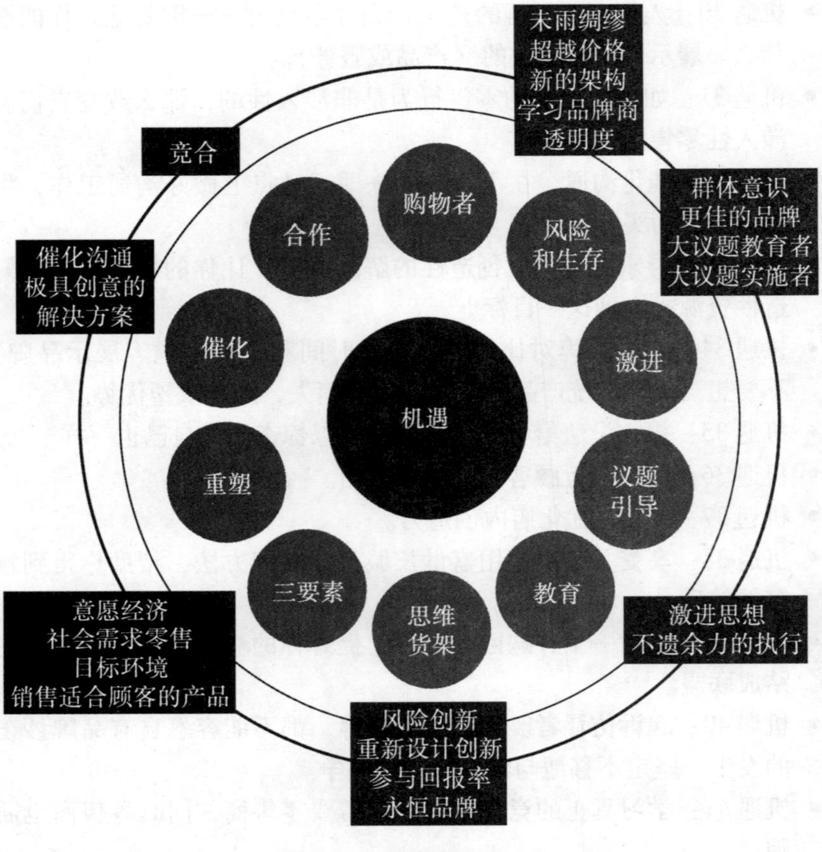

图 26—3　零售商机遇之环

- 机遇 47：修改并完善你的**品牌架构**。现有的品牌结构是给过去用的，确保你已改变预期。
- 机遇 48：**向品牌商学习，现在**你已成为其中的一员。
- 机遇 49：对于自有品牌的成功要**透明**。
- 机遇 50：在**群体意识**反对你之前，让**群体意识**为你而工作。
- 机遇 51：使你的品牌成为**更佳的品牌**。将你的品牌完全社会化，并且使它完全符合对所有变化所作出的承诺。
- 机遇 52：成为**大议题的教育者**。对于我们所有人所面对的大事件，你有社会和道义上的责任，教育每一个人，从你的雇员到你的顾客。
- 机遇 53：成为**大议题的实施者**。改变你全部的产品线、你的包装、你的宣传和你的经销，以反映这一新的议题。别再名不副实了，开始动真格的吧。

- 机遇 54：审查你的**多层次**战略并且优化它。
- 机遇 55：在**意愿经济**包围你之前，尽早成为**意愿经济**的一部分。
- 机遇 56：设计满足**社会需求零售**的业态。确定顾客的情境需求，并且提供购物体验/零售业态以迎合顾客，主动接近顾客，不要期待顾客来找你。
- 机遇 57：重新审视你与顾客的关系，要考虑他们的**处境**而不是他们的属性特征，效仿乐购。
- 机遇 58：销售适合顾客的产品，而不是销售适合你自己的产品。**有针对性出售**，不管身在何处、采取何种方式。
- 机遇 59：成为一个**风险创新者**，这是真正创新者的标志。
- 机遇 60：考虑**重新设计**创新——将已经存在的产品以一种非常不同的方式推出，而不能单纯地复制。
- 机遇 61：创建像真正的品牌一样的**永恒**品牌。
- 机遇 62：最大化你的**涉入回报率**。确保顾客都是参与者，而不只是观众。
- 机遇 63：**催化沟通**。在行动点——店铺加强沟通力度，将购物者转化为买家。
- 机遇 64：寻求**极具创意的解决方案**。让你的代理商将他们的创造性资源投放到这一目标上。
- 机遇 65：**竞合从你开始**。它影响着你的短期、中期和长期利益。

很明显，那里有大量的机遇。我们已经告诉你，自有品牌不是威胁，这只是个视角和行动（大量的行动）的问题。

27 附言：自有化品牌

动荡是生命的力量，它意味着机遇，让我们热爱动荡并以其为变。

拉姆齐·克拉克

所有人包括我们生活在一个动荡的世界里。

在这本书中，我们已经提到了正在自有化的品牌。有意为之，因为自有品牌已经不再是个商标，它就是品牌，一个自有的品牌，而且是一个非常大的品牌。沃尔玛自有品牌在理论上可以算得上是世界上最大的品牌，这实在是个不能否认的力量，但很多人却拒绝承认。

特别是品牌公司拒绝承认，这些公司未能成功制定战略以应对自有品牌。现有的对策主要围绕提高质量和创新，同时降低价格，这些事情应该是每个品牌商整天在做的事情，但根本不奏效。我们现在处于一个“价值就是唯一比赛”的世界，你需要这种价值对抗目前的竞争对手以获得生存，更不用说那个新的、看似不可阻挡的自有品牌势力了。很显然，你需要提供更多的价值才能有效地竞争。

自有品牌正在制造分裂，将品牌拥有者置于不利地位，而把零售商置于进攻位置。双方看起来都特别不愿意公开讨论它，或者对生产之外任何事情进行合作。品牌商已经因为零售商仿冒产品而将其告上法庭，零售商也将家喻户晓的品牌从他们的货架上移除，看起来几乎没有商量的余地。

让情况变得更加糟糕的是，自有品牌正在显著提升价值链，并且质量变得比以往的任何时候都要好得多，带着复仇意味的优质溢价型自有品牌就在这里，你再也没有必要将你的脑袋埋在沙子里自欺欺人了。还有，它的确是个非常棒的产品，顾客肯定这样认为，一个日益被自有品牌主导的世界是一个很好的赌局。

自有品牌和制造商品牌之间的信任差距正在逐渐缩小。当然，“信任”正是一个品牌的本质，由于零售商在客户服务、便利、持续增加的社区以及可持续发展问题等方面做出了迷人的承诺，以致这个差距必然要缩小，除非品牌商反击（如图 27—1 所示）。零售商了解他们的顾客真正需要什么以及他们如何表现。当传统的品牌忠诚不断地转变为零售商忠诚，在品类组合中制造商品牌的地位开始改变，品牌拥有者刚刚开始认识到零售商已经知道了许多年的事情。超市的顾客不再购买那么多的品牌商品，他们购买的是解决方案。

图 27—1 重建信任差距

然而，当真正开始面对它的时候，零售商应当记住自有品牌只是一个帮助他们实现商业目标的“工具”而已，不论该目标是利润还是增长率，这一事实似乎已经有点被人遗忘了。消灭品牌将不利于他们的长期业务，那只会促使它变为一个鲜有竞争差别的低利润的商品经营者。但是，他们现在正在做的事情就是消灭品牌，或者至少把品牌推向绝境，品牌商除了进行根本性变革之外别无选择，这主要体现在执行、市场营销和战略这三个方面。品牌商正在被推向这样的境地，他们将不得不考虑不同凡响的新选择，例如品牌制造商之间进行联合，以给予他们与全球性零售商相当的议价能力，也可以收购零售商或者至少直接持股，这样一来品牌制造商就能够直接影响零售商了。零售商应该记住选择是个好东西，选择是正常合理的，选择就是铸造他们的东西，选择也是顾客想要的东西，而这种选择必须包括品牌选择。

从零售商的观点来看，制造商品牌本质上都是商品，在他们的零售竞争者那里可以获得。零售品牌就是避免这种商品化并把他们与最近的竞争者区别开来的一种方法。零售商认为这将会带来顾客对他们零售店更大的忠诚。我们认为这就有点失去重点了。重点是：顾客想要什么？我们不会相信他们要的是个无品牌的世界。很显然，赛恩斯伯里公司的贾斯廷·金理解这个观点。让我们再来重复一遍！

创新应当来自于品牌和自有品牌。我们没有计划将自有品牌推向超越顾客所期望的高度。敲敲门问问我们如何能够帮你建立你自己的品牌。

贾斯廷·金，赛恩斯伯里公司首席执行官，IGD 贸易简报
2007 年 6 月 7 日，伦敦

零售商必须记住，自有品牌作为一个必需的事物而存在：给顾客在不同的价位提供不同的质量选择。有太多的自有品牌显然是与这一基本前提相违背，它限制了选择，那么也就限制了需求。我们认为：在由购物者、品牌商和零售商所组成的等式中，第三者同时也是最重要的、最具影响力的一方（购物者），尚未得到充分考虑。显而易见的事实是，购物者比品牌拥有者或者零售商都更加了解自有品牌的价值。购物者意识到：品牌和自有品牌两者共同提供了一个价格、质量、选择、便利和创新的均衡组合，两者都很重要，两者都有其局限性，但是两者都是必需的。

很显然，自有品牌对制造商品牌构成了较大威胁。零售商设想进行更大程度的创新并生产更多优质的自有品牌产品，以回应从未有过的广阔的顾客需求范围，从有机产品到健康产品，从本地种植到道德责任。对真实性、便利和问责制所作出的全部承诺，现在已经成为非常重要的公司议事日程。今天，全球自有品牌市场份额徘徊在 20% 左右。然而，对于精明的零售商而言，他们实在没有理由认为自有品牌市场份额不会达到 40% 甚至 50%，特别是当大型零售商必然通过全球化实现增长的时候。这里所说的市场份额是以价值为衡量标准的——从数量上来讲，可以解释为四个购买者中就有三个购买自有品牌。甚至，在美国服装领域，预计自有品牌市场份额将会由现在的 40% 上升到 60%。对品牌拥有者来说，自有品牌市场份额的这些变化必然意味着收入损失——大约数千亿美元，大概相当于你一半的生意。你能挺过去吗？

除了令人印象深刻的增长率，自有品牌的特殊性质使他们成为一种不同类型的竞争者。一方面，他们专属于制造商所依赖的分销合作伙伴，因此，他们不能被作为“常规的”竞争对手以同样的方式来对待；另一方面，自有品牌通常使用一种非常不同的商业模式（少量的研发投资，少量的特定类别的广告，没有进场费的现金支出等等），这使得任何竞标赶超自有品牌的努力都很难。尽管如此，制造商需要更好地理解自有品牌的关键成功因素，应对他们目前的增长模式。

当他们理解了这一特质，希望该书能有所帮助，品牌拥有者将开始看清自

有品牌究竟是什么：不是威胁，而是机遇——一个叫醒铃声！这是一个非传统的而且特殊的挑战，起而应对这一挑战，或者采取其他方法。让我们换个角度思考这个问题，并且抓住它呈现出来的机遇：给品牌商提供了重塑自己的机遇，这可以通过巨大的创新予以实现；给零售商提供了一个真正创立他们出售品的机遇；给制造商提供了最大限度地发挥其生产能力的机遇；给代理商提供了彻底改造沟通的机会；给我们所有顾客提供了获得更具价值商品的机遇；给每个人提供了通过驱动关键力量来塑造现在和未来社会的机遇。然后，我们将实现共赢。

尽管品牌面临着各种各样的压力，但在自有品牌和既定的制造商品牌之间仍然存在较大的质量/价值感知差距——一个乞求机遇的差距。然而，这也似乎表明：当谈到对质量和创新的整体认知时，制造商品牌依然占据上风；顾客依然需要确信零售商自有品牌是值得多花钱的。对制造商品牌来说，多年的品牌建设已经获得了补偿，但是局面正在急速发生变化，品牌形象已不再足够，同时现实证明维护品牌形象不仅更困难而且更昂贵。零售店是新的战场，那些不但可以以合理的价格提供优质产品，而且可以提供更好的能够赢得顾客忠诚的品牌体验的品牌，一定获利最多。

品牌拥有者和零售商终归要激发超越理性的忠诚度。像改变定价策略，定制化包装，或者增加促销次数，这些传统的方法从长远来看是不能改变忠诚度的。顾客接受了自有品牌，但是他们仍然需要品牌，尽管再也不能充分地讨论、尊敬、信任或者甚至羡慕它。你需要更多，展望未来，那些获胜的品牌商和零售商将是那些深受顾客喜爱的。如此反复。

实现这一机遇的最佳方式是认识到一个更大的机遇。我们这本书开始于自有品牌，然而，在我们撰写过程中，我们意识到有许多大议题值得我们去讨论，这些议题与自有品牌相比，有过之而无不及。当然，这些大议题是指日益引起社会关注的问题，从全球变暖到肥胖。他们需要一种治疗方法，而品牌商和零售商能够对此作出贡献。我们相信，大多数的公司（品牌商和零售商）会迎合世界变化方式的真实性和现实性。他们认为，那些小小的象征性的姿态就足以令顾客相信他们是真正负责任的社会关怀者，但由于只是承担部分责任，所以他们实际上是不负责任的。你必须成为完全负责的，你必须吃掉健康生活的蛋糕，而不是挑拣一些碎末，这是可能的。

如果你想将自己从那些失败者中分离出来，你就必须认真对待这些变化，特别是食品行业需要重视起来并对总变化作出承诺，产品线延伸或者新产品口味改变的日子已经一去不复返了，尤其是有些食品公司通过生产变型产品对不可阻挡的趋势作一些拖延。但往往这种承诺在市场上并不明显，有大量的干扰和掩盖。现实情况是，**所有的食品本应该是健康的**。在这个新世界，没有像非健康食品和健康食品这样的东西存在，只有健康食品。我们发明和认可了非健康食品，这个趋势必须扭转过来。

这些问题已经变得远比品牌商或零售商的生存更为重要。正如我们所知的一样，他们代表着整个社会的生存。如果他们对这些问题无动于衷，那么顾客将会用自己的实际行动促使他们那样去做，政府也将会用法律强制他们那样去做。

这是现实，而且头版头条新闻都开始表明这一事实的现实性。不健康的生活不会再是社会的选择，健康生活是一种社会的权利。不健康的生活不再是一个品牌的选择，健康生活才是品牌唯一的选择。免得你考虑你的安全，这不仅仅是关于食品的。在任何品牌品类中，这些问题和相应的问题都是相关的，从电子设备到挂锁。

因此，我们认为对于品牌商和零售商，可以通过购物者洞察、更深层次的品牌涉入以及创新不断地重塑自己，从而把握住机遇。他们也可以不断增加价值，以此抓住机遇。制造商可以通过优化他们的生产能力把握机遇，代理商可以通过改造沟通来把握机遇。但最重要的是，要不断地为顾客制造远远超出他（她）们期望的惊喜，只有这样才能真正抓住机遇。

关于自有品牌，谁会胜出，谁会失败？预测未来的最好方式就是创造它，然后对其进行管理。与你的重要合作伙伴在一起！顾客、零售商和品牌拥有者联合起来。当然，有很多事情要做。最后，世界将会实现共赢。有些事情我们非常确信，现在的零售店不会是未来的零售店，自有品牌将会不断发展壮大，那些推动社会的大议题将会变得越来越重大，成功的组织将不会也不能脱离这些议题，怎么选择在你。学习我们的十大原则，并且使它们成为你的准则，采纳我们总结的65个机遇的一部分或者全部，并且使它们为你所用。

对于品牌拥有者和零售商来说，制定制胜战略的第一步就是承诺与自有品牌合作，合作并扩展合作伙伴的概念，不要使其局限在单纯的生产线能力、创新和盈利能力，要向基于“联合价值创新”原则的理念靠近。这十大原则有助于我们探究自有品牌的每一个方面，有助于我们开发它的潜力并且预测它可能带来的影响。联合价值创新为我们提供了一个框架，帮助品牌拥有者和零售商去认识，自有品牌不是一种威胁或特洛伊木马，这和我们的研究不谋而合。它真的是一个机遇，对于每个人皆如此。

我们并不指望事情变得越来越好，我们指望自己变得越来越好。

爱德温·阿尔茨，宝洁公司前首席执行官

最后，我们需要将可能是最终的机遇留给你。在我们看起，品牌拥有者应该考虑停止生产，并回归到他们的根本——品牌创新和开发。在现实中，零售商逐渐将自有品牌的生产需求外包，这种方式往往比品牌拥有者独自生产更具成本优势。它带来的不可避免的后果就是，品牌商应当停止低效生产，并成为更好的产品创新者和品牌传播者。他们应该不再保守，应该变得更富革新精神，正如他们避免自己陷入投资陷阱，利用许多新事件为自己创造收益一样。这种行为的结果就是交融，品牌商和零售商的交融，零售商变得越来越像品牌商，而品牌商变得越来越像零售商。结果是一种新的品牌力量，一种新的零售力量，一种新的融合力。它也不是自有品牌，它是再造品牌——一种零售商和品牌商力量的融合，一种传统品牌的反思，一种传统零售商的反思，品牌发展的下一个阶段，自有品牌发展的下一个阶段，欢迎来到再造品牌的时代。

28 附录：盛世长城公司调查问卷

28.1 对购物者的问题

你购买自有品牌吗？
频率如何？
你买的自有品牌质量好吗？
你买的自有品牌和品牌比起来质量好吗？
你买的自有品牌物有所值吗？
什么产品能成为自有品牌，你认为有什么限制吗？
你将来能看到越来越多溢价型的自有品牌吗？
是否可以想象自有品牌比品牌更贵？
在提供给购物者的产品方面，你认为自有品牌和品牌同样具有创新性吗？
你认为将来自己会购买更多的自有品牌吗？
是否可以想象只有自有品牌的零售店？

28.2 对品牌商的问题

自有品牌对你业务的威胁正变得越来越大吗？
自有品牌正在损害你的利润率吗？
你认为自有品牌的质量与过去相比是更好了还是更糟了？

你觉得购物者会认为自有品牌的质量比过去是更好了还是更坏了？

你认为购物者为什么购买自有品牌？

这些年来，关于自有品牌为何物的感知是否已经发生变化？

你是否生产自有品牌？

你为自有品牌贴牌生产产品的业务是否正在增长？

你贴牌自有品牌最主要的原因是什么？

你未来计划提高自有品牌贴牌水平吗？

你认为什么战略能够帮助你战胜自有品牌？请解释详细些。

关于什么产品能成为自有品牌产品，你认为有什么限制吗？

你将来能看到越来越多溢价型的自有品牌吗？

是否可以想象自有品牌比品牌更贵？

在提供给购物者的产品方面，你认为自有品牌和品牌同样具有创新性吗？

你认为将来自己能推销更多的自有品牌吗？

是否可以想象只有自有品牌的零售店？

28.3 对零售商的问题

自有品牌对你的业务变得越来越重要了吗？

自有品牌是你的重要利润来源吗？

你的自有品牌业务正在增长吗？

你认为自有品牌的质量与过去相比是更好了还是更糟了？

你觉得顾客会认为自有品牌的质量比过去是更好了还是更坏了？

你认为顾客为什么购买自有品牌？

这些年来，关于自有品牌为何物的感知是否发生了变化？

你计划将来提高自有品牌的等级吗？

对于什么产品能成为自有品牌产品，你认为有什么限制吗？

你将来能看到越来越多溢价型的自有品牌吗？

是否可以想象自有品牌比品牌更贵？

在提供给顾客的产品方面，你认为自有品牌和品牌同样具有创新性吗？

你认为将来自己能推销更多的自有品牌吗？

是否可以想象在你的零售店里只有自有品牌？

完整的盛世长城自有品牌研究报告可直接购买。欲获得更多有关该项研究和/或者联合价值创新研讨会的信息——这些信息可以帮助你应付自有品牌，请联系基思·林肯——《自有品牌》一书的联合作者，或者联系菲尔·怀特——盛世长城的策划总监（klincoln. retalization@gmail. com；phil. white@saatchix. co. uk）。